混合共同担保论

—— On Mixed ——
and Joint Sureties

李光琴 著

人民法院出版社

图书在版编目（CIP）数据

混合共同担保论 / 李光琴著. ──北京：人民法院出版社，2019.9
ISBN 978-7-5109-2643-3

Ⅰ.①混… Ⅱ.①李… Ⅲ.①担保法—研究—中国 Ⅳ.①D923.24

中国版本图书馆CIP数据核字（2019）第210229号

混合共同担保论

李光琴 著

责任编辑	范春雪　　执行编辑　郭　粹
出版发行	人民法院出版社
地　　址	北京市东城区东交民巷27号（100745）
电　　话	（010）67550667（责任编辑）　67550558（发行部查询）
	65223677（读者服务部）
客 服 QQ	2092078039
网　　址	http：//www.courtbook.com.cn
E- mail	courtpress@sohu.com
印　　刷	汉印印刷有限责任公司
经　　销	新华书店
开　　本	787毫米×1092毫米　1/16
字　　数	225千字
印　　张	16
版　　次	2019年10月第1版　2019年10月第1次印刷
书　　号	ISBN 978-7-5109-2643-3
定　　价	51.50元

版权所有　　侵权必究

序

近年来，我国担保行业发展迅猛，给社会主义市场经济增加了生机活力，也为担保立法的不断发展提供了坚实而丰富的实践基础。当前，我国社会主义市场经济正处于转型时期，国内金融与民间借贷市场债务违约事件频发，以银行等金融机构为代表的债权人为确保债权的实现，不断提高借贷门槛，要求债务人为其债务提供多重担保已成为借贷领域的常态。混合共同担保作为兼具人保与物保多重优势的多元化担保模式，已然成为当前以及未来一段时期金融与民间借贷领域担保的通行模式。

立法相较于实践往往具有一定的滞后性，这在混合共同担保领域显得尤为突出。从两大法系主要国家的典型立法例来看，各国基本都是在民法中设置代位清偿的一般规定，并将其作为混合共同担保的法理与规范基础，同时，担保部门法也将混合共同担保作为代位清偿的一种典型类型加以具体规范。就混合共同担保的规范内容而言，在责任顺序上，两大法系立法例基本秉持了人保与物保责任顺序平等原则，赋予了债权人实现担保权利的选择权；在权利救济上，基本都赋予了已为清偿的担保人对债务人的求偿权以及对其他共同担保人的代位追偿权；在责任分配上，尽管具体的计算规则各异，但各国基本都秉持各担保人应在各自应担份额范围内承担相应的偿付责任的理念。由于我国民事立法并未规定代位清偿制度，立法者与司法者在对待混合共同担保人的权利救济方面又存在理念与价值的冲突，尤其是在共同担保人代位追偿与责任分配等方面存在规范缺失问题，这也导致我国混合共同担保制度的不完善，并引起了学理上的争论与司法裁判的不统一。

鉴于混合共同担保在金融领域被广泛采用，因此追偿权的确认问题不仅关涉担保人的权利维护,而且也事关金融的繁荣与安全问题,且大量有关追偿权的纠纷也亟待立法予以明确规定从而统一司法实务立场,以改变目前同案不同判严重的司法现实。有鉴于此,本书作者在对各国典型立法例进行认真考察的基础上,结合我国担保制度发展的现实状况与审判实践,同时参考我国民法典草案的相关内容,提出了混合共同担保的"利益共同体"和"责任的连带性"理论。本书作者认为,所有担保人(除债务人作为物上保证人外)作为一个利益共同体,既应当共同、平等地享受债务清偿的利益,也应当共同、平等地分担债务清偿带来的不利益;同时,在责任顺序平等原则下,债权人对实现担保权利享有选择权,这也意味着,共同担保人之间存在责任的连带属性。从实现担保当事人间的实质公平出发,作者得出了法律应当以代位清偿制度为基础,赋予混合共同担保人在为清偿后享有对其他担保人的代位追偿权,并应确立在所有担保人之间进行平等责任分配规则的结论,作者还在此基础上提出了具体的立法与司法建议。

  本书系光琴在其博士学位论文的基础上修改而成。作者在书中对两大法系主要国家混合共同担保的立法例进行了较为详尽的比较研究,尤其是对英美法系国家的相关理论与司法判例进行了较为充分地研究,弥补了国内研究的不足。作者还利用大数据分析方法,对近年来我国金融行业、担保行业及担保司法实践进行了较为深入的统计分析,这也为本书的研究提供了强有力的支撑,这也使得作者所提出的立法与司法建议能够紧密联系实际,具有较强的可操作性。

  光琴拥有法学与英语文学双学士学位,在中国人民大学法学院攻读民商法硕士与博士研究生期间,刻苦钻研,思维开阔,具有较为深厚的法学理论功底,其在法院工作十余年,又具有丰富的审判实践经验,能够将法学理论与司法实践紧密结合,并能有效利用自身外语优势开展比较研究。希望光琴能够在法学研究与司法审判相结合的道路上越走越远,为国家法治事业的发展作出更大贡献!

  是为序。

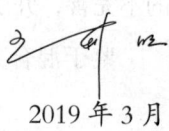

2019 年 3 月

目 录

中文提要 ·· 1

Abstract ·· 1

导 论 ·· 1

第一节 问题的提出 ·· 1

一、中小企业融资难问题空前突出 ··· 2

二、担保行业发展遭遇制度瓶颈 ·· 3

三、担保司法实践有待统一法律适用和裁判尺度 ······················· 3

四、担保理论体系有待进一步发展完善 ······································ 4

第二节 研究的意义 ·· 5

一、实践意义 ·· 5

（一）我国担保市场乃至国民经济长远健康发展的现实需要 ······· 5

（二）我国担保司法实践实现实质正义的需要 ·························· 5

（三）立法政策及时补位的需要 ··· 6

二、理论意义 ·· 7

三、立法意义 ·· 8

第三节 研究综述 ·· 9

一、混合共同担保的理论框架和研究背景 ·································· 9

二、混合共同担保研究概况 ·· 9
（一）国外研究概况 ·· 9
（二）国内研究概况 ·· 11

第四节 研究目标与研究方法 ·· 12
一、研究目标 ·· 12
二、研究方法 ·· 12
（一）规范研究和实证分析方法 ·· 12
（二）历史研究方法 ·· 13
（三）比较研究方法 ·· 13
（四）法经济学分析方法 ·· 13

第五节 研究范围与研究框架 ·· 14
一、研究范围 ·· 14
二、研究框架 ·· 14

第一章 混合共同担保的概念特征及价值追求 ································ 18
第一节 混合共同担保的概念与特别属性 ···································· 18
一、概念比较 ·· 19
（一）大陆法上的混合共同担保概念 ···································· 19
（二）英美法上的混合共同担保概念及其内涵 ···························· 19
（三）我国学者对混合共同担保的认识差异及本书所采观点 ················ 24
二、特别属性 ·· 25
（一）担保种类多样化和信用加强化 ···································· 26
（二）法律关系的复杂性 ·· 28
（三）担保责任的共同性与连带性 ······································ 30

第二节 混合共同担保制度的价值追求 ······································ 31
一、混合共同担保的功能价值 ·· 31

（一）加强债权多重保障 ································· 31
　　（二）分散风险、平等保护 ······························· 35
　二、价值选择对担保主体的影响 ····························· 37
　　（一）我国担保机构发展遇困境 ··························· 37
　　（二）制度保护的缺位 ··································· 38
　小　结 ··· 39

第二章　担保人之间的责任顺序 ······························· 41
第一节　担保人责任顺序的意义与价值 ························· 41
　一、重要意义 ··· 42
　　（一）主债务人与担保人主从责任的体现 ··················· 42
　　（二）对债权人选择自由的约束 ··························· 42
　　（三）担保人之间进行追偿的理论前提 ····················· 43
　二、法律价值 ··· 43
　　（一）抗辩权 ··· 43
　　（二）追偿权 ··· 44
第二节　担保人责任顺序的规范模式与法理剖析 ················· 45
　一、规范模式 ··· 45
　　（一）物保优先模式 ····································· 45
　　（二）人保与物保相对平等模式 ··························· 46
　二、人保与物保责任顺序之争 ······························· 47
　　（一）学说之争 ··· 47
　　（二）平等语境下的责任顺序 ····························· 48
第三节　立法例比较及实务分析 ······························· 52
　一、各国和地区立法例及其评析 ····························· 52
　　（一）大陆法系 ··· 52

（二）英美法系 ·· 56
　二、我国担保相关立法与实务分析 ························· 58
　　（一）立法分歧与演变 ···································· 59
　　（二）司法实务中法律适用的冲突与司法建议 ·············· 63
　小　结 ··· 65

第三章　担保人求偿权与代位追偿权的理论基础 ··········· 66
第一节　权利概念的辨析 ······························ 66
　一、担保人求偿权、代位权、追偿权、代位追偿权等概念辨析 ·· 67
　　（一）类型一：担保人请求债务人予以偿付的权利 ·········· 67
　　（二）类型二：担保人请求其他担保人予以偿付的权利 ······ 68
　二、关于担保人相关权利的表述 ··························· 70
　　（一）求偿权 ··· 70
　　（二）代位追偿权 ······································· 70

第二节　对债务人的求偿权 ···························· 71
　一、对债务人的求偿权基础 ······························· 71
　　（一）求偿权产生原因——"新债"理论 ···················· 71
　　（二）"新债"的产生原因及其性质 ························ 72
　二、对债务人的求偿权实现方式 ··························· 78
　　（一）大陆法系规范模式 ································· 78
　　（二）英美法系规范模式 ································· 80

第三节　对其他担保人的代位追偿权 ···················· 82
　一、担保人之间的法律关系——责任的连带性 ··············· 82
　　（一）观点争鸣 ··· 82
　　（二）混合共同担保人之间责任的连带性 ··················· 83
　二、担保人间损益共担的实现路径——代位清偿 ············· 85

（一）代位清偿的概念及内涵 …………………………………… 86
　　（二）代位清偿的本质属性 …………………………………… 88
　　（三）代位清偿的制度价值 …………………………………… 90
　三、混合共同担保人适用代位清偿制度的立法比较 …………… 92
　　（一）代位追偿的规则设计及其规范模式 …………………… 93
　　（二）担保人对债权及其从属性权利的代位规则 …………… 101
　　（三）对当事人关系的影响及其利益的平衡 ………………… 109
第四节　担保人求偿权与代位追偿权的调和 …………………… 110
　一、求偿权与代位追偿权的关系 ………………………………… 110
　　（一）大陆法系相关学说 ……………………………………… 111
　　（二）英美法系相关制度分析 ………………………………… 112
　　（三）求偿权与代位追偿权的关系辨析 ……………………… 113
　二、求偿权与代位追偿权适用上的协调 ………………………… 116
　　（一）单独主张求偿权 ………………………………………… 116
　　（二）单独主张代位追偿权 …………………………………… 116
　　（三）求偿权与代位追偿权同时主张 ………………………… 118
　小　　结 …………………………………………………………… 120

第四章　担保人代位追偿权的成立要件与行使规则 …………… 122
第一节　担保人代位追偿权的成立要件 ………………………… 122
　一、立法例比较 …………………………………………………… 122
　　（一）德国民法的"三要件"模式 ……………………………… 122
　　（二）法国民法的"三要件"模式 ……………………………… 123
　　（三）我国台湾地区"民法"的"三要件"模式 ………………… 124
　　（四）英美法的"衡平法"模式 ………………………………… 125
　二、担保人代位追偿权成立的通常要件 ………………………… 128

（一）积极要件 ………………………………………………………… 129
　（二）消极要件 ………………………………………………………… 129
第二节　担保人代位追偿权的行使规则 ……………………………… 130
　一、部分清偿 …………………………………………………………… 130
　　（一）部分清偿的应有之义 …………………………………………… 130
　　（二）部分清偿对担保人代位追偿权的影响 ………………………… 131
　二、保证人与物上保证人之间是否可以相互行使代位追偿权 ……… 136
　　（一）立法例考察 ……………………………………………………… 137
　　（二）保证人代位行使担保物权是否需要设定特别条件 …………… 142
　三、担保人行使代位追偿权与担保物第三取得人的关系协调 ……… 144
　　（一）第三取得人代为清偿或担保物被执行后所享有的救济性权利 … 144
　　（二）担保人与第三取得人之间可否相互行使代位追偿权 ………… 145
　小　结 …………………………………………………………………… 147

第五章　担保人之间的责任分配 ……………………………………… 149
第一节　理论基础与立法例比较 ……………………………………… 150
　一、理论基础——分配正义 …………………………………………… 150
　　（一）分配正义的概念与内涵 ………………………………………… 150
　　（二）分配正义理论的演进 …………………………………………… 151
　二、立法例比较 ………………………………………………………… 154
　　（一）《欧洲示范民法典草案》 ………………………………………… 154
　　（二）《日本民法典》 …………………………………………………… 157
　　（三）我国台湾地区"民法" ………………………………………… 159
　　（五）英美法上的分配规则——Contribution ………………………… 164
第二节　我国国情下担保人间责任分配的应然模式 ………………… 171
　一、责任分配原则 ……………………………………………………… 171

（一）观点争鸣 ································171
　　（二）评析 ····································173
二、责任分配的具体规则 ································175
　　（一）债务人提供的物保数额先行扣除 ················175
　　（二）保证人与物上保证人（除债务人外）责任分配的实质平等规则 ···176
三、几种特殊情形下的责任承担与权利行使 ··············181
　　（一）债权人放弃部分担保 ························182
　　（二）保证人与物上保证人身份混同 ················185
　　（三）无清偿能力担保人应担份额之"二次分配" ······191
小　结 ··194

第六章　立法实务分析与建议 ··························196
第一节　对我国混合共同担保相关立法与司法现状的分析 ·······196
一、立法分析 ··196
　　（一）民法中代位清偿制度的缺失 ··················196
　　（二）《物权法》、《担保法》与《担保法解释》的态度反复 ···197
二、司法现状 ··203
　　（一）法院裁判中的两种观点 ······················204
　　（二）评析 ······································207
第二节　立法建议 ·····································207
一、在民法典中确立代位清偿制度 ····················208
　　（一）我国民法典草案相关建议稿的制度设计及评析 ···208
　　（二）立法建议 ··································210
二、在部门法及司法解释中进一步完善混合共同担保具体规则 ···210
　　（一）我国民法典草案建议稿相关制度设计及评析 ····210
　　（二）立法建议 ··································214

小　结 ·· 216

结　语 ·· 218

参考文献 ··· 221

后　记 ·· 231

中文提要

近年来，本书在认真研究两大法系多个国家立法例基础上，结合我国近年来的立法和司法实践，聚焦现阶段司法实务中遇到的混合共同担保领域一些亟待解决的突出问题，以责任为重点，系统性地研究了混合共同担保制度，并在研究基础上提出了关于进一步完善混合共同担保立法与司法的建议。本书的结构由导论、正文六章和结语三个部分组成。

导论介绍了本书的问题提出、选题意义、研究综述、研究目标方法和创新以及章节结构。

本书正文共分为六章，章节结构如下：

第一章对混合共同担保的概念特征及其价值追求进行概括介绍。第一节在对当前市场经济发展形势与需求进行分析的基础上，对混合共同担保在当今市场经济条件下所具有的时代特征，分别从概念内涵、特别属性及其未来发展趋势等方面进行阐述。通过立法例比较，两大法系在担保人的类型划分上存在明显区别。大陆法系倾向于以提供的担保类型为标准，将担保人分为保证人与物上保证人（如抵押人、质押人等）；而英美法系则习惯于从担保人所承担责任的地位角度，将担保人分为连带责任保证人（surety）与一般保证人（guarantor），实践表明为债务人的债务提供抵押、质押等物的担保的担保人既可能是连带责任保证人（surety），也可能是一般保证人（guarantor）。鉴于此，大陆法系的混合共同担保通常是指既有人保又有物保的共同担保形式，而英美法系的混合共同担保的概念在理解上却更加宽泛。在世界经济全球化和金融风险高企的大背景下，交易主体对交易安全的要求越来越高，混合共同担保因兼具了人保与物保的双重优势，为债权人实现债权提供了多维度、强有力的保障，并因此成为了世界范围内交易主体所普遍采用的担保模式。故本书结合我国借贷市场现状与法院受理借贷与担保纠纷案件的大数据分析结果，分别从加强债权多重保障、分散风险与平等保护两个角度来对混合共同担保在新时期的价值追求进行了阐述。同时，还以我国担保机构发展为例，通过实证分析方法，就立法倾向于保护债权人债权而忽略对各方当事人平衡保护的价值选择，对担保人产生的重大影响进行了分析，进而得出了混合共同担保本身的责任分担功能在我国担保制度中的缺失，使得担保人在市场交易中应有的积极作用并未得到有效发挥的结论。

第二章对混合共同担保中各类型担保责任的顺序问题进行了探讨。第一节从担保责任顺序对于担保法律关系当事人所具有的重要意义及其制度的法律价值等方面，对责任顺序进行了法理上的剖析。责任顺序对债权人的权利行使选择自由及担保人的代位追偿等权利影响甚大，且具有重要法律价值并集中体现在"顺序利益"上。对于混合共同担保人而言，其顺序利益主要体现为抗辩权和追偿权。第二节在对混合共同担保中担保责任顺序的规范模式进行类型化分析的同时，简要概括了理论上对于人保与物保责任顺序的争论。人保与物保的责任顺序之争，不仅在大陆，即使在我国台湾地区立法中也曾经展开过激烈讨论。本书从市场经济对公平的前所未有的要求及经济学原理角度分析，得出了关于对人保与第三人提供的物保采取平等原则是符合现代市场经济发展需求和担保立法趋势的结论。第三节通过考察两大法系的相关立法例，发现绝大多数国家立法都是采纳了人保与第三人提供的物保责任顺序平等原则。在此基础上对我国《物权法》与《担保法》等担保法律在混合共同担保责任顺序上的制度安排、立法理念与意图进行了分析，并对我国担保司法实践中对于担保责任顺序适用法律的冲突与认识分歧进行了探讨。由于立法的不清晰与认识的不统一，以至于现阶段司法实践中，法院作出的关于混合共同担保责任顺序的判决中，既有支持人保与第三人提供的物保责任顺序平等，又有支持物保责任优先的案例。本书认为，在混合共同担保责任顺序上，应当秉持债务人以自己财产提供的担保责任优先，人保与第三人提供的物保责任顺序相对平等的理念，并在法律适用上实现统一。

第三章是本书的重点章节，主要以对债务人的求偿权和对其他担保人的代位追偿权为内容，对混合共同担保人在代为清偿后的权利救济进行了讨论。第一节分别从担保人请求债务人予以偿付的权利、担保人请求其他担保人予以偿付的权利两方面，对立法和理论上存在很多称谓，如求偿权、追偿权、代位权以及代位追偿权等法律术语进行了辨析，并将担保人对债务人的求偿权表述为"求偿权",而将担保人对其他担保人所享有的求偿权表述为"代位追偿权"。第二节围绕担保人为清偿后对债务人享有的求偿权展开论述,包括求偿权产生的原因、法理基础、实现方式以及相关立法例的规范模式等。关于求偿权产生原因,大陆法系学者倾向于用委托、无因管理与不当得利以及法定债权移转等来解释;而英美法系学者则习惯于用默示合同条款理论来解释,并有相当一部分学者将求偿权界定为普通法上的法定损害赔偿权。本书则认为担保人对债务人的求偿权属于"新债",产生于法律拟制的债权移转,属于债务人对担保人的法定补偿义务。第三节重点讨论了担保人的代位追偿权。首先,在审视相关学说(无法律关系说、有间接法律关系说)的基础上,通过对连带责任特征以及混合共同担保人之间的法律关系进行对比分析,得出了所有混合共同担保人(债务人除外)构成了一个利益共同体,应共享利益、共担责任,并存在着一定连带责任关系且得相互进行追偿的结论。其次,以代位清偿理论作为担保人代位追偿权的法理基础,并从代位清偿的概念与内涵、本质属性及其法律价值等方面对代位清偿制度进行概括阐述,论证了担保人作为代位清偿人的典型类型适用代位清偿制度得对其他担保人进行代位追偿的正当性。最后结合两大法系国家的相关立法例与实践经验,就担保人适用代位清偿的具体规则进行了重点探讨。大陆法系国家通常在立法中同时规定担保人对债务人的求偿权与对其他担保人的代位追偿权;而英美法系国家则一般通过求偿权(indemnity)、代位清偿(subrogation)及责任分配(contribution)三种制度的相互衔接与配合,来实现对担保人的权利救济。此外,本书还就担保人代位追偿权行使的具体规则进行了讨论,包括代位的权利范围与权利类型、担保人清偿代位后原债权时效如何计算等。尤其是对一些具体的特殊性问题进行了讨论,如担保人代位行使后续担保物权,担保人代位行使质权的占有障碍,担保人代位行使抵押权的登记效力,最高额抵押的代位行使,担保人是否有权代位行使债权人享有的形成权以及原债权的瑕疵是否一并移转等。第四节结合立法与司法实践,围绕担保人求偿权与代位追偿权的关系、适用上的协调等问题,着重讨论了担保人求偿权与代位追偿权的调和问题。两大法系学者都在很大程度上认为,求偿权与代位追偿权作为对担保人权利的两种重要救济方式,存在一定的竞合关系,尤其是英美法系在衡平法中秉持的"灵活的入库规则"是该观点的集中体现。本书经分析认为,求偿权是代位追偿权存在的前提,后者受到前者的范围制约,后者又具有相对独立性，二者在权利救济方面存在着一定竞合与补充关系。

第四章也是本书的重点章节，主要讨论了担保人代位追偿权的实现机制。第一节在对两大法系对于担保人代位追偿的构成要件的不同规范模式进行比较的基础上，结合我国法律传统与司法实践，对担保人代位追偿的通常构成要件进行了归纳总结。大陆法系通常采用传统的"三要件"模式；而英美法系则更加青睐积极要件与消极要件模式，其中"干净的手"、"非志愿"理论为其突出特色。相比较而言，两大法系在代位追偿权成立的构成要件上的区别主要在于，英美法系一般要求债权得到全部实现，而大陆法系则普遍承认部分清偿的效力。第二节则通过对两大法系学说及立法例进行分析基础上，讨论了担保人代位追偿权的行使规则，包括部分清偿对于担保人代位追偿权行使的影响，物上保证人与保证人之间是否得行使代位追偿权，尤其是物上保证人在清偿债务后是否有权向保证人行使代位追偿权问题，保证人代位行使担保物权是否需要设定特别条件以及担保人行使代位追偿权与担保物第三取得人的关系协调等。

第五章也是本书的重点章节，围绕混合共同担保人之间的责任分配展开论述。第一节以分配正义作为责任分配的理论基础，对分配正义的概念与内涵以及理论发展过程进行了论述。从柏拉图的"正义"概念到罗尔斯的分配正义观，揭示了不同社会时期和经济条件下，对分配正义内涵的不同理解；明确了责任分配应当遵循的基本原则，即对当事人平等对待原则；同时对《欧洲合同法草案》、《日本民法典》、我国台湾地区"民法"以及英美法的相关规范与判例的不同规范模式进行了比较分析，发现在当事人之间进行平等分配已经成为世界各国立法的主流趋势。第二节讨论了我国国情下担保人间责任分配的应然模式，主要包括责任分配的原则和具体规则。本书认为，在坚持相对平等原则前提下，应当对分配正义语境下的当事人"平等对待"保持客观、理性的态度。在责任分配的具体规则上，应先行扣除债务人提供的物保数额，再在保证人与物上保证人（除债务人外）之间就扣除后的责任余额按照一定的平等规则进行合理分配。最后，本书着重讨论了几种特殊情形下的责任承担与权利行使，如债权人放弃部分担保、保证人与物上保证人身份混同以及无清偿能力担保人应担份额之"二次分配"等问题。

第六章在对我国混合共同担保相关立法与司法现状进行立法与实证分析基础上，对进一步完善我国混合共同担保制度提出了立法建议：一是建议在未来民法典中确立代位清偿制度,作为担保人代位追偿的法理与法律依据;二是在担保法的具体条文中对混合共同担保人之间的责任顺序、代位追偿和责任分配的具体规则加以明确规定;三是建议最高人民法院通过司法解释和指导性案例统一相关法律适用与裁判尺度。

结语部分对本书所提观点进行了简要概括与总结。

Abstract

On the basis of studying the legislative cases of several countries in the two law systems and combining with the legislative and judicial practice in recent years in China, this paper focuses on some outstanding problems that need to be solved urgently in the judicial practice at this stage, systematically studies the mixed and joint sureties system with the emphasis on responsibility, and puts forward some suggestions on improving the legislation and judicature. The chapter is divided into five parts, introduction, the main body, the three chapter and the conclusion.

The introduction introduces the background, significance, research summary, research objectives, methods and innovations, and chapter structure of this paper.

The text is divided into five chapters.

Chapter One gives a general introduction to the characteristics of the times and the pursuit of value of the mixed and joint sureties. The guarantee is divided into different kinds according to different criterions of the two law systems. Under the background of world economic globalization and high financial risk, the requirements of transaction subject on transaction security are getting higher and higher. Because of the dual advantages of personal security and material security, the mixed and joint sureties provides creditors with the best guaranty for the debts. It has become the guarantee mode widely adopted by the trading bodies all over the world.

Chapter Two discusses the sequence of various types of security liability in mixed and joint sureties. The sequence of liability has a great influence on the right of creditor to exercise the right of choice and the right of guarantor's subrogation. Due to market economy's unprecedented demands for fairness and efficiency, the principle of equality between parties conforms to the development needs of modern market economy and the legislative trend of guarantee.

  Chapter Three discusses the remedy of the mixed co-guarantee's rights of remedies after the debtor's right is realized. Scholars are used to explain it with the theory of implied contract clauses, and quite a few scholars define the right of claim as the legal right of compensation for damages in common law. In fact, the mixed co-guarantees constitutes a community of interests, which should share interests and responsibilities. In the continental law countries, the legislation stipulates the guarantee's right for remedies to the debtor and the right of subrogation to other guarantors; while in common law countries, the guarantors have the rights of indemnity, subrogation and contribution.

  Chapter Four discusses the realization mechanism of the guarantor's right of subrogation. As to the constituent elements of the guarantor's right of subrogation, the civil law system usually adopts the traditional "three elements" model, while the common law system prefers the positive elements and the negative elements model, in which the "clean hand" and the "non-voluntary" theory are its prominent features. In other words, the main difference between the two legal systems in the constituent elements of the right of subrogation lies in whether the creditor's rights should be fully realized, common law systems generally require the creditor's rights to be fully realized, while civil law systems generally recognize the effect of partial liquidation.

  Chapter Five discusses the distribution of responsibilities between mixed co-guarantors. From Plato's concept of justice to Rawls' concept of distributive justice, it reveals different understandings of the meaning of distributive justice in different social periods and economic conditions. Equal treatment of the parties is the basic principle of the distribution of responsibilities in mixed co-guaranty. Principle of equity has become the mainstream trend in the world guaranty legislation.

Abstract

In the conclusion part, on the basis of legislation and empirical analysis on the current situation of legislation and judicature of mixed and joint sureties in China, some legislative suggestions are put forward to further improve the system of mixed and joint sureties in China.

导 论

自 1995 年《担保法》颁布以来，我国的担保市场及其行业从起步晚、发展迟缓，到近十多年的大规模、高速发展，不仅给社会主义市场经济带来了生机活力，更为不断推动担保立法的发展提供了坚实而丰富的实践基础！然而，实践先行与立法司法与身俱来的滞后性矛盾，不免造成立法与司法实务中总是面临很多实践中产生的新情况、新问题亟待解决。本书旨在聚焦现阶段司法实务中遇到的混合共同担保领域一些亟待解决的突出问题，结合各国和地区立法例及司法实务，并着眼于在我国现实国情，在深入研讨基础上，尝试对将来进一步完善我国混合共同担保立法和司法提出一些粗浅的建议。

第一节 问题的提出

自我国改革开放以来，市场经济蓬勃发展，担保市场与行业也渐渐迎来了良好的发展环境与机遇。尤其是近十几年来，随着国家经济发展方式的转型，金融市场与国际接轨越来越紧密，我国担保市场和行业发展规模也随之迅速扩大，发展速度惊人，其发展方式也较以前发生了翻天覆地的变化。本书所要探讨的混合共同担保问题，就是在这样的大背景下产生。

一、中小企业融资难问题空前突出

中小企业是我国现代市场经济中，对市场机制反应最灵敏、同时也是最活跃的主体。近年来，中小企业产值已超过国家GDP的一半，创造的就业机会也超过了城镇就业总数的四分之三。中小企业在促进经济发展与就业、调整经济结构以及充分发挥市场活力等方面发挥着不可替代的作用。现代社会，融资是企业发展的重要命脉和源动力。中小企业主要通过民间借贷、政府扶助、金融借贷以及发行债券股票等方式进行融资，其中银行贷款和民间借贷超过了一半。由此可见，我国中小企业融资手段在现在和今后相当一段时期，仍将停留在传统的金融借贷与民间借贷方式上。然而，据统计，中小企业的贷款额，始终只占到贷款总额的10%左右，[①] 这一数字充分反映出中小企业融资的难度之大和成功的几率之小。中小企业的快速发展与其融资难的矛盾，已然成为了阻碍其发展乃至影响整个社会经济迅速发展的"绊脚石"。融资难的原因主要为流动资金需求量大，投资收益周期相对较长，投资风险大，规模小，底子薄，经济实力弱小，偿债与信用有限，破产风险较大等因素。这就决定了解决中小企业融资难问题，增强其信用，将是一个长期的目标。

银行等金融机构之所以不太愿意将有限的贷款资源投向中小企业，与之偿债能力和信用状况的难如人意不无关系。在我国市场经济发展转型阶段，诚信缺失是我国经济发展面临的又一瓶颈，尤其是中小企业在银行的信用记录相当低。在企业信用低下、融资渠道狭窄、银行"惜贷"、专业中小企业金融服务体系缺位、政府资金和政策支持有限的情况下，如何通过进一步完善担保制度来增强中小企业信用，化解信用危机，提高企业偿债能力，又为立法者给出了一道担保法律制度的设计命题。

---

① 蒋倩华：《我国中小企业融资难的原因及对策分析》，载《中国商贸》2011年第24期，第113–114页。

二、担保行业发展遭遇制度瓶颈

随着中小企业融资难、担保难逐渐成为制约经济发展的瓶颈,专业担保机构的出现,通过为中小企业提供增信、融资担保和履约担保等服务,在促进社会信用体系建设的同时,为企业发展提供了新的生机与活力。与此同时,也应看到,担保行业在我国起步较晚,行业整体资信水平较低,风险预防和控制能力不够,加上政府监管不完善,一旦被担保人无法偿付,作为担保人的担保机构必然要承担沉重的担保责任。担保行业目前最突出的问题就是缺乏行业可持续发展的风险分担机制。不少担保机构反应,在我国,银行与担保公司的合作不对等现象十分严重。借款人一旦违约,担保公司往往需要独自承担全部债务,加之企业信用不佳,法律上缺乏债权人、债务人与担保人及其相互之间的风险分摊机制,导致担保的行业风险非常之高。银行普遍倾向于将贷款发放给资信好、规模大、偿债能力强的大型企业,而倾向于将资信差、规模小、违约风险高的中小企业推荐给担保公司,但在出现债务人债务违约的情况下,又由担保公司独自承担全部清偿责任,银行作为债权人只需向担保公司主张担保权利,而无须分担任何责任。此外,根据现行法律规定,承担清偿责任后的担保公司作为担保人又无权向其他担保人请求分担担保责任和进行代位追偿。可见,现阶段的担保行业严重缺乏可持续发展的风险分担机制。正规融资渠道的狭窄艰难和专业担保的入不敷出,已经逼得部分"走得较远"的担保公司触碰了法律红线,非法吸存并经营房贷业务,变相成为民间高利贷的中转站。[①]

三、担保司法实践有待统一法律适用和裁判尺度

担保责任的分配与承担,关系到债权能否最终实现,更关系到债权人、债务人、担保人乃至第三人的利益平衡与实质公平,不仅在担保法律制度体

---
① 高翔:《破局担保业死循环》,载《上海证券报》,2015年8月11日第4版。

系中，在司法实务中同样显得至关重要。在我国担保司法实践中，由于《物权法》、《担保法》与《担保法解释》等规定不尽一致，尤其是《物权法》第176条仅规定了承担担保责任后的担保人有权向债务人追偿，至于《担保法解释》规定的担保人之间的相互追偿权却未提及，由此在理论研究和司法实务中引起了很大争议。同时，本书经过对近年来人民法院审理的担保纠纷案件（尤其是担保追偿权纠纷案件）进行比较分析后发现，在混合共同担保中各担保人之间的关系和利益平衡问题上，理论和实务界也存在诸多不同理念和处理方法。

四、担保理论体系有待进一步发展完善

从德国、法国、欧盟、日本和我国台湾地区等民法典关于担保的规定及其理解来看，上述国家和地区理论通说一般都将混合共同担保人之间的法律关系看作是代位清偿制度的一部分，将他们之间的内部关系比照连带债务人来规范。从理论上将担保人视为与债的履行有利害关系的代位清偿第三人，那么，混合共同担保人之间就因责任顺序的同一性、承担责任的共同性与连带性而产生了相互之间的代位追偿权，故国内部分学者认为混合共同担保人之间相互追偿缺乏理论依据的难题，也就迎刃而解了。但是，鉴于我国民法现行规定中并未设立代位清偿制度，担保法律也散见于《民法通则》、《物权法》和《担保法》等法中，很难在体系上形成有机统一、内在联系的规则体系，这种立法现状也给担保理论制度研究带来了一定困扰。

第二节 研究的意义

一、实践意义

（一）我国担保市场乃至国民经济长远健康发展的现实需要

信用是市场经济发展的基础，没有信用，将寸步难行。担保，是支撑和保证信用的重要手段。有学者指出，"确保债务清偿（或债权实现）系担保之消极社会功能。其积极的社会作用，应系作为社会融资之手段，诱导债权之发生，间接促成经济之繁荣"。[①] 近年来，社会诚信的缺失和诚信体系的不完善，迫使交易债权人越来越倾向于通过混合共同担保这种多元化的担保方式，来加强对债权的保障。现行担保法律未赋予担保人承担担保责任后向其他担保人追偿的权利，导致担保人向债务人追偿未果的情况下，无法通过向其他担保人追偿来分散风险，在很大程度上打击了担保人提供担保和担保企业发展的积极性。同时，在现行法律规定下，很难避免实践中债权人与某一担保人串通，损害其他担保人合法权益的诚信风险。市场经济的发展，必然要求建立更加公平的竞争机制和公正的法治环境。从担保法制度设计来看，就是要不断改进与国家担保市场乃至国民经济发展需要不相适应的地方，力争实现通过担保领域的利益平衡和实质公平规则，促进中小企业融资发展，进而促进实体经济和金融市场健康发展，为整个社会市场经济的发展保驾护航。

（二）我国担保司法实践实现实质正义的需要

司法实践中，涉担保纠纷案件，当事人间设立单一担保的情形越来越少，

[①] 谢在全：《民法物权论》（中册），中国政法大学出版社2007年版，第327-328页。

很多时候债务人都有两个以上的担保，而且通常是物的担保与保证并存。根据现行法律规定，在混合共同担保情况下，担保人偿付后仅有权向债务人求偿，在求偿不能时，无权向其他担保人进行追偿。如此一来，经常导致这样的结果，即债权人在数个担保人中任意择一实现了债权，该担保人承担了全部债务，但因债务人无力偿付导致求偿不能，因此，就只能独自承担了所有责任，而其他担保人却因其清偿行为而免责。更为严重的是，实践中出现了大量债权人与部分担保人串通，故意选择其他担保人承担全部清偿责任，恶意损害他人利益的情况。如此的结果，必然导致担保人之间利益的严重失衡，实质公平难以实现，并在很大程度上挫伤了担保人的担保积极性。就目前两大法系主要国家的判例来看，都普遍从实现实质正义出发，支持担保人在承担清偿责任的范围内，代位取得债权人的债权及其从属性权利，以便其在向债务人求偿未果的情况下，得以向其他担保人进行代位追偿。

（三）立法政策及时补位的需要

一个行业的健康持续发展，必须依靠立法与政策的坚强支持。随着市场经济发展的深入，担保行业的快速发展，当初的立法与政策在很大程度上已经无法满足行业公平和担保市场可持续发展的需要，在很多方面亟待完善。在混合共同担保方面主要体现在：一是现行法律关于混合共同担保的规定，在现阶段乃至今后一个时期已经不能满足市场主体对交易风险进行公平分配承担的需求，在担保人承担担保责任后，如其无法通过向债务人求偿弥补损失，就只能直面独自承担全部债务风险的残酷现实，而其他担保人因此免责后，法律并未赋予承担清偿责任的担保人就清偿范围内的债权及从属性权利，代位得向其他担保人行使的权利。之前的法律规定，立法意旨重在保护债权人债权的实现，对担保人权益的保护兼顾不够。二是《民法通则》和《民法总则》作为民法总则性、一般性规定的集大成者，并未将清偿代位制度纳入我国民法体系，也因此在法律框架中缺少了对担保人代位清偿的体系和理论支撑，一定程度上阻碍了下位法及最高人民法院司法解释对混合共同担保制度进行局部修正和进一步解释的步伐。

二、理论意义

担保，作为保障与增强信用的重要手段，在商事交易中发挥着举足轻重的作用。担保理论一直是民商法理论研究的重要领域。担保理论是民商法理论融会贯通、各种民商事法律关系错综复杂、相互影响的理论体系，其发展直接影响着民商事法律理论的内部体系协调和作用的发挥。担保法理论研究，是随着市场经济和担保实务的发展而发展的，其研究目的就是使担保制度符合市场经济发展规律，为担保实务的发展提供更好的法律制度环境及其理论支持。随着我国从计划经济向市场经济的转型，担保法及其理论也得到了长足发展。市场经济越是繁荣发展，就越要求不断完善公平的竞争机制和法治环境。纵观担保法及其理论在近三十年的发展过程，从担保的目的看，从担保交易合同的履行到担保各类债权的实现，促进资金与商品的流通；从担保功能上看，从单纯重视保障债权到重视担保财产效益的发挥；从担保规则设计看，从仅重视债权的保护到兼顾债权人、债务人、担保人等各方利益的平衡；从担保方式看，从以人保为主到人保与物保等多种担保方式并存；从担保立法技术看，从宜粗不宜细到重视各项担保制度的内在特质及确立易适用的详细规则。[①] 可以说，担保法及其理论越来越朝着成熟的方向迈进。

本书旨在通过对混合共同担保制度进行较为系统深入的研究，为我国担保制度建立更加实质公平的权利行使和利益平衡机制，提供更有力的理论依据，为担保法在混合共同担保领域的理论发展提出一些好的建议。本书将研究重点定位于混合共同担保人的责任顺序、偿付后所享有的求偿权与代位追偿权以及他们之间的责任分配，并在证成理论上的正当性基础上，探索建立一套合理的、具有操作性的法律规则。

[①] 郭明瑞：《担保法律制度发展三十年》，载易继明主编：《私法》（总第16卷），华中科技大学出版社2010年版，第47-51页。

三、立法意义

我国《担保法》第 28 条在责任顺序上确立了物的担保责任优先原则。《担保法解释》第 38 条对上述规定作出了重大补充,规定了在当事人没有约定或约定不明时,担保人在代为清偿后可向债务人求偿,也可向其他担保人进行追偿。这就明确确立了两条规则:一是当事人之间有权约定优先适用哪种担保方式及担保范围,即尊重当事人意思自治;二是明确了担保人在代为清偿债务后有权向其他担保人追偿。此规定,在担保各方当事人利益平衡上,较之前规定有了实质的进步,对各担保当事人尤其是担保人利益影响重大。然而,在之后出台的《物权法》第 176 规定虽然也明确了当事人约定优先、人保与物保平等适用等原则,但在担保人承担担保责任后的追偿问题上,却采取了比《担保法解释》更加谨慎的态度,仅规定了担保人有权向债务人求偿。这一规定,又给理论界和实务界留下了太多想象空间,并在一定程度上导致了司法实践中法律适用的混乱。

之所以产生上述法律规定的缺失或者不明确,关键在于我国民法立法中未建立代位清偿制度,从而导致担保人之间潜在的法律关系未被法律条文挖掘出来,并给担保人之间的相互追偿造成了一定障碍;也是由于上述制度缺失,进一步导致各混合共同担保人之间应当承担的责任份额缺乏一定的分配规则及其法理依据。本书撰写的主要目的就是在对典型立法例进行详细考察的基础上,对混合共同担保人之间的法律关系、责任顺序、代位追偿以及责任分配等问题进行分析研究,并结合我国现实国情,提出一些进一步完善立法与司法的粗浅建议。

第三节 研究综述

一、混合共同担保的理论框架和研究背景

在我国，理论上对混合共同担保的研究并不少见，从保证人与物上保证人的责任顺序、承担责任后的权利救济和责任分配到在未来民法典中引入代位清偿制度等问题，均有学者进行过研究和探讨。上述问题也正是当前担保立法与司法实务中争议最大、最亟待解决的问题。尽管如此，但鉴于全国人大常委会关于《民法典》立法进程的加快，《民法典·民法总则》已经颁布实施。《民法典》分则各编的立法进程已经提上日程并正在紧锣密鼓地进行。相信在不远的将来，立法对担保的法律制度安排将会有实质性的变化。在此形势下，将混合共同担保从制度的理论基础、立法例比较和实务案例分析三方面维度做一次系统性梳理和研究，并针对我国现行规定提出一些修改建议，对于本书而言或许正是一个良好的契机。

二、混合共同担保研究概况

（一）国外研究概况

1. 大陆法系

德国在混合共同担保问题上，无论是立法还是理论研究，均已比较成熟。尤其是其民法典在"债编"确立了代位清偿制度，并在理论上明确采纳了债权法定移转学说，明确了与债的履行有利害关系第三人代为清偿债务的，在为清偿范围内取得债权人的债权。这就为混合共同担保人为清偿后取得债权

人的债权提供了基础的法律依据和理论支撑。不仅如此，德国民法典还就代位清偿人，同时还分别在债编和物权编就保证人与物上保证人的权利救济作出了参照适用关于连带债务人的相关规定，即是在理论上承认了混合共同担保中不同类型担保人之间在责任上的共同性与连带性，这也为担保人之间的代位追偿提供了强有力的法律正当性支持。

《法国民法典》确立的代位清偿制度内容则更加丰富，包括约定代位与法定代位。以担保人为典型的与债的履行有利害关系的代位清偿人，适用法定代位；与债的履行没有利害关系的第三人，可适用约定代位。无论法定代位还是约定代位，债权人的债权均在清偿人为清偿范围内移转于后者。由此可见，法国民法典也是采纳的债权法定移转学说。而在债编与物权编关于保证与担保物权的具体规定中，《法国民法典》进一步对混合共同担保人之间的责任顺序、代位追偿与责任分配等作出了具体规定。

《日本民法典》也就代位清偿作出了一般性的规定，即"就清偿有正当利益的人，因其清偿而当然代位债权人"，同时规定，清偿人在基于自己权利可以求偿的范围内，可以行使该债权人享有的、作为债权效力及担保的一切权利。不仅如此，该法典还就混合共同担保情形下，各担保人之间的责任顺序、代位追偿及责任分配等作出了非常详细的规定。尤其是关于混合共同担保人之间的责任分配规则别具特色，兼顾了保证与物的担保两种担保类型各自的特点，值得关注。

2. 英美法系

英美法系国家在混合共同担保法律制度方面比较典型和成熟的，当属英国与美国。尽管在担保体系上与大陆法系国家不同，如从责任性质角度习惯于将担保人分为连带责任保证人（surety）和一般保证人（guarantor），但鉴于在其连带责任保证人（surety）中既包括提供保证的保证人，又包括提供抵押、质押等的物上保证人在内，故其就连带责任保证人内部之间的责任顺序、代位追偿与责任分配的法律规定，尤其是衡平法上的判例及其所形成的规则，也对我国混合共同担保制度的研究与立法具有很好的参考价值。

在英美法系，最早在衡平法上确立了代位清偿制度，连带责任保证人（surety）的代位清偿和责任分配是其担保法律制度与规则的重要组成部分。英美学者普遍认为，连带责任保证人之间的代位清偿与责任分配是衡平法上"自然正义"原则的直接体现，在当事人之间实现实质的公平是该制度的核心所在。在正义与公平原则引领下，所有连带责任保证人（surety）均处于同一责任顺位，构成一个共同的利益体，应当平等地共享利益和共担责任。由此衍生出代位追偿的"入库规则"、担保人按比例进行责任分配等具体的规则。

（二）国内研究概况

近年来，随着我国担保市场与法律制度的不断发展以及《民法典》制定进程的不断推进，国内学者对于混合共同担保的研究越来越多，对其制度的分析与设计也越来越深入。我国担保制度深受大陆法系影响，与德国、法国和日本等国家主流观点与立法大致趋同。

我国台湾地区"民法"也是在就代位清偿作出一般性规定的基础上，再就混合共同担保人之间的责任顺序、代位追偿以及责任分配的规则进行了具体规定。关于担保人为清偿后的法律地位及其权利，主流观点与立法者仍然采纳的是债权的法定移转说。首先，在责任顺序上，"民法"修法前后，不论是主流学者还是立法者态度都有显著变化。2007年修法之前，理论上与立法上均青睐于物保责任优先原则；修法之后，则更加推崇人保与物保同等顺序原则，并赋予债权人在债务人自己提供的物的担保以外的人保与物保之间进行自由选择的权利。其次，在责任分配上，也是从修法前的保证人仅承担物保责任外的补充责任原则，转变为人保与物保平等原则。

第四节　研究目标与研究方法

一、研究目标

针对我国混合共同担保制度，本书拟定如下研究目标：

1. 通过对比较法上对混合共同担保责任的不同制度安排的分析，尤其以两大法系立法例为重点，摸索出几种典型的制度安排模式，以期对我国立法的进一步完善提供有益参考。

2. 通过对近年来关于混合共同担保相关司法案例分析，对实务中遇到的亟待厘清认识、统一法律适用标准的问题进行梳理与研究。

3. 通过对我国关于混合共同担保相关法律规定进行剖析，结合我国担保市场及行业发展现状与趋势和实务中遇到的问题，在找准理论依据并充分论证的基础上，提出进一步重构规则与完善立法的建议。

二、研究方法

本书采用了以下研究方法：

（一）规范研究和实证分析方法

前者是对法律条文的研究，后者则是对司法实务进行分析。本书在很多章节对主要问题进行论述中，均紧密结合国内外立法及其发展变化过程来对相关规范进行分析。同时，利用中国裁判文书网、法信网以及 Westlaw 等网络资源，先后收集了近年来最高人民法院、全国部分高级法院以及中级法院作出的数百件担保追偿纠纷案件的裁判文书，对与每一章节研究讨论的问题相关的司法案例进行了整理和分析讨论，以期为本书研究提供充分的实证基础。

（二）历史研究方法

在介绍现代担保法价值选择和发展过程、趋势，以及担保法施行的社会经济背景时，本书采用了历史研究的方法。通过考察一些典型国家和地区担保发展理念的演变过程，对我国担保市场发展理念和发展方式以及立法理念的转变进行纵向分析，从而为更清晰、深入地了解我国担保发展现实情况，提出更为契合实际、更具操作性的立法建议打下坚实基础。

（三）比较研究方法

"一切认识、知识均可溯源于比较"。① 担保制度属于开放型制度，无论是担保市场发展还是担保立法，世界趋同的趋势越来越明显。有鉴于此，本书十分重视比较方法的运用，在讨论混合共同担保的责任顺序、代位追偿和责任分配等重要问题时，总是首先有针对性地对各国和地区立法例进行分析比较，从而为我国现行立法的进一步完善提供有益参考。

（四）法经济学分析方法

经济学是一门研究如何进行理性选择的科学，运用经济学的分析方法来评价我们现有法律规则的效果具有重要参考价值。由于担保责任的分配与承担直接涉及到当事人各方，尤其是各担保人的切身经济利益，故本书在对各国立法例以及提出的建议方案进行讨论时，以实例为模板，以具体的计算公式和数据对各种规则设计的法律效果和经济效果进行了比较分析。

---

① ［德］茨威格特、克茨著：《比较法总论》，潘汉典等译，法律出版社2003年版，"德文第二版序"。

第五节　研究范围与研究框架

一、研究范围

本书的研究对象是混合共同担保，结合域外法比较与实证分析，以混合共同担保人之间的责任顺序、代位追偿和责任分配为重点进行了研究。之所以聚焦于上述三个问题进行研究，一方面是由于混合共同担保是现阶段乃至今后一段时期，我国乃至全球担保领域所采用的最为普遍的担保模式，对于该种担保模式的规范与制度设计，直接影响到担保交易乃至整个市场交易的安全、稳定与公平、效率；另一方面，我国现行立法与司法实践在混合共同担保领域的上述几个问题上，尚存在十分突出的认识分歧与裁判不一，对法律与司法的权威造成了不小的影响。

同时，本书的完成又正值全国人大常委会主持起草的我国《民法典》各编尤其是物权编、合同编条文向全社会征求意见之时，正好借此立法之良好契机，就混合共同担保中的几个重点问题进行较为深入系统的研究，并提出一些粗浅的立法与司法建议。

二、研究框架

本书将以混合共同担保的概念辨析以及担保人之间的责任顺序、代位追偿和责任分配等我国混合共同担保制度的核心内容为重点开展研究，框架大体如下：

（一）混合共同担保的概念特征及其价值追求。第一节在对当前市场经济发展形势与需求进行分析的基础上，对混合共同担保在当今市场经济条件下所具有的时代特征,分别从概念内涵、特别属性及其未来发展趋势等方面进行阐述。第二节则是结合我国借贷市场现状与法院受理借贷与担保纠纷的大数据分析情况,分别从加强债权多重保障、分散风险与平等保护两个角度来对混合共同担保在新时期的价值追求进行阐述。同时,还对我国担保行业的发展现状及其存在的问题进行了分析。

(二)混合共同担保人之间的责任顺序。第一节从法理上剖析了责任顺序对担保当事人所具有的重要意义及法律价值。第二节在对混合共同担保中担保责任顺序的规范模式进行类型化分析的同时,简要概括了理论上对于人保与物保责任顺序的争论,进而提出了本书关于债务人提供的物的担保优先、对于人保与第三人提供的物保采取平等原则是符合现代市场经济发展需求和担保立法趋势的结论。第三节则进一步在对两大法系国家相关立法例进行比较分析基础上,对我国《物权法》与《担保法》等在混合共同担保责任顺序上的制度安排、立法理念与意图进行了分析,并对我国担保司法实践中对于担保责任顺序适用法律的冲突与认识分歧进行了探讨,最后得出应当秉持平等主义理念,在法律适用上实现统一的结论。

(三)混合共同担保人的求偿权与代位追偿权。第一节分别从担保人在为清偿后请求债务人予以偿付的权利、担保人请求其他担保人予以偿付的权利两方面,对立法和理论上存在的很多称谓,如求偿权、追偿权、代位权以及代位追偿权等进行了辨析,并将担保人对债务人的求偿权表述为"求偿权",而将担保人对其他担保人所享有的求偿权表述为"代位追偿权"。第二节围绕担保人为清偿后对债务人享有的求偿权展开论述,包括求偿权产生的原因、法理基础、实现方式以及相关立法例的规范模式等。第三节对担保人的代位追偿权进行了重点研究。首先通过对混合共同担保人之间的法律关系进行探讨,得出了他们之间存在连带责任关系的结论;其次以代位清偿理论作为担保人代位追偿权的法理基础,并从代位清偿的概念与内涵、本质属性及其法律价值等方面对代位清偿制度进行概括阐述;最后结合各国立法例与实践经验,就担保人适用代位清偿的具体规则进行了重点探讨。第四节结合立法与司法实践，围绕担保人求偿权与代位追偿权的关系、适用上的协调等，着重讨论了担保人求偿权与代位追偿权的调和问题。

（四）混合共同担保人代位追偿权的成立要件与权利行使规则。第一节在对两大法系对于担保人代位追偿的构成要件的不同规范模式进行比较的基础上，结合我国法律传统与司法实践，对担保人代位追偿的通常构成要件进行了归纳总结。第二节则通过对两大法系学说及立法例进行分析基础上，讨论了担保人代位追偿权的行使规则，包括部分清偿对于担保人代位追偿权的影响，物上保证人与保证人之间是否得行使代位追偿权，尤其是物上保证人在清偿债务后是否有权向保证人行使代位追偿权，保证人代位行使担保物权是否需要设定特别条件以及担保人行使代位追偿权与担保物第三取得人的关系协调等等。

（五）混合共同担保人之间的责任分配。第一节以分配正义作为责任分配的理论基础，对分配正义的概念与内涵以及理论发展过程进行了论述，揭示了责任分配应当遵循的基本原则；同时通过立法例比较分析的方法，对《欧洲合同法草案》、《日本民法典》、我国台湾地区"民法"以及英美法的相关规范与判例的不同规范模式进行了比较分析。第二节讨论了我国国情下担保人间责任分配的应然模式，主要包括责任分配的主要原则和具体规则。第三节则着重讨论了几种特殊情形下的责任承担与权利行使，如债权人放弃部分担保、保证人与物上保证人混同以及无清偿能力担保人应担份额之"二次分配"等等。

（六）立法实务分析与建议。第一节对我国混合共同担保相关立法与司法现状进行了分析，指出了《物权法》第176条、《担保法》第28条与《担保法解释》第38条规定之间在法律适用上的冲突，分析了司法实务中对于是否支持混合共同担保人之间进行追偿的两种观点与做法，以及由此体现出的不同的立法者与司法者在理念与价值上的分歧。第二节在借鉴国内多数权威学者主持起草的民法典草案建议稿关于在我国民法中确立代位清偿制度，同时在未来民法物权编中作出赋予混合共同担保人代位追偿权并确立担保人之间责任分配规则等建议基础上,结合我国担保实际,提出了以下立法与司法建议:一是在未来《民法典·合同编》总则性规定中确立代位清偿制度。二是修改《民法典·物权编(草案)》第183条的规定;对《物权法》176条作扩张解释;修改担保法,对混合共同担保人之间责任顺序、代位追偿和责任分配的具体规则加以规定;最高人民法院通过司法解释和指导性案例统一法律适用和裁判尺度。

第一章 混合共同担保的概念特征及价值追求

担保制度的产生是商品经济对市场主体信用和市场交易安全客观需要的结果。担保将债权的效力延伸至债务人财产以外的第三人财产,强化了债务人的信用与履约能力,为债权实现提供了强有力的保障。[①] 由于我国市场经济发展的不平衡,社会诚信体系的不完善以及经济周期环境的影响,导致信贷领域违约频发,以银行为代表的债权人群体纷纷采取收紧贷款或借款以及加强多重担保的方式来强化对自身债权的保护,而借款人为获得贷款或借款也不得不提供多重的担保以增强偿债信用,因此,混合共同担保逐渐成为了现阶段担保领域最为普遍和重要的担保方式。然而,由于我国担保立法不完善、司法实务不统一以及学术研究不充分等因素,混合共同担保在实践过程中遇到了不少困境,暴露出了一些亟待解决的问题。

第一节 混合共同担保的概念与特别属性

与传统的单一担保相比,混合共同担保具有一些特别属性。正是这些特别属性及其与现代市场经济发展趋势的契合,使混合共同担保成为了借贷中常态化的担保方式。下文将从混合共同担保的概念内涵、特别属性及其未来

---

① 田土城:《担保制度的成因及其发展趋势——兼论我国担保立法的健全与完善》,载《郑州大学学报(哲学社会科学版)》2001年第4期,第19页。

发展趋势等方面进行阐述。

一、概念比较

混合共同担保的概念在大陆法系和英美法系存在差异，在我国学者中也有不同认识。

（一）大陆法上的混合共同担保概念

大陆法系大部分国家立法对于担保的类型，也主要采用了人的担保、物的担保以及金钱担保等分类形式，而混合共同担保也多指既有人的担保、又有物的担保的共同担保形式。我国在担保类型和担保权利设置上，受到大陆法系尤其是德国法影响较深，故混合共同担保也主要是指人的担保与物的担保的混合。

（二）英美法上的混合共同担保概念及其内涵

在英美法中，关于担保的法律术语很多，又由于与大陆法系在法律体系上差异巨大，导致国内学者对于有关担保概念的术语在理解上产生了困难与混淆。厘清英美法各"担保"名词的概念内涵及其区别和使用的准确语境，乃是研究英美法国家关于混合共同担保立法与实务的基本前提，故下文将对相关名词术语进行深入研究。

1. 担保概念的法律术语

英美法关于担保的法律名词主要分为两大类：一是概括地表示担保的词，包括"warranty"、"surety"和"guaranty"；二是具体地表示担保类型的词，包括"lien"、"mortgage"、"pledge"等。

（1）"warranty"。"warranty"是个古老的词汇。早在1684年就被William Temple 在 Scenderbeg Redivious 中使用过，在法律上含义丰富。在财产法上，"warranty"系指一种担保合同，土地契据的转让人自身或其继承人就该交易提供担保，若受让人因其他优先权人行使优先权而受有损失，即有权以该转让人或其继承人所有的等值的其他土地取得权利。① 在合同法中，"warranty"则指出卖人明示或默示的承诺，以保证其交付给买方的财产符合合同的描述或其允诺。根据担保的表达方式，又可分为明示担保（express warranty）与默示担保（implied warranty）。②

（2）"surety"既指保证，又指保证人，即依约在债务人无法清偿时，承担代为履行责任的人。从这个意义上讲，"surety"与我国担保法中的"保证人"为同一含义，即为人的担保。其实，早在中世纪的拉丁文中，就已经包含着一个在债务人之外，将自己加入履行该债务的责任之中的人的意思。而在中世纪的法国，"surety"业已同时用于指代保证人和保证合同了。到了早时期的英国，则在此基础上发展了"suretyship"这个用于指代保证这一法律关系的术语。③ 但随着担保形式的不断发展，不仅是保证场合，也有学者甚至法官在不少物的担保场合使用"surety"。此外，"surety"在担保人类型划分中，还指对债务清偿承担连带责任的保证人，即可包括保证人，又可包括物上保证人，只要他们的担保责任处于同一顺位即可。④

（3）"guaranty"也有担保、保证的意思。该词是在十八世纪末才以"特别承诺（special promise）"意思出现在法律和文学领域中。⑤ 后来，在法律领域人们通常用"guarantee"来指代享有担保权的债权人。在后来的一些判例中，法院判决逐渐开始使用"guarantor"作为"surety"的替代词。⑥

（4）物的担保系列术语

lien，在我国国内有多种解释。法律出版社出版的《元照英美法词典》和

---

① Murray, English Dictionary (Oxford) s.v.guarranty. The citation from Temple is from his letter to Duke Ormond. Quated from *Guaranty and Suretyship*, Max Radin.
② 薛波主编：《元照英美法词典》，法律出版社2003年版，第1413页。
③ Max Radin, *Guarranty and Suretyship*, California Law Review2017, 607.
④ Conn. at 561, 16 Am. Rep. at 78.
⑤ Max Radin, *Guarranty and Suretyship*, California Law Review2017, 607.
⑥ E. g. Right V. Simpson （1802）6 Ves. Jr. 714, 736, 31 Eng. Reprint 1272, 1283. Quated from Max Radin, *Guarranty and Suretyship*, California Law Review2017, 608.

2004年版的《英汉法律用语大辞典》均将 lien 解释为留置权，即债权人在债务人特定财产上设定的一种担保权益，一般至债务清偿时止，债务人如逾期未清偿，债权人可通过变卖留置物等法定程序优先受偿。① 而高圣平教授翻译的《美国〈统一商法典〉及其正式评述》第三卷则如此解释 lien：美国法上的 lien 含义甚广，凡以财产提供担保，而该财产上所存在的负担均属于 lien 的范畴。该种权利可以是依约产生，也可依法产生；可以随财产的实际占有产生，也可以不因财产占有而产生。故 lien 实际上是担保物权的总称，其性质兼有我国质权、留置权、抵押权等担保物权的特征。②

Mortgage，通常指抵押。债权人在债务人为担保债的履行而提供但不专一占有的财产（尤指不动产）上设定的优先受偿权。③

pledge，通常指质押。在美国，有关质押的法律大多已被《统一商法典》第九编有关担保交易的规定所取代。④

2. 含义区分与使用语境

（1）warranty 与 guaranty

"warranty" 与 "guaranty" 的共同点在于：均含有当事人向他人作出承诺，若出现违约或瑕疵，即向被担保人承担相应的赔偿责任的意思。二者区别为："guaranty" 系对将来产生的物或行为进行担保，"warranty" 则系对现在或过去的物或行为进行担保。⑤

（2）surety 与 guaranty

这是现代担保案件中使用最频繁的两个担保法律术语。在英国，"guarantor" 系指保证人（surety），而在美国则通常系指一般保证人。在美国，

---

① 薛波主编：《元照英美法词典》，法律出版社2003年版，第847-848页；《英汉法律用语大辞典》，法律出版社2004年版，第663页。
② 高圣平译：《美国〈统一商法典〉及其正式评述》第三卷，中国人民大学出版社2006年版，第17页。
③ 薛波主编：《元照英美法词典》，法律出版社2003年版，第929-930页。
④ 薛波主编：《元照英美法词典》，法律出版社2003年版，第1059页。
⑤ 薛波主编：《元照英美法词典》，法律出版社2003年版，第1413页。

"guaranty"更多地用于商事合同,而"surety"的用途则更为广泛。① 在现代英国,二者都可以用于指代保证人,差别很小。具体而言,法律对"surety"在程序和形式上要求相对更加严格一些。在美国,"surety"的范畴就比"guarantor"要宽泛,《美国统一商法典》相关条文(如第1-201(40))就将"guarantor"作为"surety"的一种形式加以规定。同时,在指代保证人时,尤其是在美国判例法中二者又有不同。"surety"通常指代连带责任保证人,而"guarantor"则指一般保证人。② 然而,对二者的含义及其使用语境,不论是英国还是美国,亦不论是理论还是实务,可以说至今没有理想的、准确的区分边界,不论是学者还是法官对二者的使用还是随意胜于统一。

尽管如此,英美衡平法实践还是大致认同了二者的区分方法。如美国最高法院的判例曾对二者作出过区分使用的尝试。③ 尤其是在 Oxford Bank v. Haynes④ 一案中,法院这样陈述到:"毫不疑问,'guarantee'与'surety'在性质上是不同的。'guarantee'不能作为允诺人成为被告,但'surety'却可以。同时,'guarantee'所订立的担保合同属于特别约定,须各方当事人作出特别之约定。同理,'guarantee'也与背书人(indorser)在性质上有所差别,并且'guarantee'对允诺人的破产也承担相应的担保责任,但背书人(indorser)却不必。"⑤ 在美国绝大部分案例中,法院都明确表示在指代保证人时,"guarantee"仅为一般保证人,即只有在债权人向主债务人主张偿付而不能的情况下,才承担担保责任;而"surety"则通常为连带责任保证人,即只要债务人未清偿到期债务,债权人即有权向其主张担保责任。⑥ McClellan 法

---

① Max Radin, *Guarranty and Suretyship*, California Law Review 2017, 618.
② 薛波主编:《元照英美法词典》,法律出版社 2003 年版,第 1316-1317 页。
③ The case of Clarke v. Russell, decided in the United States Supreme Court in 1799, (1799) 3 U.S. (3 Dall) 415.The case of Eddowes v. NeI11, (1793) 4 U.S. (4 Dall) 133.
④ (1809) 2 Taund. 206, 207 Eng. Reprint 1056. Quated from Max Radin, 619.
⑤ Max Radin, *Guarranty and Suretyship*, California Law Review 2017, 619.
⑥ Oxford Bank v. Haynes, (1825) 25 Mass. (8 Pick.) 423, 428; Lishy v. O'Brien, (1835) 4 Watts (Pa.) 141;Craddock v. Armor, (1840) 10 Watts (Pa.) 258;Sherman v. Roberts, (1855) 1 Grant (Pa.) 260. All quated from Max Radin, 620-622.

官也尝试从内容与形式上对二者作出区分。他认为，在内容上，如果第三人对债务人的债务承担原始的、直接的责任，不论是否附条件，在债务人不履行债务时，债权人即可主张其清偿的，即为连带责任保证人（surety）[①]；而当第三人的债务清偿责任是第二顺位的，且相对于债务的责任具有从属性，则为一般保证人（guaranty）。简言之，连带责任保证人（surety）是在债务人不履行时承担清偿责任，而一般保证人（guaranty）则是在债务人不能履行时承担清偿责任；或者说，前者是为债务本身提供保证，后者则是为债务人破产提供保证。在形式上，连带责任保证担保一般是由债权人、债务人和保证人共同签订合同；而一般保证人则通常是在债务合同之外，独立签订担保合同。[②]

3.英美法上混合共同担保的内涵

纵观英美法院案例可以发现，衡平法上的"混合共同担保"与大陆法系的"混合共同担保"在概念上尚有一定差异，其根源就在于对于不同类型担保人的划分标准不同。在大陆法系，一般将担保分为人的担保（即保证）与物的担保，并在此基础上形成了保证人之间、物上保证人之间以及保证人与物上保证人之间的代位清偿制度和责任分配规则。在英美法系，通常不是以人保和物保的为标准进行区分，而是从担保人所承担的担保责任的地位角度，将担保人分为连带责任保证人（surety）与一般保证人（guarantor），并在此基础上建立了连带责任保证人（surety）之间的代位清偿及责任分配制度，但鉴于一般保证人（guarantor）系处于第二顺位的责任人，故大多数判例均未认可

[①] 此处的"连带责任保证人"与我国担保法中的连带责任保证人仍存在概念上的较大差异，二者从责任顺位看是相同的，即均对债务负有连带清偿责任；但是，前者涵盖的主体范围明显大于后者。

[②] Saint v. Wheeler and Wilson Mfg. Co. (1892) 5 Ala. App. 412, 59 So. 512; News-Times Publishing Co. v. Doolittle (1911) 51 Colo. 386, 118 Pac. 974; Cone v. Eldridge et al. (1911) 51 Colo. 564, 119 Pac. 616; Musgrove v. Luther Publishing Co. (1908) 5 Ga. App. 279, 63 S. E. 52; Rouss v. King (1904) 69 S. C. 168, 48 S. E. 220; Ogden on Negotiable Instruments (1922) See. 220.

其在清偿债务后享有对一般保证人（surety）的分配请求权。①

本书认为，尽管英美法上的"混合共同担保"与大陆法上的概念与范畴均有所差异，但是，鉴于英美衡平法上的担保人之间的代位清偿、责任顺序与责任分配等规则与大陆法系的相关规则原理相同、规则类似且效果也相近，故上述差异并不妨碍将两大法系的担保人之间的代位清偿、责任顺序与责任分配等规则进行比较研究。

（三）我国学者对混合共同担保的认识差异及本书所采观点

1. 关于混合共同担保的认识差异

关于何者为混合共同担保，学者们从不同的视角产生了不同理解。有人认为混合共同担保是对同一债权提供的既有保证，又有抵押、质押的共同担保。②有人理解为同一个债权存在人保和物保的混合。③也有人将之界定为人保、物保和金钱保证（如定金）的混合。④绝大多数学者则认为，混合共同担保指的是同一债权既有人的担保，又有物的担保的情形，而且担保人通常为复数。⑤

2. 本书观点

学者关于混合共同担保概念的认识差异，主要体现在混合共同担保所包含的担保类型上。本书所讨论的混合共同担保，仅指人保与物保并存时的多元担保方式，并不包括金钱担保。原因在于，金钱担保相对于人保和物保混

---

① Conn. at 561, 16 Am. Rep. at 78.
② 曹士兵：《中国担保制度与担保方法——根据物权法修订》，中国法制出版社2008年版，第55页。
③ 彭峻、李志文：《混合共同担保浅析——以担保法第28条为基础》，载《广西政法管理干部学院学报》2002年第8期。
④ 刘保玉、吕文江：《债权担保制度研究》，中国民主法制出版社2002年版，第65页。
⑤ 王利明：《物权法研究》（第三版）下卷，中国人民大学出版社2013年版，第1117页。程啸："混合共同担保中担保人的追偿权与代位权——对《物权法》第176条的理解"，《政治与法律》2014年第6期，第87页。高圣平："混合共同担保的法律规制：裁判分歧与制度完善"，载《清华法学》2017年第5期，第140页。

合，其责任形式相对单一、法律相对简单，且基本不会与后两者发生责任分配和利益平衡上的冲突，故并未将之纳入本书的讨论范围。

3. 留置在混合共同担保中的取舍

即使在物的担保中，是否所有担保类型都适宜纳入混合共同担保范畴，也存在争议，例如留置。在留置场合，在债务人不履行到期债务时，债权人有权依法留置其合法占有的债务人的动产，并可就该留置的动产折价或者以拍卖、变卖所获得的价款优先受偿。[①] 不赞成将留置纳入混合共同担保范畴的观点认为，按照通说，留置权为法定担保物权，其产生、内容、适用范围以及效力均由法律作出明确规定，法律不允许当事人通过法律行为自行创设留置权或者排除法律的规定。鉴于留置的法定属性、适用情形的局限性以及留置权人对留置物的高度控制力，似无必要再将其纳入混合共同担保这个充斥着当事人意思自治和利益平衡复杂局面的体系。

作者认为，留置权作为担保物权的一种典型形式，似无必要刻意将之排除在混合共同担保范畴之外。首先，留置权的法定性只是对于留置产生、适用等方式上排除当事人自由创设的可能，并不影响其作为担保物权的属性。其次，《担保法》关于将留置权适用范围限制在保管、运输、加工承揽等几类合同之债的规定早已受到诟病，《物权法》已打破了这种局限，将留置权的适用范围扩大到了所有合同以及合同外的无因管理、不当得利之债，因此，留置在理论上已经具有了与人保、物保相当的广泛适用性。最后，尽管留置权拥有法定属性和对留置物的高度控制力，但也不影响债权人在债务到期无法清偿时通过留置物优先受偿的担保属性，将之纳入混合共同担保体系与其他人保和物保类型统筹考虑亦未见明显弊端。

二、特别属性

近年来，市场经济与金融的高度结合，促使交易主体对安全的需求日益

[①] 王利明：《物权法研究》（第三版）下卷，中国人民大学出版社2013年版，第1387页。

高涨。债权人对债务人信用的要求标准越来越高,交易中的债权尤其是银行债权需要多重保障已为常态。如前所述,传统的、普通的担保交易,在通过金融手段加上数倍甚至几十上百倍杠杆后,一旦发生偿付危机,其对整个交易市场和金融市场的影响将更加深远。混合共同担保,其实质并非一种独立的担保类型,其更大程度上可以理解为一种现象,即因为债权人出于保护债权安全和实现的现实需要,而要求债务人同时提供人保和物保等多重偿债的保障而已。混合共同担保因相较于单一担保模式大大提升了被担保人信用,为债权的实现提供了多重保护,因为恰好适应了现代高度发展的市场经济对交易安全的新需求,从而在全世界范围内受到了市场热捧,并逐渐成为担保的一种常态化模式。然而,在此种常态化模式下,由于担保责任的承担、责任的追偿不仅涉及到各个利害关系人的切身经济利益,更加涉及到交易的安全性与公平性,乃至整个担保行业和市场经济的持续健康发展,因此,无论学术界还是实务界对混合共同担保这一类型化的担保模式,给予了高度关注。欲研究混合共同担保的制度规则,须先明确其自身具有的、区别于其他担保模式的特别属性。

(一)担保种类多样化和信用加强化

混合共同担保最显著的特点是担保种类的多样化,一般包括人的担保(即保证)与债务人提供的物的担保的混合、人的担保(即保证)与第三人提供的物的担保的混合以及上述三种担保方式的混合。其中,每一种单独的担保方式的担保人可为单数,亦可为复数。三种担保类型,各具利弊,但综合在一起加以利用,便形成了一张对债权实现进行优势互补的"复合担保网"。

1. 债务人提供的物的担保

债务人为担保其债权所提供的担保物,属于其自身责任财产,再加上在其上设定了物的担保,自应在债务人不履行债务时由享有该担保权利的债权人行使优先受偿权。绝大多数国家立法例将债务人提供的物的担保的责任顺位置于第三人提供的担保之前,其他担保人仅在债权人就债务人提供的物的担保优先受偿后仍未得清偿的债权范围内，承担相应的担保责任，此举既体现了债务人对债务的第一责任与终极责任，又能够避免担保人代为清偿后再向债务人求偿的繁琐程序与巨大风险，可谓一举两得。但是，债务人提供的担保物有时也会因担保物权顺位及其他权利冲突等原因，造成债权人虽享有担保物权却无法行使的情形，此时第三人提供的担保便是下一重债的保障。

2. 保证担保

英国有法谚："任何人不能为自己保证，或保证自己义务的履行。"[①] 保证，是第三人以其信用及全部财产来担保债务的履行。[②] 在中国的担保制度发展史中，人的担保具有特别重要之地位。传统中国，在担保方式上，更倾向于选择人保。究其原因，这种选择源于家庭传统结构、社会组织形式、风俗习惯和统治阶级的统治思想等诸多因素。保证确实具有其自身优势，如通常以第三人所有的除特定财产以外的全部一般财产以及信用财产作担保，债权人的担保权可行使的财产范围可能会涉及很广，而保证人不仅用其财产，还以其信用作保，故传统观念认为人保是债权实现非常可靠的保障。然而，其弊端在于，担保权的行使完全依赖于保证人的财产状况，若保证人的财产不足以清偿债务甚至破产的话，债权人的担保权便无从保障了。此种不确定性在现代社会越来越普遍，故逐渐又有观点认为，物的担保可能更为可靠[③]。

3. 第三人提供的物的担保

第三人提供的物的担保，是第三人以其所有的特定的物作为担保物，担保权人可以从该担保物变价后的价款优先受偿的担保类型。[④] 与保证不同，第三人是以其所有的特定的物作为担保物，为债权提供担保。与保证人的一般性财产不同，第三人提供的担保物具有特定并且精准的特点，该特定财产并不因担保人财产状况恶化而受影响，即使是破产，该特定财产也可成功逃离被列为破产财产的命运。不仅如此，不少学者认为因担保物权亦具有物权的

---

① 蔡永民：《比较担保法》，北京大学出版社2004年版，第22页。
② 王利明：《物权法研究》（第三版）下卷，第1116页。
③ 郭明瑞：《担保法原理与实务》，中国方正出版社1995年版，第47页。
④ ［日］近江幸治著：《担保物权法》，祝娅等译，法律出版社2000年版，第7页。

优先品质,故物保应当优先于保证。①物保与人保孰为优先,抑或平等暂且不论,但由于担保物权完全依赖于担保物,故当担保物毁损甚至灭失而无法清偿全部债务时,担保物权人的优先受偿权恐怕也难逃落空的命运。此时,或许人保更为可靠。

综上,人保与物保各具优势,亦各有弊端。无论采取哪一种单一的担保方式,均无法克服其先天的缺陷。因此,人保与物保并存的混合共同担保,使债权人通过行使选择权,不仅能综合利用各类型担保的优势,还能有效地避免单一担保类型带来的弊端与风险,使债权的实现织起了一张"复合担保的网",可谓取长补短,毕其功于一役,极大地增强了债务人信用和对债权实现的保障。

(二)法律关系的复杂性

在混合共同担保中,涉及的当事人众多,包括债权人、担保权人、债务人、保证人、物上保证人等,有时还会涉及到物保的后顺位担保人、担保物的第三取得人等,故其中的法律关系亦是纷繁复杂,在各方当事人利益平衡上的考量更是需要立法者与司法者着眼全局,左右兼顾。在此复杂的法律关系中,最主要的是以下三种关系的协调与处理:

1. 债权人与担保人的关系

担保人是为债权人的债权而为担保。通常,担保人会就担保事宜与债权人订立担保合同,对担保对象、担保内容、担保责任范围和顺位、担保实现的条件等内容作出明确约定。包括我国在内的多数立法例均将当事人约定置于优先于法律规定的地位,充分体现了担保法律关系作为私法领域中的民事关系,对当事人意思自治的充分尊重。担保合同订立并生效后,担保权利的处分则掌握在债权人手中。换言之,面对混合共同担保,法律根据各类型担

---

① 邹海林、常敏:《债权担保的理论与实务》,社会科学文献出版社2005年版,第116页。

保的责任顺位，在不同程度上赋予了债权人一定的选择权。①而债权人作出的选择，将会对各担保人的责任承担及其相互的追偿产生直接而重大的影响。不仅如此，在采债权法定移转说的立法例中，混合共同担保人中的一个或部分担保人代为清偿债务后，债权人的债权得以实现，但债权人的债权并未因此消灭，而是连同其从属性权利一并移转给了已为清偿的担保人，故担保人因清偿而依法取得债权人的债权及其从属性权利。此间，依法并出于"良心"②，债权人有义务协助该担保人代为行使其债权及从属性权利，从而弥补其因清偿而所受之损失。债权人对此种诚信义务的违反，将导致其法律上的不利后果。

2. 债务人与担保人的关系

担保人是为债务人的债务提供担保。债务人的债务额决定了担保人担保责任的范围，债务人对债权人所享有的抗辩担保人亦可主张。担保人为清偿后，在已为清偿范围内享有对债务人的求偿权。为清偿的担保人享有的该求偿权与其代位债权人的债权的时效适用问题，也是实务中经常遇到的难题。此外，混合共同担保中，在债务人以其自己的财产为债务提供物的担保的，债务人作为担保人之一，其担保责任与其他担保人的责任顺序问题，也直接关系到各担保人之间的责任分配与承担，不容忽视。

3. 担保人之间的相互关系

应当说，担保人之间的关系是混合共同担保中最为核心、最为复杂，同时也是理论与实务中争议最大的问题。首先是担保人之间的责任顺序问题。债务人提供的物保、保证与第三人提供的物保的是否处于同一顺位，担保人之间是否相互享有代位追偿权，若享有，代位追偿权又当如何行使，存在争议。其次是担保人之间存在何种法律关系的问题。担保人之间是否存在法律关系，若存在，该法律关系又当如何认定。最后是担保人之间的责任分配问

---

① 高圣平：《混合共同担保的法律规制：裁判分歧与制度完善》，载《清华法学》2017年第5期，第139-147页。

② Stirling v. Forrester, 3 Bligh, 59.

题。担保人之间若存在代位追偿权,清偿责任应当按照何种原则和规则在担保人之间进行分配。上述问题均是紧密联系的问题,责任顺序决定是否享有追偿权,而责任分配则是具体实现代位追偿权的依据和基础。

4.担保人与其他与债的履行有利害关系之第三人之间的关系

混合共同担保法律关系的复杂之处还在于,担保人与其他与债的履行有利害关系的第三人之间可能产生的法律关系及其协调问题。比如,担保人在为清偿后,欲代位债权人就担保物行使优先受偿权,而此举必定与该担保物的第三取得人的利益发生冲突。第三人虽然依法取得了担保物的所有权,但因为担保物上担保物权的存在,导致其所有权的实际权益面临可以预见却又不确定的风险。对于混合共同担保人而言,第三取得人在代为清偿或担保物被执行后,很可能依据代位清偿制度向担保人行使代位追偿权。又如担保人在代为清偿债务后,其代位行使债权人的担保权必然与其他后顺位担保权人之间产生一定关系与相互影响。

(三)担保责任的共同性与连带性

尽管多种担保方式并存,担保人为复数,但混合共同担保的担保对象均为同一债务人和同一债务。从这个意义上讲,数个担保人的担保及其责任的承担具有一定程度的共同性和连带性。尽管担保方式不同,承担责任的份额可能不同,但确是共同为同一债务提供担保,某一担保人责任的承担及其承担能力的大小势必对其他担保人的责任承担和经济利益造成实质性影响。如果某一担保人破产并丧失了清偿能力,则其所应承担的责任份额将由其他担保人再次分担。不仅如此,在采取人保与物保责任顺序平等原则的众多立法例中,混合共同担保中的除以自己财产进行物的担保的债务人外,保证人与其他物上保证人所承担的担保责任之间具有较强的连带属性,以至于不少立法例在立法中直接规定他们之间的责任承担参照适用关于连带债务人的相关规定。

此外,根据担保法司法解释第128条第2款的规定,法院对混合共同担保采取的是共同诉讼模式。此种诉讼和审理模式有利于查明责任主体、分清责任、确定责任份额,从而在确保债权得以全部实现的同时,兼顾各方当事人合法权益的维护,从而实现担保法律关系中的实质正义。

第二节　混合共同担保制度的价值追求

与单一担保或单一类型的共同担保相比,混合共同担保制度所秉持的价值追求不仅仅是为保障债权的实现,更重要的是旨在平衡各方当事人利益基础上实现一种实质上的正义。

一、混合共同担保的功能价值

混合共同担保的担保模式之所以受到当今世界各经济主体的青睐,不仅与其自身特点息息相关,还跟其与单项担保相比更强的功能价值有着必然联系。总的来说,混合共同担保主要具有以下两方面的突出功能价值:

（一）加强债权多重保障

1. 经济形势严峻导致信用违约风险高企、借贷纠纷案件量全国第一

近年来,随着国际经济形势恶化、我国国内经济增速放缓和经济结构调整等因素影响,合同尤其是借贷领域的信用违约风险逐年增加。根据最高人民法院大数据显示,2013年至2015年期间,民间借贷纠纷、金融借款合同纠纷和借款合同纠纷在全国法院每年案件数排名前五名中稳占三席。其中,借款合同纠纷高达363853件,民间借贷纠纷则为326601件。[①]

[①] 最高人民法院信息中心:"全国法院（2013-2015年）合同纠纷专题分析报告",下载自最高人民法院数据集中管理平台。

（1）金融借贷领域

在金融借贷领域，银行业面临的金融风险日益加剧，不良贷款持续增长，信用风险在未来一段时期将成为银行业风险管理的重中之重。[1] 截至2015年末，银行业金融机构负债总额为184.1万亿元，同比增长15.07%。[2] 商业银行不良贷款余额12744亿元，同比增加4318亿元；不良贷款率1.67%，同比提高0.42个百分点。当前，估计总额有3万亿元人民币的银行贷款集中于产能过剩行业，如果压缩这些行业的产能，可能会导致部分企业停业甚至破产清算，将直接导致不良资产的形成，故产能过剩治理将可能进一步增加银行业的资产质量压力。同时，产能过剩治理可能导致上下游企业，特别是中小企业陷入经营困境，产生新的信用风险，且极易引发信贷风险的"多米诺骨牌效应"，引发信用风险的链式发展。[3] 由此也导致金融借款合同纠纷大量成诉，人民法院受理的案件数量迅速增加。2013年，全国各级法院共审结金融借款合同纠纷一审案件27.07万件；2014年为31.46万件，同比上升16.20%；2015年为40.85万件，同比上升29.85%。[4]

（2）民间借贷领域

在民间借贷领域，民间借贷作为一种手续简便、办理快捷、融资灵活、利率较高的民间融资手段，近年来发展迅速、日趋活跃，借贷规模不断扩大。由于我国金融体系及其法律制度相对不够成熟，民间借贷自身问题逐渐显现，借贷风险大量增加。根据最高人民法院大数据统计，2014年至2016年7月，全国法院共审结民间借贷纠纷一审案件297.16万件，累计结案标的总额为10550亿元。2014年审结85.78万件，占全国民商事一审已结案件的13.20%。

---

[1] 中国银行业协会行业发展研究委员会编：《中国银行业发展报告（2016）》，中国金融出版社2016年版，第134–138页。

[2] 中国银行业协会行业发展研究委员会编：《中国银行业发展报告（2016）》，中国金融出版社2016年版，第89页。

[3] 中国银行业协会行业发展研究委员会编：《中国银行业发展报告（2016）》，中国金融出版社2016年版，第175–180页。

[4] 最高人民法院信息中心："2013-2015年 经济类系列专题之二十一——金融借款合同纠纷专题分析报告"，下载自最高人民法院数据集中管理平台。

2015 年审结 127.08 万件，同比上升 48.15%，占全国民商事一审已结案件的 15.53%。2016 年 1 月至 7 月审结 84.30 万件，同比上升 40.25%，民间借贷案件量位居全国法院一审民事案件首位，约占全国民商事一审案件的 17%。2014 年，民间借贷一审案件结案标的额共计 2352.62 亿元①，占当年全国 GDP 的 0.37%。2015 年结案标的额共计 4653.50 亿元②，同比上升 97.8%，占当年全国 GDP 的 0.69%。2016 年 1 月至 7 月，标的额共计 3543.93 亿元③，占 2016 年全国第一、二季度 GDP 累计值的 1.04%。④ 民间借贷纠纷案件主要源于两大类行为：一是借款方违约，未按约定时间和金额还本付息，甚至"跑路"。这与宏观经济环境影响下，一部分企业"脱实向虚"，民间借贷高利率使企业面临较高的融资成本，企业经营不善、决策失误使自身经营情况恶化，以及社会信用体系不健全，违约成本低廉等因素有关。二是披着民间借贷外衣的非法吸存、集资诈骗等违法行为层出不穷。此类案件数量虽只占少数，但往往牵涉更广，社会危害更大。⑤ 此外，近年来 P2P 借贷行业的发展风起云涌。从成交量看，整个行业在这一年依旧保持了高速的增长，历史累计成交量突破万亿元大关。P2P 借贷行业野蛮生长的背后却伴生了严重的欺诈案件与信任危机，其中大多数是披着 P2P 外衣的庞氏骗局，抑或是资金链断裂的民间放贷机构。闹得轰轰烈烈的"e 租宝事件"甚至引起了整个行业信任危机，这一危

---

① 2014 年民间借贷已结案件共有 50.35 万件有结案标的额记录，占总案件量的 58.70%。引自最高人民法院信息中心："2013-2015 年 经济类系列专题之二十一——民间借贷纠纷专题分析报告"，下载自最高人民法院数据集中管理平台。
② 2015 年民间借贷已结案件共有 89.61 万件有结案标的额记录，占总案件量的 70.51%。引自最高人民法院信息中心："2013-2015 年 经济类系列专题之二十一——民间借贷纠纷专题分析报告"，下载自最高人民法院数据集中管理平台。
③ 截至 2016 年 7 月民间借贷已结案件共有 67.2 万件有结案标的额记录，占总案件量的 79.72%。引自最高人民法院信息中心："2013-2015 年 经济类系列专题之二十一——民间借贷纠纷专题分析报告"，下载自最高人民法院数据集中管理平台。
④ 最高人民法院信息中心："2013-2015 年 经济类系列专题之二十一——民间借贷纠纷专题分析报告"，下载自最高人民法院数据集中管理平台。
⑤ 史建平主编：《中国中小微企业金融服务发展报告（2016）》，中国金融出版社 2016 年版，第 249-252 页。

机还扩散到其他金融机构,正继续在整个P2P借贷行业蔓延。①泛亚、e租宝、中晋等事件涉案金额均达数百亿元以上,银行业稍有不慎就会被牵涉其中。②

2. 贷款人融资信用亟待提升

近年来的银行数据显示,中小微企业、个体工商户和自然人等作为贷款人的借贷总量已经占到银行借贷业务的相当部分,此类债务人逐渐成为银行贷款的主体,且增速明显。据统计,我国工商登记的中小企业有1000多万家,占全国企业总数的99%,贡献了国家60%的GDP、50%的税收,创造了75%的新增城镇就业机会。③以2015年为例,银行业全年累计新增人民币公司贷款7.38万亿元。从贷款投向上看,按照企业类型划分,2015年末,小微企业新增贷款2.11万亿元,增量占同期企业新增贷款的38.1%。④2015年,我国银行业金融机构新增个人贷款累计达3.87万亿元,同比增加5813亿元,增幅达17.94%,占全部贷款增量的三分之一。⑤通过对近三年全国法院金融借贷纠纷案件分析发现,被告中自然人、法人、非法人组织的占比分别为84.56%、15.29%和0.16%。原告类型为法人时,主要包括银行、信用合作联社、金融公司等。其中,银行涉案量最多,为50.29万件,占案件总量的50.60%。被告身份主要以农民、私营企业主和个人劳动者为主,其中农民占比84.85%。从借贷双方的性质构成看,出借方的金融风险很大。通过分析裁判文书发现,被告以"投资、经营"为由借款的案件量最多,为7687件,占比46.50%。借款方以"以贷还贷"为由借款的案件总量占比仅5.11%,但案

---

① 史建平主编:《中国中小微企业金融服务发展报告(2016)》,中国金融出版社2016年版,第254页。

② 中国银行业协会行业发展研究委员会编:《中国银行业发展报告(2016)》,中国金融出版社2016年版,第127-133页。

③ [意大利]保罗莱昂(Paola Leone)、詹弗兰科 A.托(Gianfranco A.Vento)编著,游春译:《信用担保机构与中小企业融资》,中国金融出版社2013年版,序言第1-4页。

④ 中国银行业协会行业发展研究委员会编:《中国银行业发展报告(2016)》,中国金融出版社2016年版,第63-69页。

⑤ 中国银行业协会行业发展研究委员会编:《中国银行业发展报告(2016)》,中国金融出版社2016年版,第72-79页。

件的年均增长率高达 73.28%。借款金额多集中在 5 万元至 50 万元之间，占比为 44.27%。①2014 年至 2016 年 7 月期间的民间借贷案件，在 286 万原告中有 97.40% 为自然人、2.47% 为法人、非法人组织仅占 0.13%；被告中自然人占 90.47%。借贷行为多发生在初、高中学历的农民之间，以及朋友之间；借款期限多为三个月以内或一至两年。借款期限、连带责任在此类纠纷中频繁出现，说明债务已届清偿期但未清偿，债权人要求债务人及其担保人承担连带清偿责任的情况非常普遍。债务人则多以土地使用权和房屋（占 68.67%）、资产和股权提供担保。

严峻的经济形势、诚信缺失的社会信用体系以及信用风险高企的债务人群体，使得以银行等金融机构以及其他交易债权人的债权安全性受到极大威胁，因此，债权人尤其是银行对于贷款业务的风险控制越来越严，为数众多的中小微企业和自然人从银行贷款的难度越来越大。为了给企业发展经营争取更多贷款资金，贷款人唯有提供多重偿债担保，尤其是包含有各种担保类型的混合共同担保来增强自身信用，才能维持自身发展。众所周知，担保具有增强债务人信用的基本功能，然混合共同担保对增强债务人信用，尤其是信用程度本就不高的中小微企业和一些自然人债务人而言，更是起到了至关重要的作用。

（二）分散风险、平等保护

1. 分散担保人交易风险

有交易，就有风险。风险对交易各方当事人而言都存在，但程度有所不同。于债权人而言，债务人的清偿能力、担保人的担保能力是其债权能否实现的关键所在，然而上述因素又是充满着不确定性。于债权人而言，债务人的资信状况，直接影响着交易能否顺利完成，合同目的是否能够最终实现，对担保人的选择也直接影响着债务人增信融资的目的是否能够获得债权人的

---

① 最高人民法院信息中心："2013-2015 年 经济类系列专题之二十一——金融借款合同纠纷专题分析报告"，下载自最高人民法院数据集中管理平台。

认可。于担保人而言，债务人的资信及清偿能力也直接影响到担保人是否将真正承担担保责任，以及承担多少，不仅如此，甚至该债务人其他担保人的资信和承担责任的能力也影响到其是否承担以及如何承担担保责任的问题。交易各方之所以倾向于选择混合共同担保，还在于能够借此降低和分散各自的交易风险。

在我国现行法律规定下，从当事人地位、信息不对称状况以及清偿后损失的弥补等情况综合而观，担保法律关系的当事人中风险系数最高的莫过于担保人。债务人无论是对债权人，还是已承担担保责任的担保人，均理应偿债，自不必多说。债权人的债权不论在形式上还是实质上均有债务人与担保人的双重保障，相比于担保人在代为清偿债务后的追偿权而言，还是相对更有保障。于担保人而言，其在代为清偿债务后，虽法律赋予其向债务人求偿的权利，但现实中面对资不抵债的债务人，这种求偿权更多的是沦为"纸面上的权利"，实现的可能性微乎其微。而在多数国家或地区的立法例中，立法更倾向于赋予担保人在代为清偿后向债务人的其他担保人代位原债权人行使债权及其担保权的权利，以对担保人的损失给予现实性的救济。尽管如此，由于信息获取和追偿能力等方面的限制，相比于债权人，其权利救济途径仍相当薄弱。担保人代位追偿的理论根据就在于，混合共同担保的所有担保人作为同一顺位的责任人，构成了一个利益共同体，既共同地享有利益，也应共同地分担责任。在担保人代位追偿与责任分配两项制度的配合下，担保人所承担的风险被平等地分散到各个担保人，大大降低了单个担保人所承受的交易风险，也就此实现了法律对当事人的平等保护。

2. 实现当事人间的实质正义

市场经济的本质决定了其对公平的市场规则的渴求。市场经济从建立之初，便给予了每个市场主体公平的地位。英美法律格言——"平等即公平"（Equality is equity.），这种"公平"，应当是"实质的公平"。从担保制度发展历程可以明显感受到，法律规则越来越注重在当事人之间寻求利益平衡，法律的价值取向也正在从形式的正义逐步走向实质的正义。混合共同担保更是如此。很多国家在该制度中确定的担保人代位追偿与责任分配等规则，正是在担保人之间寻求实质正义的体现。正如英美法学者指出的，担保人的代位清偿（subrogation）和责任分配（contribution）两项制度，均是衡平法上自然正义下公平原则的直接体现。①

二、价值选择对担保主体的影响

我国担保立法的价值选择，一直倾向于维护债权人利益，整个担保制度的设计始终紧紧围绕为债权人债权的实现提供尽可能多的保障。作为担保制度的宗旨所在，这种价值选择当然无可厚非。然而，在市场经济高度发达的当今社会，如果因为一味地、过度地对债权人进行保护而忽视了对担保人合法权益进行平衡保护，也难免造成当事人间利益的严重失衡，最终伤害的仍然是担保制度及担保市场的根基及其长远发展。

下文以我国担保机构发展为例，试图通过实证分析方法，就立法的价值选择对当事人权益的影响进行分析。

（一）我国担保机构发展遇困境

我国专业担保机构的发展尚处于起步阶段。根据中国担保业协会统计，截至2014年末，全行业共有法人机构7898家，担保业务在保余额为2.74万亿元。②

由于制度、经验和自身能力水平的局限，国内专业担保机构的发展状况令人堪忧。其发展短板主要表现在：

1. 专业性不强、盈利能力不高

现阶段，在国内开展担保业务的机构主要有融资型担保公司、非融资型

---

① Charles Fisk Beach, Jr, Commentaries on Modern Equity Jurisprudence as determined by the Courts and Statutes of England and the United States（1982），New York：Baker, Voorhis and Company 1892，867，889.

② 转引自："国务院：加快融资担保行业改革发展"，载《中国水网·新闻》，时间：2015-08-04 13：47 来源：财说，http：//www.h2o-china.com/news/228619.html。

担保公司和以担保公司名义开展担保和非担保业务的中小型金融机构。实际上，第三类机构中，有不少是从事民间借贷、非法吸储和集资等违规操作的非专业性组织。传统融资性担保业务中，担保机构承担着银行转嫁的全部风险，且囿于银行的强势地位，其不得不保持着非常低的营利水平。通常担保放大倍数至少要达到3，担保机构才能实现盈亏平衡乃至营利，但我国担保行业整体放大倍数却低于3，多数担保机构经常处于亏损边缘。

2. 国有出资占主导地位

在专业担保市场，政府性担保及其贷款额占绝对主导，民间出资的商业担保和互助担保仅占极少比例。中小企业信用担保体系过分依赖于政府担保。然而政府能够提供的担保资金，对于整个市场的庞大需求来说，非常有限。

3. 资金少、风险高

一方面，政府担保机构资金来源于非常有限的政府财政资金，而由于营利水平特别有限，民间资本投资商业担保机构意愿亦不强烈；另一方面，担保机构与银行谈判始终处于弱势地位，银行往往将中小企业的贷款风险全部转嫁给担保机构。实践中，即使存在多个担保人，银行也更倾向于首先选择专业担保机构行使担保权利。

（二）制度保护的缺位

我国现行担保法律并未就混合共同担保人之间的代位追偿和责任分配进行明文规定，以至于部分担保纠纷案件中，债权人起诉要求某个担保人承担担保责任，该担保人就有义务承担全部担保责任，由于没有担保人之间的分担比例这一制度安排，往往造成该担保人在承担全部清偿责任后，无法向其他担保人进行追偿，而其他担保人则可完全免责。

此种制度安排，从担保人角度看，与公平原则背道而驰；从担保制度和担保行业发展角度看，极大地挫伤了担保人提供担保、参与交易的积极性；从长远看，并不利于整个担保行业的健康发展。我国银监会数据显示，随着经济下行压力不断增加，截至2014年末，全国共有融资性担保公司7898家，较上年减少3.51%，2015年融资型担保公司数量继续减少至7300多家左右。2015年我国担保行业新增代偿415亿元，2015年末代偿余额达到661亿元，同比增长59.3%，担保代偿率更是从2011年的0.7%逐步上升至2.17%，达到统计以来最高水平。①融资担保机构数量缩减、在保余额增速连年放缓，而代偿金额和代偿率却依然持续大幅上升，行业前景令人堪忧。同时，随着中小型实体企业经营上深陷泥藻，信用违约风险不断高企，银行为保资金安全不断收紧银担合作，甚至终止与民营担保机构的业务。近年来，部分地区出现较多融资性担保公司主动摘牌退市的现象，北京市自2012年到2014年上半年，因未开展担保业务而从融资担保协会退出或被清退的有近50户。②

由此可见，混合共同担保本身的责任分担功能在我国的制度安排中的缺失，使其在市场中应有的积极作用并未得到有效发挥。

小 结

厘清混合共同担保的概念，是研究混合共同担保问题的基本前提。由于两大法系在混合共同担保的概念与内涵上存在一定差异，尤其是对担保人的类型划分及其与责任的关系方面存在较大区别，故大陆法系认为混合共同担保通常指既有物的担保又有人的担保的共同担保方式；而英美法系中的混合共同担保（joint and several sureties）则更关注数个担保人对于各自责任顺位及范围的设定。国内理论与实务界对于混合共同担保概念的认识，与大陆法系的理解基本一致，即通常认为是指对同一债务既有物的担保又有人的担保的共同担保方式。在市场经济与金融高度融合的时代背景下，混合共同担保具有明显的特别属性，使其成为当今社会最普遍、最受欢迎的担保方式。这

---

① 中国融资担保协会报告：《去年担保新增代偿415亿，行业之路前景解析》，http://www.chinafga.org/hyfxyj/20160304/4431.html。转引自史建平主编：《中国中小微企业金融服务发展报告（2016）》，中国金融出版社2016年版，第162页。

② 史建平主编：《中国中小微企业金融服务发展报告（2016）》，中国金融出版社2016年版，第162–163页。

些属性包括：担保种类多样化和信用的加强化，法律关系的复杂性以及担保责任的共同性与连带性。面对全球经济发展遇冷、我国经济结构转型、经济领域信用违约高企等严峻经济形势，混合共同担保制度在我国现阶段乃至今后一段时期，具有以下重要的功能价值：一是加强债权多重保障，尽量避免和降低违约导致的风险；二是分散担保人风险，对交易当事人进行平等保护，以实现利益平衡与实质正义。然而，我国现有担保立法的价值选择，一直以维护债权人利益为核心，其整体制度设计尤其是混合共同担保制度的设计，始终紧紧围绕为债权人债务人实现提供尽可能多的保障。此种设计，从短期来看，对债权的维护和交易安全的保护较为有效，但从长远看，一味保护债权人利益，而忽视担保人合法正当利益的平衡保护，势必会造成担保法律关系人之间利益严重失衡，严重挫伤担保人参与交易的积极性，最终伤害的仍然是担保制度及相关交易的持续健康发展。

第二章　担保人之间的责任顺序

混合共同担保中，各类型担保人承担担保责任的顺序，体现着立法对担保当事人间利益平衡的价值选择。责任顺序不仅对于债权人实现债权至关重要，对于各担保人是否实际承担担保责任以及承担责任的实际范围等方面亦有着重大影响，同时也是已为清偿的担保人向其他共同担保人主张代位追偿的理论前提，各国立法对此均作出了明确的制度安排。司法实践中，厘清各担保人之间的责任顺序也是处理混合共同担保相关纠纷时的重要方法步骤。

第一节　担保人责任顺序的意义与价值

优士丁尼在《法学阶梯》中，将保证人作为连带责任人看待，并规定他们在清偿了债务后，有权向其他保证人追偿。混合共同担保中，无论是人保还是物保，共同目标是为同一债务人的同一债务提供担保，并在主债务人不履行债务时，以其全部或特定财产为债权实现提供保障。从这个角度看，全部担保人对债权实现承担着共同的责任，在此共同责任中，债权人应当或可以先向谁主张权利，或者各担保人之间是否有承担责任的先后之分等责任顺序问题，对各方当事人的利益影响甚大。而立法对此作出的制度安排，也体现着在当事人之间进行利益平衡的价值选择。允许当事人对担保实现的责任顺序进行自由约定，乃各国立法通例，自不再说。下文仅就在当事人对责任顺序没有约定或约定不明的情况下,立法对此作出的制度安排进行分析讨论。

一、重要意义

混合共同担保法律关系中,责任顺序主要体现为三方面法律关系:一是主债务人与担保人之间的主从责任关系;二是债权人与担保人之间的债务清偿关系,通常被称为担保的外部关系;三是担保人之间的责任分配与追偿关系,通常被称为担保的内部关系。

(一)主债务人与担保人主从责任的体现

担保作为确保债权实现而成立的从属性债权法律形式[①],其先天性特征决定了主债务人的责任永远是第一位的责任,即主责任;只有当主责任人不履行或不能履行时,担保人才作为第二顺位的责任人承担债务清偿的责任,即从责任。这几乎是各国民法的立法通例。不仅如此,正是基于债务人在责任上的优先顺序和其责任的终极性,担保人在为清偿后在债务消灭范围内有权向债务人主张求偿。

(二)对债权人选择自由的约束

各类型担保的责任顺序,制约着债权人权利行使的自由。通常对于债权人而言,所有的人保与物保对其债权均是共同的责任,同时也是可选择的责任。首先,立法是否准许当事人对担保责任承担顺序进行约定?其次,在当事人没有约定或约定不明的情况下,债务人提供的物保、第三人提供的物保与第三人的保证三种担保类型,债权人能否在当中进行自由选择,有赖于立法对各担保责任顺序的规定?再次,当债权人选择放弃对部分担保权利时,其对其他担保人尚可主张何种权利或者能够主张到何种程度,也受到责任顺序的制约。

---

① 蔡永民:《比较担保法》,北京大学出版社 2004 年版,第 4—5 页。

（三）担保人之间进行追偿的理论前提

由于所有担保人对于债权承担的是共同的责任，同时也是债权人可选择的责任，故当债权人选择某个或部分担保人主张并实现了债权后，已为清偿的担保人是否有权就超出其责任范围内的份额向其他担保人进行追偿，首先取决于各担保人之间是否存在责任顺序以及是否享有"顺序利益"。因为，如果为清偿的担保人相较于其他担保人，本就处于前一责任顺位，那么，其理应先为清偿，且对其他担保人当然不具有"顺序利益"，故而无权向其他担保人就超出份额进行追偿。

二、法律价值

"法律的主要作用就是调整或调和相互冲突的利益"。[①]承担责任的顺序对每个担保人的利益有着直接而重大的影响。在共同的责任当中，各责任人承担责任的顺序背后，实质上是各方当事人就该顺序享有的"利益"与"不利益"。责任在先的责任人，承受的是首当其冲清偿债务的"不利益"；而责任在后的责任人，享受的则是手握顺序抗辩权的"利益"。所谓顺序利益，就是民事主体因法定或约定的责任顺序，而享有的法律上的利益。其中的"利益"，主要体现在后顺位债务人针对债权人及前顺位债务人在履行义务责任的抗辩权以及相同顺位债务人之间的追偿上。

（一）抗辩权

抗辩，是产生于罗马法的一项古老的制度，通常指在诉讼内外，诉讼一方对另一方依法提出的防御性主张或行为。[②]佟柔教授认为，抗辩权是对抗相

---

① ［美］E·博登海默著：《法理学 法律哲学与法律方法》，邓正来译，中国政法大学出版社1999年版，第398页。
② 柳经纬、尹腊梅：《民法上的抗辩与抗辩权》，载《厦门大学学报》（哲学社会科学版），2007年第2期，第89-91页。

对人行使请求权或其他权利的权利。① 郑玉波先生也认为，抗辩权就是对抗请求权的权利。② 罗马法上，当事人可以在诉讼中提出程序抗辩与实体抗辩。程序上的抗辩通常包括分诉抗辩、诉讼代理人抗辩以及既判力抗辩等；实体上的抗辩通常包括欺诈抗辩、恐吓抗辩、抵销抗辩、同时履行抗辩、不安抗辩和时效抗辩等。前者可以起到消灭诉讼或阻碍诉讼进程的效果，而后者则能起到阻却、延缓甚至消灭权利的作用。③

担保人的抗辩权，关涉到债权人、债务人以及担保人的多重利益及其冲突。除了享有主债务人的所享有的抗辩权外，保证人尤其是一般保证人，其抗辩权主要来自于法律赋予的先诉抗辩权；对于连带责任保证人和物上保证人而言，其抗辩权则取决于法律规定的二者承担担保责任的顺序先后，即后顺位者享有顺序利益和后履行的抗辩权，而前顺位者则不享有。

（二）追偿权

追偿权方面，则主要关涉到各担保人之间的利益平衡问题。与抗辩权不同，已为清偿的担保人除了向处于第一责任顺位的主债务人主张求偿以外，只能就超出其应承担部分向与其处于同一顺位的其他担保人主张追偿。英美衡平法对此法理阐述得非常清楚，因为只有处于同一顺位的担保人之间才能平等地共享利益、共担责任，而他们之间的相互追偿即是建立在平等基础上的对当事人间实质公平的追求④。反之，如果各担保人处于不同责任顺位之上，如法律规定物保责任优先或者保证责任优先的，他们之间便不可能平等地共享利益、共担责任，故处于前顺位的担保人即使有超出其应担责任范围的份额，也只能向主债务人求偿或同顺位的担保人追偿，而无权向其他后顺位担保人主张追偿。

---

① 佟柔：《中国民法学·民法总则》，中国人民公安大学出版社1990年版，第70页。
② 郑玉波：《民法总则》，中国政法大学出版社2003年版，第69页。
③ 钟淑健：《民事抗辩权及其基本规则研究》，山东大学博士论文，第11-28页。
④ Steel v. Dixon, L. R. 17 Ch. Div. 825; Brett's Lead. Cas. Mod. Eq. 259.

第二节　担保人责任顺序的规范模式与法理剖析

一、规范模式

按照一般法理,债务人作为债务清偿的第一责任人和终极责任人,理应首当其冲地承担债务清偿责任。但是,当债务人用其特定财产作为抵押物设定了债权的担保时,该财产已经从债务人的一般财产中分离出来。对于此特定化的财产而言,其承担责任的顺序是否一定要与债务人的一般财产相区分,是否一定要优先于第三人提供的物的担保承担责任,前述国家和地区立法例与我国立法例作出了不同的制度安排。

(一)物保优先模式

此模式中,在债务人不履行或不能履行债务时,债权人依法应当先就物的担保优先受偿,只有在物的担保无法实现或在实现担保物权后仍有债务余额未受偿的情况下,才能向保证人主张担保权利。立法在此情境中是将保证人责任放在了补充责任的地位。

1.债务人提供的物保责任绝对优先

在物保责任优先模式中,债务人提供的物保通常处于绝对优先的责任顺位,各国立法例一般均规定债权人应当先就债务人提供的物保优先受偿,再就未能实现的剩余债权额向提供物保的第三人或保证人主张。究其法理,是由于债务人作为债务的第一责任人与最终责任人,理应首当其冲地以其所有的财产(特定或非特定)清偿债务。

2.第三人提供的物保责任优先于保证

在第三人提供的物保与保证之间,有立法例规定债权人应当先就第三人提供的物保优先受偿后，才能就未受偿的债权余额向保证人主张。值得注意的是，一般保证人享有法律赋予的先诉抗辩权自不待言；而连带保证人尽管向债权人就债务承担连带保证责任，但因立法的特别安排，也在债务人不履行债务时、物上保证人为清偿或清偿不能之前，享有后为清偿的顺序利益。据此，即使物上保证人已为清偿，因其针对保证人并不享有顺序利益，故其无权向保证人进行追偿。《瑞士民法典》、《葡萄牙民法典》、《澳门民法典》以及 2007 年修订之前的我国台湾地区"民法"均采此种模式。

（二）人保与物保相对平等模式

此模式中，立法通常将债务人提供的物的担保责任顺序置于第三人提供的担保之前，处于绝对优先顺位，此即所谓"相对"平等的意义所在。在此前提下，将第三人提供的物保与保证置于同等责任顺位，即赋予了债权人在二者之间的自由选择权，在向主债务人主张权利未果或未受全部清偿时，既可以向保证人主张权利，又可选择向物上保证人主张权利，被主张权利的担保人均应承担债务的清偿责任。不仅如此，鉴于人保与第三人提供的物保处于同一责任顺位，保证人与物上保证人就应平等地共享利益和共担责任，那就当然意味着已为清偿的担保人，有权就超过其应担责任范围的责任额，要求其他担保人在各自应承担责任范围内予以分担。

在人保与物保相对平等模式下，物上保证人与保证人成为了地位平等的共同担保人。从债权人角度看，二者似乎已经形成了相当于"连带债务人"的责任共同体，债权人有权选择其中一人或数人主张权利。于该责任共同体而言，若其中一人承担了债务清偿责任，则给共同体及共同体中其他所有担保人带来了义务消灭或责任免除的利益，但从这个"连带责任"共同体内部来看，债务清偿责任的分担义务并未因此消灭。根据平等分担原则，其中的每个担保人都应承担属于自己的那份责任份额。因此，对于超出应担份额的部分，清偿人有权向其他担保人请求他们在各自应担份额范围内进行偿付。

《法国民法典》、《日本民法典》、《欧洲示范民法典草案》、我国台湾地区

"民法"等均采此种模式。

二、人保与物保责任顺序之争

（一）学说之争

关于人保与物保的责任顺序孰为优先，一直是理论与实务中争议很大的问题。

1.物保责任优先说

支持物保责任优先于人保的观点认为，债权人根据其享有的担保物权，可以独占性地支配担保人的特定财产或权利的交换价值，在债务人不履行债务时，可就担保物优先受偿，这比起保证人的一般财产而言，更具可靠性。[①]同时，保证仅具有债权属性，当保证人破产时，担保权人仅能按照一般债权参与破产财产分配；而物保却具有物权的属性，即使物上保证人破产，也不影响债权人就其特定的担保物优先受偿，故认为物保的效力要优先于人保。[②]修法之前，我国台湾地区司法实务采纳的是物保责任优先原则；修法之后，则逐步采纳了人保与物保责任平等原则。尤其是在我国台湾地区"民法·物权编"2007年修订后，其立法与司法实务在混合共同担保中保证人与物上保证人的责任分配上贯彻了彻底的平等原则，即如果债权人的债权存在连带债务人或者数个担保，则法律赋予了债权人充分的选择自由，允许债权人在数个连带债务人和担保人中任意选择以实现债权。

2.人保与物保责任平等说

随着现代市场经济发展，担保制度理念也随之产生变化。现在越来越多的学者主张采人保与物保责任平等说。理由有：（1）因物保与人保各自标的

[①] 郭明瑞：《担保法原理与实务》，中国方正出版社1995年版，第47页；陈本寒：《担保法通论》，武汉大学出版社1998年版，第59页。转引自：王利明：《物权法研究》，中国人民大学出版社2013年版，第1116–1117页。

[②] 王利明：《物权法研究》，中国人民大学出版社2013年版，第1117页。

物不同,故"物权优先于债权"原理并不适用于物保与人保并存的情形。①(2)物保与人保各有利弊,作为债权保障和实现的手段,孰优孰劣应根据具体情况由债权人判断,并不能一概而论。②(3)保证人与物上保证人之间的关系实际与连带共同保证人之间的关系相类似,可解释理解为二者之间存在一定的连带债务关系③,故债权人在二者当中有自由选择的权利。王泽鉴教授认为,债权人的债权,如果系由数个担保权予以担保,法律给予债权人行使权利自由的原则,债权人得在任一担保人之间,自由选择其行使权利的对象。④刘保玉教授也认为,混合共同担保中提供担保的第三人之间,责任顺位并无差别,债权人有权在其中自由选择担保人实现债权。⑤

(二)平等语境下的责任顺序

笔者认为,对于物保与人保责任孰为优先的问题,持不同观点的学者们已经从各自角度在法理上进行了较为充分的分析与论证,且都有相当的说服力。但看待物保与人保的责任顺序问题,不仅要从法理上充分论证,更应该放眼其与市场经济发展程度、担保市场发展状况、担保法发展理念与趋势以及法经济学等的密切联系的方面进行综合分析论证。

1. 市场经济与担保市场的发展对公平提出更高要求

经济基础决定上层建筑。市场经济与担保市场发展的客观需要,决定了作为法律制度的担保法制度理念与规则设计。现代社会市场经济的高度发展,对公平与效率提出了更高要求。以我国经济发展过程为例。在改革开放早期,

---

① 郭明瑞主编:《中华人民共和国物权法释义》,中国法制出版社2007年版,第315页。
高圣平:《物权法担保物权编》,中国人民大学出版社2007年版,第65页。
② 王利明:《物权法研究》,中国人民大学出版社2013年版,第1119页。
③ 高圣平:《物权法担保物权编》,中国人民大学出版社2007年版,第68页。
④ 王泽鉴:《民法物权》,台北:自版,2013年2月增订2版,第486页。
⑤ 刘保玉:《第三人担保的共同规则梳理与立法规定的完善》,载《江西社会科学》2018年第10期。

由于具体国情的原因，当时奉行的是"效率优先、兼顾公平"①的经济发展原则。到了改革开放深入发展时期，同样也是出于经济发展的客观需要，奉行的则是"公平优先、兼顾效率"②的原则，即把公平放到了优先的地位。经济领域有学者认为，公平是市场经济必须遵循的基本原则，效率必须以公平为前提。③公平与效率顺位和发展理念上的转变，充分体现了市场经济发展对上层建筑提出的新的客观要求。具体到担保市场，以前的担保主要以普通法人或自然人的保证及其担保物为主，但现代社会，以担保公司为代表的专业担保机构异军突起，并在担保市场发挥着越来越重要的作用。专业担保机构相比于普通担保人，具有专业性强、实力雄厚以及适当的营利性等特点，而担保市场主体的显著变化，必然导致担保制度需要对于主体权利义务的权衡进行相应调整。

2. 实质公平是担保制度对经济基础要求的客观反映

制度设计方面，面对市场经济发展对上层建筑提出的公平优先、兼顾效率的新要求，与之相应的法律制度与市场规则必然会作出相应的调整。理查德·布隆克认为，"理性地追逐个人利益意味着——竭力实现个人利益的最大化——对个人利益的理性追求并不会使社会效益最大化"。④这一社会经济发展的规律反映在担保市场与担保制度上，就是从早期对将保障债权人债权实现放在绝对优先地位，用尽一切手段确保债权顺利有效实现，向在保证债权人债权得到实现的同时，注重平衡担保法律关系各当事人之间的利益，从而在当事人之间实现实质的公平的转变。

---

① 刘树成：《现代经济辞典》，凤凰出版社、江苏人民出版社，2004年版。转引自陈永杰：《新公平/效率观——对公平与效率问题的重新审视》，载《经济理论与经济管理》，2006年第5期，第5页。
② 高尚全：《社会再分配是实现社会公平的重要环节》，载《新华文摘》2006年第4期。转引自陈永杰：《新公平/效率观——对公平与效率问题的重新审视》，载《经济理论与经济管理》，2006年第5期，第5页。
③ 陈永杰：《新公平/效率观——对公平与效率问题的重新审视》，载《经济理论与经济管理》，2006年第5期，第5页。
④ 理查德·布隆克：《质疑自由市场经济》，江苏人民出版社2001年版，第172页。

具体到物保与人保责任的优先顺序，无论是关于物保优先于人保、人保优先于物保还是二者顺序平等的主张，目的均是为了债权人债权的有效实现，保障交易的顺利进行。从担保市场发展情况看，物保与人保均各具利弊，孰优孰劣须根据个案具体情况，且最好由当事人自己做出最有利于自己的判断。将物保与人保置于同等责任顺位，赋予债权人根据自身需求自由选择的权利，并赋予已为清偿的担保人向其他担保人进行代位追偿的权利，为债权人主张权利提供了更多便利，更有利于债权的实现。对于混合共同担保的所有担保人而言，将由第三人提供的物保与人保置于同等责任顺位，不仅为债权实现提供了便利，更是为担保人之间进行平等的责任分配及相互追偿提供了理论依据，此举有利于促进当事人之间的实质公平，进而保护当事人参与担保交易的积极性，并最终为经济发展提供有力的制度保障。

3. 平等原则更符合法经济学原理

事实表明，采用物保与人保责任平等原则可以节约社会资源和诉讼成本[①]，更加符合法经济学原理。相对于物保或人保责任优先，物保与人保处于同一顺位，可以便利债权人更高效地实现债权，免去了依法只能先主张物保或人保未果又继而转向其他担保的繁琐程序，不仅降低了其债权实现的成本，还节省了社会资源，尤其节省了诉讼成本与资源。因为，尽管"不是所有的司法判决都能产生正义，但是每一个司法判决都会消耗资源"[②]。诉讼经济原则，就是以最小的诉讼成本，获得最大的法律效益。在物保与人保责任同一顺位的制度前提下，债权人完全可以根据实际情况和自身需要，作出最有利于自己的权利主张与行使的判断，而不必囿于法律的"死板"规定。

4. 平等赋予债权人选择自由并促进担保人间实质公平

首先，赋予债权人自由选择的权利，尊重债权人意思自治，并允许其自由选择对自己最有利的债权实现方式，从而确保债权实现的最大化。人保是

[①] 刘宏渭：《连带债务法律制度研究》，山东大学博士论文 2012 年，第 49-51 页。
[②] [日]棚濑孝雄：《纠纷的解决与审判制度》，王亚新译，中国人民大学出版社 1994 年版，第 283-286 页。

保证人以其个人全部财产以担保债权的实现。如果向一般保证人主张清偿，须先经诉讼执行仍不得清偿后方可实现债权；如果向连带保证人主张清偿，则无须诉讼和执行等繁琐环节，相对快捷。但保证责任的实现又完全依赖于保证人在担保权人主张担保权利时的财产状况，如果保证人当时已无力清偿，则债权亦面临无法实现的现实风险。在物保方面，由于物上保证人是以特定财产作为债权的担保，债权人在行使担保物权时，可直接就担保物优先受偿，简单快捷，但实践中也经常发生担保物上存在权利瑕疵、价值减少甚至损毁灭失的情况，必然给债权实现带来风险。鉴于人保、物保各有利弊，对于人保与物保的实现，在不同的现实情境下，当事人往往会根据自身实际作出最有利于自己的选择。立法者相信当事人是自己利益的最佳判断者。

其次，贯彻人保与物保责任顺序并重，确保对承担责任后的保证人与物上保证人权利救济实施平等保护，以实现实质公平，是顺应现代担保市场发展趋势的体现。传统观念认为，人保是保证人以其全部财产为债权提供担保，其所付出的代价与承担的风险，相对于仅以特定财产设定担保的物上保证人，要大得多，因此，传统担保法多将物保责任顺序置于保证责任之前，二者是"优先"与"兜底"的关系。然而，随着市场经济高度发展和担保制度迅速发展，为债权人提供保证担保的不再局限于自然人和普通法人，专业担保机构作为保证人介入市场交易的频率越来越高，并以其强大的资本实力、完备的专业技术、严格的内部管理和高素质的人才队伍活跃在现代担保市场，不断为担保在资金融通等功能的实现发挥着越来越重要的作用。相对于物保而言，为债权提供物保的，更多的还是个人或普通企业，其在资金实力、担保行业专业性和信息对称等方面，明显不占优势，有时反而处于相对弱势。因此，现代担保法越来越注重对保证人与物上保证人在承担责任及其之后的权利救济实行平等对待，以实现当事人间的利益平衡。

第三节　立法例比较及实务分析

以下对欧洲、德国、意大利、我国台湾地区以及英美法国家关于混合共同担保中各担保人的责任顺序立法进行逐一分析，同时对我国相关立法和司法实务进行比较研究，并在此基础上提出一些立法建议。

一、各国和地区立法例及其评析

各国和地区立法例及其司法实践对于混合共同担保中不同类型担保人的责任顺序，作出了各自的制度安排和司法认定，体现着各自不同的法律制度和文化传统及其特定的价值考量，值得研究。

（一）大陆法系

1.《德国民法典》

《德国民法典》条文并未明确规定混合共同担保中各类型担保人承担责任的顺序。然而，通过体系解释的方法，可以得出允许债权人在债务人不能清偿到期债务时，自由选择担保人实现债权的结论。其主要依据是：《德国民法典》第774条第1款规定了债权人与保证人的法定债权转移。该条规定，保证人在向债权人清偿了债务后，债权人对主债务人的债权移转于保证人。[①] 第1142条和1143条规定，债权对所有权人在债务到期或者债务人有权给付的，所有权人有权向债权人为清偿。所有权人并非债务人的，在其向债权人清偿的范围内，债权移转于所有权人，并规定了该条准用第774条第1款关于债

---

① 郑冲、贾红梅译：《德国民法典》，法律出版社1999年5月第1版，第185页。

权人与保证人法定债权移转的规定。① 结合担保物权随着主债权移转而移转的规定，保证人在代为清偿债务后，代位原债权人取得了债权及其从属性权利（包括担保物权）。由此得出结论，物上保证人与保证人先行代为清偿者，可以代位取得债权人的债权及其附属权利，并可据此继续向债务人或其他担保人主张债权或担保权利。② 并且，德国民法并未就混合共同担保中各类型担保人承担担保责任的顺序进行明确的规定，法律允许债权人在债务人不能清偿到期债务时，自由选择担保人以实现债权。③

纵观《德国民法典》，的确未对混合共同担保中各担保人承担责任的顺序作出明确的规定。该法典第1142条和1145条规定是从所有权人主动为清偿角度作出的规定。该条中的"所有权人"是否也包括债务人在内，值得探讨。第1142条第1款规定中的"所有权人"应当包括债务人，即债务人与所有权人混同时，所有权人兼债务人有权向债权人为清偿。只是根据1143条第1款规定，只有非债务人的所有权人在向债权人为清偿后，才能代位取得债权；而与债务人身份混同的所有权人在为清偿后，仅发生债权债务消灭的法律效果。此外，与我国的担保法律相比，《德国民法典》更倾向于从权利的角度来描述清偿行为，并赋予了保证人和物上保证人在债务到期未清偿时的清偿权以及清偿后的代位权。此种立法方式，从侧面反映出立法者试图通过权利性的制度设计激发各担保人代位清偿债务和履行担保责任的积极性、主动性，并尽早通过行使代位权弥补因代为清偿而受到的损失。从法经济学角度来看，通过制度性的利益驱动，抢先承担担保责任确实是有效减少交易风险的良径；从诚信角度看，这种激励责任承担的制度设计，对维护和鼓励交易中的诚信行为亦甚为有效。因此，立法似无必要刻意规定债权人实现担保权的顺序，否则，反而有可能挫伤部分担保人承担责任的主动性与积极性。

---

① 郑冲、贾红梅译：《德国民法典》，法律出版社1999年5月第1版，第263-264页。
② ［德］鲍尔/施蒂尔纳：《德国物权法》下册，申卫星、王洪亮译，法律出版社2006年版，第119、279页。
③ 王明华：《混合共同担保规则之研究——〈物权法〉第176条解释论》，在2015年5月中国民法学会第一届担保法理论与实践研讨会上的主题发言。

2. 欧洲示范民法典草案

《欧洲示范民法典草案》在担保责任顺序上，可以说是奉行了彻底的平等主义。该草案在"保证合同"编第 4.7-1：105 条关于多数保证人对债权人的连带责任规定中，对债务人和第三人提供的物的担保均赋予了与保证人连带责任相同的法律地位。该条首先规定了数个保证人为同一债务提供保证担保的，每个保证人在其保证责任范围内，与其他保证人对债权人负连带责任，并规定债务人或第三人在保证之外提供了物的担保的，准用该规定。① 不仅如此，《草案》在"动产担保物权"卷第 9-7：108 条规定，数个担保物权担保同一债权时，债权人可以选择形式任一、数个或所有担保物权以实现其债权，此时适用数个保证人对债权人的连带责任的规定；还有一个或数个保证人的，准用上述规定。② 由此可见，当债务人不能清偿到期债务时，鉴于保证人和物上保证人均对债权负连带责任，故二者之间并无特别优先顺序，债权人有权进行自由选择。对于上述两种类型的担保人均一视同仁，要求他们平等地承担连带责任，足以表明该草案在处理混合共同担保人之间地位和关系上，贯彻了彻底的平等原则。

3.《意大利民法典》

《意大利民法典》采用了除债务人提供物的担保以外的其他所有担保人，包括保证人、物上保证人（债务人除外）之间的相对平等主义原则。该法典第 1954 条规定："数个人为同一债务人和同一债务提供保证的，履行债务的

---

① 草案第 4.7-1：105 条规定："（1）数个保证人为同一债务或某一债务的同一部分的履行提供担保，或为同一担保目的提供担保的，每个保证人在其对债权人所承担保证责任的范围内，与其他保证人对债权人承担连带责任。这一规定也适用数个保证人分别独立地提供担保的情形。（2）债务人或第三人在保证之外提供了物的担保的，准用本条第（1）款的规定"。欧洲民法典研究组、欧盟现行私法研究组编著，高圣平译：《欧洲示范民法典草案：欧洲私法的原则、定义和示范规则》，中国人民大学出版社 2012 年第 1 版，第 292 页。
② 欧洲民法典研究组、欧盟现行私法研究组编著：《欧洲示范民法典草案：欧洲私法的原则、定义和示范规则》，高圣平译，中国人民大学出版社 2012 年第 1 版，第 388 页。

保证人对其他保证人有权按其各自份额追偿。"①第2871条第2款规定："担保第三人对债务人的保证人有追偿权。一个担保第三人根据其他担保第三人的相应份额，对债务人的保证人有追偿权，并且可以根据第2866条第2款的规定在涉及受让第三人时行使代位权。"②而该法典第2866条第2款规定："在为已获清偿的债权人的利益而对债务人其他财产设定的抵押权登记范围内，第三人享有次代位权；如果第三人已经取得了这些财产，则他无权对在其权利证书登记后进行取得登记之人行使诉权。"③该法典在抵押权一节关于"已向登记债权人进行支付或者遭受强制转移的担保第三人的权利"的规定中，明确了除债务人以外的物上保证人，在履行或被强制履行担保责任后，享有三方面的权利：一是对债务人的求偿权，二是对保证人在其相应份额内的追偿权，三是对于债权人所享有的其他担保物权享有"次代位权"。不仅如此，该法典第1949条还明确规定："清偿了债务的保证人，取得债权人对债务人的代位权"。④可推知，保证人所享有的债权人对债务人的代位权，当然包括为债务人债务所设的一系列担保权利，即保证和各种物的担保。

4. 我国台湾地区"民法"

我国台湾地区"民法"虽然也未就混合共同担保中各类型担保人承担担保责任的顺序予以明文规定，但仍然可以通过体系解释的方式推知其中蕴含的规则。事实上，关于我国台湾地区"民法"对担保责任顺序的态度，即使在台湾学者内部也存在一定分歧。王泽鉴教授认为，债权人的债权，如果系由数个担保权予以担保，法律给予债权人行使权利自由的原则，债权人得在任一担保人之间，自由选择其行使权利的对象。⑤该"民法"第875条规定："为同一债权之担保，于数个不动产上设定抵押权，而未限定各个不动产所负担之金额者，抵押权人得就各个不动产卖得之价金，受债权全部或一部之清

---

① 费安玲等译：《意大利民法典》，中国政法大学出版社2004年第1版，第460页。
② 费安玲等译：《意大利民法典》，中国政法大学出版社2004年第1版，第764页。
③ 费安玲等译：《意大利民法典》，中国政法大学出版社2004年第1版，第763页。
④ 费安玲等译：《意大利民法典》，中国政法大学出版社2004年第1版，第459页。
⑤ 王泽鉴：《民法物权》，台北：自版，2013年2月增订2版，第486页。

偿"。通过司法实务①也可以看出，我国台湾地区"民法"对混合共同担保人之间的责任顺序采取了债务人提供的物保优先为清偿，而第三人提供的物保与保证同处于第二责任顺位的原则。

由此可见，在混合共同担保中担保人的责任顺序上，德国民法采取了"放任主义"。由于对于民事主体而言，"法无禁止即可为"，故可以认为债权人有权在各担保人之间通过自由选择来主张权利。我国台湾地区"民法"同样也未明确对担保人间的责任顺序作出专门规定，但从体系解释似乎也能得出与德国民法同样的结论。但根据其司法实务，则可进一步看出，其适用的其实是债务人物保优先、第三人提供的物保与保证责任顺序平等的原则。意大利民法则明确了混合共同担保中，以债务人提供的物保优先，第三人提供的物保与人保平等的原则。

（二）英美法系

1. 成文法规定

在英美法系，共同担保中各担保人的责任顺序原则，主要体现在代位清偿（subrogation）与责任分配（contribution）两项制度规则当中。尽管在英美法国家，代位清偿（subrogation）与责任分配（contribution）均为衡平法上的规则，但也不乏有普通法对此作出规定。如美国《加州法典》就对共同保证人之间的责任分配规则明确作出了规定："两个以上的人承担共同的或者多数的责任，且均平等地承担着共同的责任，当其中一人清偿超过其所应担份额时，其便被赋予了向其他人主张分配的权利；在其通过普通法无法获得全部救济时，衡平法上的公平原则将给予其应有的救济。"②由此可以看出，立法首先是将共同担保人置于同一责任顺位之上，进而才据此赋予了为清偿后担保人相互之间的责任分担请求权和代位追偿权。因为，只有处于同一责任顺位、

---

① 参见我国台湾地区"最高法院"2010年度台上字第1204号民事判决；我国台湾地区"最高法院"2010年度台再字第59号民事判决。

② GA. ANN. CODE（Park 1914）§ 4588. Ibid. § 3564 provides specifically for contribution between co-sureties.

平等地共享利益和共担责任的数个担保人，相互之间才因具有了连带责任关系而享有代位追偿和分配请求权。

2. 衡平法关于责任顺序的规则

由于担保人的代位清偿（subrogation）与分配请求权（contribution）两项制度均产生于衡平法，英美普通法对于担保人间的责任顺序等问题鲜有成文规定，规则大多散见于衡平法院的判例。Edward W. Spencer 认为，担保人的代位清偿是其在代为清偿债务后，被法律置于债权人地位，并赋予其通过代位行使债权人享有的所有担保和救济，以便强化其对债务人的求偿或者对与之处于相同责任顺位的其他担保人主张责任分配（contribution）的能力。① 在英美法国家，担保的类型与担保责任顺序的关系并不像大陆法系那样具有直接紧密的联系，或者说一目了然；相反，由于对于担保人的称谓及类型划分存在一定模糊性，现有观点仅表明了连带责任保证人（surety）与债务人一样承担第一顺位的清偿责任，而一般保证人（guarantor）则承担的是第二顺位的清偿责任。② 也即是说，连带责任保证人（surety）是债务人的保证人，而其他担保人（guarantor）则是债务人破产的保证人。③ 但是，由于英美法系司法实务与学术上对于连带责任保证人（surety）与一般保证人（guarantor）之间的区分尚存在模棱两可与重大分歧，以至于有判例和学者明确指出，尽管大多数判例认为连带责任保证人（surety）较一般保证人（guarantor）处于前一责任顺位，但他们仅仅是从个案的具体情况出发作出的个别判断，而事实上并没有判例明确指出这是一项普遍适用的衡平法上的规则。④ 相反，实践中也

---

① Fuller v. John S. Davis' Sons, 184 I11. 505, 513; Sands v. Durham, 99 Va. 263, 86 Am. St. R. 884, 54 L. R. A. 622. See also Chaffe v. Oliver, 39 Ark. 531, 542; Bisph. Eq.（3rd Ed.）sec. 35; Goldsmith v. Stewart, 45 Ark. 149, 154; Robinson v. Roos, 138 I11. 550.
② Lichty v. Moore, 38 Neb. 269, 56 N. W. 965（1893）; Chapman v. Garber, 46 Neb. 16, 64 N. W. 362（1895）; Smith v. Smith, 16 N. C. 173（1828）; Chapman v. Pendleton, 26 R. L. 573, 59 Atl. 928（1905）.
③ Radin, Guaranty and Suretyship, 18 CALIF. L. Rev. 21, 24（1929）.
④ Maurice H. Merrill, "Contribution between Sureties and Guarantors", Idaho Law Journal, Vol. 2, Issue 1（January 1932）, 16-31.

有不少案例是在满足一定条件下,将连带责任保证人(surety)与一般保证人(guarantor)置于同一责任顺位,并支持他们之间相互的追偿。① 甚至有学者明确指出,不承认连带责任保证人(surety)与一般保证人(guarantor)之间的同一顺位和相互追偿权,将导致当事人权利的不公平。②

虽然英美法对于担保人类型的区分不如大陆法系那样清晰,也尽管判例与学者对于连带责任保证人(surety)与其他担保人(guarantor)之间是否处于同一责任顺位存在分歧,但至少可以明确的是,担保人的责任顺位主要是根据该担保人与债务的关系亲疏及其在债务关系中的地位,而非根据人保与物保的类型划分来决定的。众多案例表明,清偿了债务的共同保证人,其有权取代债权人的地位,并获得债权人的担保权等所有救济在内的、与该债务有关的所有权利③。因此,即使是提供物保的第三人,如果其与债权人约定或者其其他行为足以表明其对于债务清偿承担连带责任,那么其便应被认定为连带责任保证人(surety),与其他共同担保人处于同一责任顺位,并在为清偿后可向其他共同保证人主张代位追偿与责任分配。由此推知,衡平法并未对担保人之间承担担保责任的顺序作出特别规范,那么或可认为债权人有权在连带责任担保人(surety)(即有人保又有物保)中选择任何一个或一部分主张债务清偿。

二、我国担保相关立法与实务分析

我国担保立法与实务对于混合共同担保中各担保人的责任顺序的态度与立场,也是随着市场经济与担保制度的发展,呈现出变化的过程。

---

① Cf. Mc David v. McLean, 202 I11. 354, 66 N. E. 1075(1903);Sun River Stock & Land Co. v. Montana Trust & Sav. Bk., 81 Mont. 222, 263 Pac. 1039(1928).
② Maurice H. Merrill, "Contribution between Sureties and Guarantors", Idaho Law Journal, Vol. 2, Issue 1(January 1932),20–21.
③ Fuller v. John S. Davis' Sons, 184 I11. 505, 513;Sands v. Durham, 99 Va. 263, 86 Am. St. R. 884, 54 L. R. A. 622. See also Chaffe v. Oliver, 39 Ark. 531, 542;Bisph. Eq.(3rd Ed.) sec. 35;Goldsmith v. Stewart, 45 Ark. 149, 154;Robinson v. Roos, 138 I11. 550.

（一）立法分歧与演变

1.《物权法》第 176 条与《担保法》第 28 条的比较分析

虽然上述国家或地区对于物的担保以及保证担保的责任顺序基本实行平等主义原则。我国根据自身国情，在担保法律中，如《物权法》第 176 条[①]，对担保的责任顺序作出了一定的限制性规定。总的来说，我国担保立法关于担保责任顺序的规定分为两个层次：第一层次是尊重当事人意思自治，即有约定的从约定；第二层次是在没有约定或约定不明时，遵循债务人提供的物的担保责任优先，第三人提供的物的担保与保证担保责任相对平等的原则。

在此之前，1999 年颁布的《担保法》第 28 条[②]就人保与物保并存时的责任承担顺序的规定，明显奉行了物保责任优先的理念与原则。关于理由，立法者这样解释到：一是为避免保证人与物上保证人在担保债权实现时相互推诿；二是为适度减轻保证人的保证责任；三是有利于债权的实现。因为，担保物权作为一种物权具有优于担保债权的效力。担保物权比保证具有更强的确定性，保证是以第三人财产为担保，其财产状态不够稳定，而担保物权系就特定物的价值为担保；担保物权具有优先受偿性，在法律效力上优先于保证债权；担保物权属于物权的一种，当然享有物权的追及力，而保证债权却只享有对人的请求权。[③]

由于《物权法》与《担保法》在责任顺序问题上秉持的理念差异巨大，且新法实施后对旧法相关规定的效力是否产生影响也不明朗，故学界对于混

[①] 《物权法》第 176 条规定："被担保的债权既有物的担保又有人的担保的，债务人不履行到期债务或者发生当事人约定的实现担保物权的情形，债权人应当按照约定实现债权；没有约定或者约定不明确，债务人自己提供物的担保的，债权人应当先就该物的担保实现债权；第三人提供物的担保的，债权人可以就物的担保实现债权，也可以要求保证人承担保证责任。提供担保的第三人承担担保责任后，有权向债务人追偿。"

[②] 《担保法》第 28 条规定："同一债权既有保证又有物的担保的，保证人对物的担保以外的债权承担保证责任。债权人放弃物的担保的，保证人在债权人放弃权利的范围内免除保证责任。"

[③] 李国光、高圣平主编：《担保法及配套规定新释新解》，人民法院出版社 2006 年版，第 341-345 页。

合共同担保情形下各担保人承担责任顺序的法律适用问题,也一直存在争议。然而,解释论上的通说认为,《物权法》第 176 条明确采纳了人保与第三人提供的物保平等原则,且《担保法》第 28 条已被之代替。①高圣平教授也认为,依《物权法》第 178 条规定②,在《物权法》实施之后,《担保法》第 28 条规定已无可适用之地。③

2. 评析

(1)《物权法》第 176 条重在规定责任顺序

从条文的文义看,《物权法》第 176 条主要是从权利行使或者责任承担的顺序角度进行规范,赋予了债权人选择担保权利行使的自由,分为两个层面:第一层面是尊重当事人约定。条文中的"约定",应当是对混合共同担保中债权人对第三人提供的物保与人保的选择权所达成的一致意思表示。④甚至有学者认为,根据该条条文意思,当事人可以就债务人提供的物保、第三人提供的物保与人保三者当中任何一种类型担保优先受偿,哪怕是在有债务人提供的物保情况下,约定债权人可就保证优先于债务人的物保受偿。⑤一言以蔽之,该条重点对混合共同担保中的各担保人的责任顺序和债权人的相关选择权进行了规定,而且秉持的是在当事人无约定或约定不明的情况下,债务人提供的物保责任优先,第三人提供的物保与人保平等的顺序原则。

---

① 王利明:《物权法研究》(下卷)(第四版),中国人民大学出版社 2016 年版,第 1112 页。崔建远:《物权:规范与学说——以中国物权法的解释论为中心》,清华大学出版社 2011 年版,第 750 页。孙鹏、王勤劳、范雪飞:《担保物权法原理》,中国人民大学出版社 2009 年版,第 74 页。程啸:《混合共同担保中担保人的追偿权与代位权》,第 87 页。高圣平:《担保法论》,法律出版社 2009 年版,第 74 页。转引自高圣平:《混合共同担保的法律规制:裁判分歧与制度完善》,载《清华法学》2017 年第 5 期,第 150–151 页。
② 《物权法》第 178 条规定:"担保法与本法的规定不一致的,适用本法。"
③ 高圣平:《混合共同担保的法律规制:裁判分歧与制度完善》,载《清华法学》2017 年第 5 期,第 151 页。
④ 高圣平:《混合共同担保的法律规制:裁判分歧与制度完善》,载《清华法学》2017 年第 5 期,第 141 页。
⑤ 程啸:《混合共同担保中担保人的追偿权与代位权——对《物权法》第 176 条的理解》,载《政治与法律》2014 年第 6 期,第 88 页。

此种立法意图也在司法实践中得到充分体现与适用：

1）在山东启德置业有限公司与山东鑫海投资有限公司等委托贷款纠纷案中，法院判决认为因当事人并未约定物保和人保的实现顺序，故债权人应先就债务人提供的物的担保实现债权，连带责任保证人对抵押物变现后仍不足清偿的部分在保证范围内承担连带清偿责任。①

2）在贵州省仁怀市茅台镇东方酒业有限公司、潘华忠与中国光大银行股份有限公司重庆分行等金融借款合同纠纷案中，最高人民法院判决认为，在担保责任顺序上，应当根据新法优于旧法的原则，适用《物权法》第 176 条的规定。根据保证人与债权人所签案涉《最高额保证合同》相关条款约定，保证人与债权人间对债权人实现债权有明确约定。根据《物权法》第 176 条的规定，债权人应当按照约定实现债权，即在要求保证人承担保证责任前无需首先执行对质押物的质权。②

3）在安徽盛运新能源投资公司与甘肃银行酒泉分行等金融借款合同纠纷案中，最高人民法院认为，既然当事人在协议书中对混合共同担保的担保权利实现顺序有"先行"约定，就应当按照该约定处理。③

4）在徐文禄与盐边县钰凌矿业公司等民间借贷纠纷案中，最高人民法院也认为，鉴于当事人并未就混合共同担保人承担担保责任的顺序及数额达成约定，故债权人可以依法在第三人提供的物保与保证之间进行自由选择，并无顺序上的限制。④

5）在海口明光大酒店公司与海口农村商业银行龙昆支行等金融借款合同纠纷案中，最高人民法院认为，由于当事人对债务人自己提供的物保与第三人的保证之间的责任顺序约定不明，故债权人应依法先就债务人提供的物保优先受偿。⑤

6）在中国建设银行榆林新建南路支行与榆林聚能物流公司等金融借款合

---

① 最高人民法院（2012）民二终字第 131 号民事判决书。
② 最高人民法院（2016）最高法民申字第 360 号民事裁定书。
③ 最高人民法院（2016）最高法民终 752 号民事判决书。
④ 最高人民法院（2017）最高法民申 2812 号民事裁定书。
⑤ 最高人民法院（2017）最高法民终 230 号民事判决书。

同纠纷案中，最高人民法院认为，当事人在保证合同中明确约定无论债权人享有的物的担保是由债务人还是第三人提供，债权人都有权要求保证人首先承担担保责任，该约定合法有效，并予以支持。①

7）在何如玉与王万成、上海巨野实业公司等追偿权纠纷案中认为，最高人民法院认为，该案保证人在保证合同中明确作出了放弃"物保优先"的承诺，故债权人有权在人保与物保中自由选择实现债权的顺序。②

（2）《担保法》第 28 条重在规定责任范围

从条文的文义看，《担保法》第 28 条则主要从人保与物保所分别承担的责任范围角度来进行规范。不仅规定保证人对物的担保以外的债权承担责任，更规定了债权人放弃物保后保证人的免责问题。从文义看，该条是对物保与人保的责任范围进行规范，但以理推之，确定二者责任范围与界限的逻辑前提是先确定和规范二者的责任顺序。根据文义推知，保证人对物的担保范围以外的债权承担责任，其逻辑前提必然是物保责任优先于保证责任，二者处于不同责任顺位。可见，该条规定明显采用了物保优先原则。

（3）法律适用的协调

尽管单从法条文义及其适用出发，《担保法》第 28 条与《物权法》第 176 条规定的内容表面上或许可能并不冲突。比如，当事人可以首先按照后者的规定在责任顺序上选择先就保证受偿，保证人依法不得拒绝支付；但该保证人又有权根据前者关于担保责任范围的规定提出仅在债权人就该债权所享有的物保责任以外的范围内进行偿付的抗辩。然而，事实上，这并非立法者的本意。最高人民法院认为，《担保法》第 28 条采用的"保证人绝对优待主义"模式"明显不当地损害债权人的担保利益，不宜采取这种模式"，而《物权法》第 176 条则明确并未采取该种模式，而是采取了第三人提供的物保与人保"有限平等主义模式"③。此外，这种法律适用也是不切实际的，保证人应

---

① 最高人民法院（2017）最高法民终 170 号民事判决书。
② 最高人民法院（2017）最高法民申 3332 号民事裁定书。
③ 最高人民法院物权法研究小组编著：《〈中华人民共和国物权法〉条文理解与适用》，人民法院出版社 2007 年版，第 519-522 页。

债权人请求进行偿付时，物的担保所担保的债权额可能并未最终确定（如最高额抵押），或者即使确定，但由于债权人并未就担保物变价受偿，故其是否最终实际能够从担保物上得到偿付或者最后实际得到的偿付数额均系未知数，保证人所应承担的具体责任额也就因此无法确定。如此一来，债权人对保证人行使权利必将受阻。

从法律位阶与法律体系的协调出发，并且考虑到"新法优于旧法"原则，《担保法》第28条所采的"保证人绝对优待主义"即物保责任优先原则，与《物权法》第176条所采的"有限平等主义"，在法律理念和原则上存在根本的分歧，此种分歧必然会导致法律适用上的冲突与尴尬。考虑到法律位阶和"新法优于旧法"等法律效力问题，应当认为《担保法》第28条因与《物权法》第176条冲突而无效。

（二）司法实务中法律适用的冲突与司法建议

尽管2008年《物权法》出台，立法者从我国市场经济发展的现实需求出发，根据担保市场发展的最新态势，在第三人提供的物保与人保之间奉行了平等主义，得到了学界与实务界在很大程度上的认同，但是，由于《物权法》与《担保法》《担保法解释》相关规定之间的效力及适用冲突问题始终未能得到权威部门的明确解释，由此导致了司法实务中在此问题上的认识与裁判仍然大相径庭。

1. 否定观点

不少法院判决适用《物权法》第176条规定，采纳并支持了第三人提供的物保与人保在责任顺序上的平等主义。如最高人民法院在"重庆银行贵阳分行与贵州鑫贵成矿业公司等金融借款合同纠纷上诉案"之判决中认为，当债务人提供的物保和人保并存时，债权人应首先实行该债务人的物保；当第三人提供的物保与人保证并存时，法律对责任顺位并无限制。①又如四川省高级人民法院在"四川泰森融资担保公司与四川慧能有色金属公司等追偿权纠

---

① 最高人民法院（2015）民二终字第306号民事判决书。

纷上诉案"①、江西省高级人民法院在"北京银行南昌分行与施志诚等借款合同纠纷上诉案"②等案件中也都采纳了上述观点。

2. 肯定观点

仍有不少法院判决至今仍然坚持认为《物权法》第176条规定并未明确否定《担保法》第28条规定的效力，并继续适用《担保法》该条规定。如最高人民法院在"中国长城资产管理公司贵阳办事处与六枝特区佳顺焦化有限公司等债权转让合同纠纷、保证合同纠纷上诉案"判决中提到，债权人应先就债务人提供的物保行使权利，其次就第三人提供的物保行使权利，仍未获得全部清偿的，才能够向保证人主张清偿。③又如最高人民法院在"中国农业发展银行乾安县支行与江苏索普（集团）公司等保证合同纠纷上诉"一案的判决中，阐述到："《物权法》显然对《担保法》物保绝对优先的原则进行了修正，但这并不意味着《物权法》即抛弃了物保相对优先的基本精神"。④而河南省高级人民法院在"河南恒丰钢缆公司与河南鑫鹏金属制品公司等追偿权纠纷上诉案"的判决⑤中，也表明了类似观点。

3. 评析

我国的立法例以提供担保的人为关注重点，强调首先穷尽债务人的财产清偿债务后，再实行第三人提供的担保；在保证人与第三人提供的物保之间又奉行平等原则，此举既能有效防止债务人恶意逃避债务并肆意将债务清偿责任推脱给第三人，又有利于保护和鼓励交易中的诚信行为，应当说，是符合现阶段市场经济发展要求的。因此，司法部门尤其是最高人民法院有必要通过指导性案例等有效方式，消除司法实践中对上述两个法律条文的认识误区，统一法律适用。

---

① 四川省高级人民法院（2015）川民终字第972号民事判决书。
② 江西省高级人民法院（2015）赣民二终字第78号民事判决书。
③ 最高人民法院（2015）民二终字第280号民事判决书。
④ 最高人民法院（2016）民终字第40号民事判决书。
⑤ 河南省高级人民法院（2013）豫法民二终字第156号民事判决书。

小 结

混合共同担保中的担保人责任顺序的制度安排,体现着立法对担保当事人间利益平衡的结果。担保人责任顺序的重要意义体现为,它既是主债务人与担保人主从责任的体现,又是对债权人选择自由的约束,更是担保人之间进行追偿的前提。担保人责任顺序的法律价值主要体现在担保人对相关权利人所享有的抗辩权以及对其他担保人所享有的追偿权上。

纵观两大法系,对于担保人之间责任顺序的规范模式以物保责任优先、人保与物保责任相对平等两种模式为主。对于混合共同担保中物上保证人与保证人的责任顺序问题,国内理论界也有过关于物保责任优先还是人保与物保责任相对平等的激烈争论。本章通过从市场经济与担保市场发展、经济基础对担保制度提出的实现实质公平的客观要求、法经济学原理对平等的要求以及赋予债权人自由选择权等角度的论证,得出了在混合共同担保人责任顺序上贯彻人保与第三人提供的物保责任相对平等原则是符合正义要求和顺应发展趋势的制度选择的结论。

对两大法系主要国家对混合共同担保中担保人责任顺序的相关立法例进行比较研究表明,德国、意大利、我国台湾地区等基本都采纳了人保与第三人提供的物保相对平等原则;英美法大量判例也表明,不论是人保还是物保,只要混合共同担保的担保人明确表示或者以其行为表明其同意与其他担保人承担共同连带责任,即各担保人之间形成了共同利益体,那么,各担保人就应处于同一责任顺位上。我国的担保立法在混合共同担保人的责任顺序问题上,也存在着一个分歧与演变的过程。通过对《物权法》第176条与《担保法》第28条规定从立法理念与规范角度进行比较分析,同时通过司法实践的中一些典型案例分析,可以得出由于法律位阶与遵从"新法优于旧法"等原因,《担保法》第28条因与《物权法》第176条冲突的无效的结论,并建议最高人民法院及时发布指导性案例对实践中的法律适用不统一问题予以及时解决。

第三章　担保人求偿权与代位追偿权的理论基础

对债务人的求偿权与对其他担保人的代位追偿权，对于混合共同担保的担保人而言，是弥补其因为清偿所受损失最为重要的两项救济性权利，同时也是混合共同担保制度的核心内容。理论上与实践中，对于混合共同担保人就因清偿而所受损失得向债务人、其他担保人请求赔偿或偿付的权利，存在很多称谓。对于同一权利的不同称谓背后体现着对于该种权利在性质、类型、请求权基础、行使方式及权利行使效果等方面的不同理解与认识。下文通过对担保人的上述两种权利的内涵、性质等进行对比分析的基础上，提出了将前者称为"求偿权"，后者则称为"代位追偿权"的观点。在目前国内对混合共同担保人之间是否有权相互进行追偿的问题上，立法、司法与实践机构争议很大，由此导致学说纷纭，司法判决认识差距较大、裁判尺度不一。究其原因，仍然是对担保人在承担担保责任后所享有的基本救济权利及其在法理上的正当性缺乏统一清晰的认识。本章将紧紧围绕混合共同担保人求偿权与代位追偿权的理论基础及其正当性展开论述，以期对立法的进一步完善、司法的进一步统一提供有益参考。

第一节　权利概念的辨析

德国学者指出，保证的目的并非是将债务人从其给付义务中解脱出来，而是也只应当是保障债权人债权的实现，所以保证人向债权人为清偿后，必然有权利请求债务人予以偿付。此种偿付通常有两种途径，即法定让与和特殊求偿请求权。[①] 此两种途径，法定让与即为债权的法定让与（或移转），也就是担保人在为清偿后所享有的代位行使债权人的债权及其从属性权利的权利，即代位权；特殊求偿请求权即为担保人为清偿后，所享有的直接请求债务人予以偿付的权利，是一种新产生的权利，即求偿权。

一、担保人求偿权、代位权、追偿权、代位追偿权等概念辨析

对于混合共同担保人就因清偿而所受损失得向债务人、其他担保人请求赔偿或偿付的权利，立法和理论上存在很多称谓，如求偿权、追偿权、代位权以及代位追偿权等。对于同一权利的不同称谓背后体现着对于该种权利在性质、类型、请求权基础、行使方式及权利行使效果等方面的不同理解与认识。为表达清晰，下文将分别从担保人请求债务人予以偿付的权利、担保人请求其他担保人予以偿付的权利两种权利类型出发，对上述概念予以辨析。

（一）类型一：担保人请求债务人予以偿付的权利

我国立法和理论上对于担保人请求债务人予以偿付的权利的称谓，主要有"求偿权"和"追偿权"两种称谓。

1. 求偿权。我国学者大多习惯于用"求偿权"来称谓担保人为清偿后享有的请求债务人在为清偿范围内对其进行偿付的权利。所谓"求偿"，即请求义务人予以赔偿或补偿。"求偿权"的称谓符合一般法理术语的规范性要求，且语气较为平和。

2. 追偿权。"追偿"，虽然也有请求义务人予以赔偿或补偿的意思，但从语气上则更多地反映出立法者对于担保人对债务人行使权利的紧迫性以及对

[①] 参见[德]迪特尔·梅迪库斯：《德国债法分论》，杜景林、卢谌译，法律出版社2007年版，第424页。

债务人由此造成的心理上的压迫感。①比如，我国《担保法》第31条和32条②、《物权法》第176条等规定，均使用"追偿"来指代担保人请求债务人予以偿付的权利。我国担保立法青睐于使用"追偿"、"追偿权"的表述。所谓"追偿"，是针对所欲处理的事物，相对于借助该法律概念所欲达成的规范功能，趋向于所欲实现的价值而发生。③

3.学界关于我国担保法中"追偿权"的争议。由于我国民事尤其是担保立法，使用"追偿"与"追偿权"的法律术语较为频繁，但又未在立法或立法解释中对"追偿权"予以准确定义，故而引发了学界对于"追偿权"性质及内涵的较大争议。主要观点有求偿权说、代位权说和代位追偿权说等。

事实上，在指代为清偿的担保人得以请求债务人进行偿付的权利时，我国立法和学界在大多数情况下，都是将"求偿权"与"追偿权"两个法律术语作为同一语义加以使用，只是学界倾向于使用前者，而立法更习惯于使用后者。立法赋予为清偿的担保人向债务人求偿的权利，体现着立法者对担保人因为清偿所受之不利益与债务人因此获得的利益进行法律上的评判，立法者认为担保人的清偿既然是为他人利益而为，就应当获得补偿。④

（二）类型二：担保人请求其他担保人予以偿付的权利

目前，立法与理论界使用"追偿权"、"代位权"和"代位追偿权"等法律术语来指代担保人为清偿后得以请求其他担保人在各自责任份额内予以偿付的权利。

---

① 邓曾甲：《中日担保法律制度比较》，法律出版社1999年版，第117页。
② 《担保法》第31条规定："保证人承担保证责任后，有权向债务人追偿。"第32条规定："人民法院受理债务人破产案件后，债权人未申报债权的，保证人可以参加破产财产分配，预先行使追偿权。"
③ 黄茂荣：《法学方法与现代民法》（第五版），法律出版社2007年版，第108页。
④ 参见张尧：《论担保人的求偿权——担保人对主债务人的求偿权为中心》，载《岳麓法学评论》第七卷（2012年），第162页。

1. 代位权（或承受权）

所谓代位权，通常是指担保人在为清偿后，得以在清偿范围内取得并代位行使债权人的债权及其一切权利。德国、法国、日本、意大利等大陆法系国家均通过在民法典设立代位清偿制度并作出一般性规定，来作为担保人为清偿后所享有的代位行使债权及其从属性权利的法律与法理依据，同时在担保具体法条中再次对担保人代位权作出明确规定，以相互呼应。我国台湾地区"民法"，则将之称为"承受权"，根据"民法"第749条规定可以看出，承受权与代位权指代的完全是同一种权利，只是称谓不同而已。

2. 代位追偿权

我国有学者在对《担保法》第31条规定进行研究时认为，该条规定系将代位权与追偿权作为同一内容的权利而统一涵盖，且合并称之为"代位追偿权"或"代位求偿权"。该观点指出，根据该规定，保证人为清偿后，首先在保证人与债务人之间产生一种新的债权，保证人对于债务人有债权请求权，其次保证人在为清偿后，债权人的债权及一切权利当然于清偿范围内移转于保证人，保证人得以取代债权人行使其权利，以保证其对债务人追偿权的实现，故合并称为"代位追偿权"或"代位求偿权"。①

笔者认为，将担保人在为清偿后所取得的代位债权人行使债权及从属性权利的权利称为代位权，是大多数国家立法与理论界的普遍做法。而使用"代位追偿权"的学者则倾向于将担保人的求偿权与代位权合二为一，合称为"代位追偿权"。然而，后者将二者合二为一，笔者认为不妥。因为，担保人的求偿权与代位权系属于不同地位两种权利，求偿权乃系代位权存在的基础，而代位权仅系立法出于加强求偿权实现的保障而设计出的一种"技术手段"而已。

---

① 参见孔祥俊主编：《担保法理解与适用》（新编本），人民法院出版社2001年版，第211页。

二、关于担保人相关权利的表述

鉴于担保人在为清偿后所享有的对债务人的请求偿付的权利以及对其他担保人的请求偿付的权利是混合共同担保人最重要的两项救济性权利，同时也是混合共同担保制度中最为核心的内容之一，故笔者对于上述两种权利的称谓进行了一番认真思考后，决定将前者称之为"求偿权"，将后者称之为"代位追偿权"，具体理由如下：

（一）求偿权

从一般意义上讲，求偿权是一个内涵丰富、范畴广泛的法律术语。既可用于侵权领域，亦可用于合同、担保、保险等领域。事实上，对于混合共同担保的担保人而言，其在为清偿后对债务人的偿付请求权和对其他担保人的偿付请求权，从实质上看，均属于求偿权的范畴。然而，由于两种权利在诸多方面仍存在明显区别，同时为表述上区分的需要，本书将担保人请求债务人进行偿付的权利，称为"求偿权"。

（二）代位追偿权

本书所称的"代位追偿权"并非与前文所述学者将担保人对债务人及其他担保人所享有的两种权利合并所称的"代位追偿权"相同。本书所称的代位追偿权，仅指混合共同担保的担保人在为清偿后，得以代位行使债权人的债权并请求其他担保人承担各自责任份额的权利。之所以如此称谓，主要系该权利分为两个层次：

一是取得债权人的债权及从属性权利，并得以自己名义代位行使。担保人代位的权利本质上系债权的法定移转，即由于清偿，使得本无直接法律上关系的混合共同担保人之间产生了债权债务关系，为清偿的担保人得以向其他担保人主张债权人的债权及其从属性权利，尤其是担保权利。因此，此种权利的称谓中"代位"二字必不可少。

二是根据混合共同担保人之间的内部责任分配，向其他担保人请求承担各自责任份额的权利。在此层面，应当认为，担保人清偿债务，在客观上使其他担保人的担保责任得到免除，使后者获得了利益，故因清偿而获益的其他担保人理应在各自本应承担的责任份额内对该为清偿的担保人予以补偿，而为清偿的担保人向其他担保人主张偿付，此所谓"追偿"，即追究其本应承担的责任之义。

综上，本书在讨论混合共同担保人所享有的对债务人请求偿付的权利时，将统一称之为"求偿权"；在讨论担保人对其他担保人请求偿付的权利时，将统一称之为"代位追偿权"。

第二节 对债务人的求偿权

混合共同担保法律关系中，当担保人为非债务人时，债务人的责任主要在于在债务消灭范围内补偿担保人因清偿债务所遭受的损失。对于在债务人无法清偿到期债务时，担保人代为向债权人清偿债务的行为性质问题，学者有不同认识。大多数学者习惯从担保人求偿权的角度来看待其在代为清偿债务后，与债务人之间所形成的法律关系。从债务人的角度看，担保人此时与债务人之间也形成了一种债的关系。那么，这种求偿关系产生的原因为何？担保人求偿权的性质又为何？鉴于此，本书将讨论以下几个问题：

一、对债务人的求偿权基础

（一）求偿权产生原因——"新债"理论

优士丁尼在《法学阶梯》中指出，债是根据法律向他人为给付的法锁。

"法锁"一词表明，债重在拘束和责任。① 债的内容，分别由当事人意思和债发生的原因及其客观情形来共同确定，后者通常是由立法来完成。② 苏联学者也认为，民事法律责任的实现都总是在保全法律关系的范围内进行，在受害人（债权人）和责任人之间引起特殊债的发生。③

各国担保立法都规定了担保人在承担担保责任并使债务消灭后，有权在债务清偿范围内向债务人求偿，债务人须承担弥补担保人因代为清偿所遭受损失的责任。通说认为，当担保人为清偿后，在其与债务人之间就形成了一种新的债权债务关系：担保人作为新的债权人，享有对债务人要求偿还新债的请求权，而债务人则负有给付新债的义务与责任。

（二）"新债"的产生原因及其性质

根据民法通说，债根据其发生原因分为四大类型，包括合同之债、无因管理之债、不当得利之债和侵权之债。对于为清偿的担保人与债务人之间"新债"的产生原因与性质，通常有委托、无因管理以及不当得利等观点。由于规定担保人对债务人的求偿权乃各国立法之通例，且符合最基本的债法理论，故学者对担保人与债务人之间这种新债原因的探讨不多。然而，本书认为，认清此种新债的本质及其产生的原因，对于在复杂多元的混合共同担保关系中进一步厘清各方当事人责任，以及通过制度设计从技术上更好地实现各方当事人利益平衡都不无裨益。

1. 大陆法观点

（1）委托。此种观点认为，保证人与债务人订立委托合同，接受债务人

---

① 魏振瀛：《债与民事责任的起源及其相互关系》，载《法学家》2013年第1期，第123页。
② ［意］桑德罗·斯奇巴尼著：《债之概念反思及其在体系中的地位》，陈汉译，载《北方法学》2005年第3期，第7-8页。
③ ［苏］B.T.斯米尔诺夫等著：《苏联民法》（上卷），中国人民大学出版社1987年版，第395页。转引自魏振瀛：《债与民事责任的起源及其相互关系》，载《法学家》2013年第1期，第130-131页。

的委托代为履行债务或承担责任。① 在委托情形下,担保人与债务人通常会在委托合同中对担保人承担担保责任并消灭主债权后的求偿及其范围进行约定,故当发生代偿后,双方自然可依委托合同约定实现各自权利义务。

(2)无因管理与不当得利。此种观点认为,在非委托情形下,担保人以消灭债权为目的代债务人清偿了债务后,根据无因管理原理和规定,其有权要求债务人在其受益范围内向担保人承担偿还责任②,此时债务人则构成了不当得利。因此,债务人应依法在其因担保人为清偿而获益范围内对该担保人所受损失进行偿付。

(3)法定债权移转。《德国民法典》并未对担保人代为清偿后对债务人的求偿权作出特别规定,而是笼统地规定担保人向债权人为清偿后,债权人对债务人的债权移转于担保人。③ 据此,担保人在为清偿后,当然有权向债务人主张偿付。

2. 英美法观点

(1)求偿权系法定损害赔偿权

在英美法中,只要一个人应另一个有义务清偿债务的人的请求代为清偿了该债务,该清偿人便对后者享有求偿权。④ 理论界与实务界普遍认为,担保人对债务人的求偿权(indemnity 或 reimbursement),是指担保人因其代为清偿债务而所受财产损失得依法向债务人请求损害赔偿的权利。⑤ 英美学者认为,该权利的性质系法定的损害赔偿请求权。这一权利最初建立于"伦敦惯

---

① 高圣平:《担保法论》,法律出版社 2009 年版,第 85 页。
② 高圣平:《担保法论》,法律出版社 2009 年版,第 85 页。
③ 例如《德国民法典》第 774 条第一项规定:"如果保证人向债权人清偿,则债权人对主债务人的债权移转于保证人……"。
④ "当第三人应债务人的请求为其债务提供担保,尽管主债务人并未明确表示对该第三人负有补偿义务,但实际上确有义务对第三人因偿付债务所受损失进行补偿,并且该第三人因清偿而享有代位债权人对于债务人包括权利、救济和担保等在内的一切权利……" Harnsberger et al. v. Yancey et al.(1880)33 Grattan(Va.)527, 539. See Trustees of Schools, etc. v. Scheick(1886)119 I11. 579, 8 N. E. 189.
⑤ Earl C. Arnold, *Outlines of Suretyship and Guaranty*, Chicago Callaghan and Company 1927, 239.

例"（custom of London）①，并被衡平法所承认，继而被普通法院所普遍接受。②

（2）债务人对担保人的赔偿义务与责任源于其默示承诺

现代的普通法法院已经大量采用了公平的衡平法原则，即在没有明示合同的情况下，允许当事人根据正义与公平的要求就对方的默示承诺提出诉讼主张。虽然债务人很少在担保交易合同中明确表示其将对代为清偿债务的担保人进行补偿，但英美法普遍认为，债务人对担保人的这种承诺是不言而喻的，是合同中的默示条款，根本无须主动提及。与此同时，债务人的关于对担保人进行损害赔偿的默示承诺通常于担保成立时起生效，担保人所承诺承担的担保责任就是债务人默示承诺的对价。担保人求偿权的成立，并不需要债务人有明确的承诺或明显的对价，因为债务人（关于对担保人进行损害赔偿）的承诺是作为默示条款蕴藏于担保交易中，并于债务人不履行或不能履行时得以行使。③由于债务人对于各担保人的默示承诺系个别作出，故在共同担保场合，数个承担了担保责任的担保人要向债务人主张求偿，应当分别起诉，而非共同诉讼。④众多案例表明，从总的原则和众多目的价值来讲，担保

---

① Layer v. Nelson（1687）1 Vernon 456, 23 Eng. Rep. Reprin 582."伦敦惯例"（custom of London），该规则是指，如果已婚妇女完全依靠自己在伦敦从事任何一项职业，且其丈夫与他的职业没有任何关系，则在涉及其职业的任何事物上，该妇女被认为是享有独立财产权的已婚妇女。

② Appleton et. al. v. Bascom et al.（1841）3 Met.（Mass.）169："……在从前，普通法并未对担保人代债务人清偿债务（的后果）作出规定；担保人唯一可以获得的救济途径来自衡平法院。" See Ford v. Stobridge（1632）Nelson 24, 21 Eng. Rep. Reprint 780; Scot v. Stelphenson（1662）1 Levinz 71, 83 Eng. Rep. Reprint 302; O'Carroll's Case（1745）1 Amb. 61, 27 Eng. Rep. Reprint 34; Decker v. Pope（1757）1 Selwyn, N. P.（13th Ed.）91.

③ Wilde, J., observed in the course of the opinion for the court in Appleton et al. v. Bascom et al.（1841）3 Met.（Mass.）169："然而现代的普通法法院已经大量采用了公平的衡平法原则，即在没有明示合同的情形下，允许当事人根据正义与公平的要求就对方的默示承诺提出诉讼主张。而债务人的关于对担保人进行损害赔偿的默示承诺通常于担保成立时起生效。而担保人所承诺承担的担保责任就是债务人默示承诺的对价。" Accord: Jackson v. McKeown et al.（1926）Colo. 246 Pac. 277; Rice v. Southgate（1860）16 Gray（Mass.）142.

④ Earl C. Arnold, 245.

人自清偿了债务时起，就成为了债务人的债权人。① 不仅如此，如果担保人清偿了全部的债务，他便被（法律）授予了债权人针对主债务人所有的权利，包括债权、救济权、优先权以及其他担保权利。②

3. 本书观点

如前所述，不论是大陆法系还是英美法系，不论债的产生原因为何，均承认担保人为清偿后就因此所受损失对债务人享有求偿权，即在为清偿后，担保人与债务人之间形成了新的债权债务关系，担保人系债权人，被担保人系债务人。

笔者对此观点，深为赞同。关于"新债"产生的原因，大陆法系及其内部以及英美法都有不同理解与认识。

（1）观点评析

所谓债务人与担保人之间的"委托"及"委托合同"，实际就是担保合同。如果将二者之间关于担保的约定内容视为委托，那么，根据委托法律关系，担保人接受债务人的委托对债权进行清偿就应当以债务人的名义并在委托授权范围内进行，且清偿的法律效果直接归属于债务人，法律通常不会对委托人完成委托事项后对被委托人的求偿权进行规定，而是完全尊重当事人意思自治，即允许当事人在委托合同中予以约定。但事实上，担保人是以自己名义向债权人为清偿，且很多时候当事人并未就担保人为清偿后对债务人的求偿权明确予以约定，但法律却通常明确赋予了担保人该项权利。因此，用"委托"来认定担保人对债务人的求偿权，并不准确。

关于无因管理。所谓无因管理，系指既未受委托又无义务（法律上的义务），为他人管理事务。该制度起源于罗马法，最早适用于为不在之人（尤

---

① Rice v. Southgate, 16 Gray (Mass.) 142; Sargent v. Salmond, 27 Me. 539; Barney v. Glover, 28 Vt. 391; Kahn v. Bledsoe, 22 Okla. 666, 132 Am. St. R. 665; Marshall v. Hudson, 9 Yerg. (Tenn.) 57; Griffin v. Long, 96 Ark. 268 and note thereto in Am. Ann. Cas. 1972. B. 622.

② Post, chap. XII.

其是远征在外的军人）管理事务。①担保人清偿的确实系他人（债务人）债务，而且此举确实客观上为债务人谋利益，但是，担保人代为清偿债务却并非"无因"，因为不论是根据担保合同约定还是法律规定，担保人自担保法律关系成立时其便负担起了在债务人不履行或不能履行债务时为清偿的义务与责任。因此，担保人为清偿后，产生的其与债务人之间的债，并不完全符合无因管理的要件，否则也无法解释债权人在债务人不履行或不能履行时有权以担保人为被告，起诉请求其履行担保义务与责任的事实。

关于不当得利。不当得利也是源于罗马法的一项古老的制度，该项制度受到罗马法学家蓬波尼乌斯关于"任何人不得基于他人损害而受利益"衡平思想的深刻影响。②所谓不当得利，系指没有法律上的原因，受有利益，致他人损害。不当得利属于事实中的事件。③关于"法律上的原因"，史尚宽先生对此有非常全面的总结，主要包括统一说与非统一说。④我国《民法总则》第122条也对不当得利作为法定债的一种进行了规定，并采用了"没有法律根据"的表述。所谓"合法依据"，是指取得财产性利益的正当性，包括法律规定的权利和当事人约定的权利。⑤本书认为，尽管债务人因担保人代为清偿债务而受有利益，且担保人因此遭受财产损害，但债务人得此利益并非没有"法律上的原因"。因为担保各方当事人通常会在主债务合同或担保合同中约

---

① 王泽鉴：《债法原理》，北京大学出版社2013年版，第308-309页。
② 朱和平、李蕾：《不当得利价值功能和构成要件的再研究》，载《法学研究》2008年第12期，第1页。
③ 史尚宽：《民法上不当得利之研究》，载郑玉波主编：《民法债编论文选辑（上）》，台湾地区五南图书出版公司1984年版，第450-451页。
④ "统一说"认为没有"法律上的原因"可以是受利益有违公平正义原则，受益人不享有债权或者其他权利。"非统一说"则分为基于给付之得利与基于给付以外之得利，或分为基于损失者意思之得利与不及于损失者意思之得利。史尚宽：《民法上不当得利之研究》，载郑玉波主编：《民法债编论文选辑（上）》，我国台湾地区五南图书出版公司1984年版，第456-463页。
⑤ 《民法总则》第122条规定："因他人没有法律根据，取得不当利益，受损失的人有权请求其返还不当利益。"张新宝：《〈中华人民共和国民法总则〉释义》，中国人民大学出版社2017年版，第240-242页。

定担保人在债务人不履行或不能履行时对债务负有清偿责任；即使当事人并未在合同中明确约定，第三人一旦承诺成为担保人，其便依法应当承担相应的担保责任，故债务人因担保人的清偿行为而受有利益，应当认为是具有合同或法律依据的。因此，用不当得利来界定担保人与债务人因清偿发生之债的原因，也不够确切。

关于英美法的法定损害赔偿观点。英美学者认为，担保人为清偿后对债务人的损害赔偿请求权（indemnity）已经为普通法所普遍承认。普通法对于担保人该项权利的承认，不是基于衡平法上的公平与良心，而是从合同解释论上找到出路，将债务人对为清偿的担保人的补偿义务以合同默示条款的方式正当化，法定化。这种法律化的路径能够为担保人的损失补偿提供有效的保障，同时也充分体现了公平正义理念。

（2）"新债"系法律拟制的债权移转

1）债务人对担保人具有法定补偿义务。法定补偿义务作为债的独立类型，在公法和社会法领域早已成为共识。根据王轶教授最新研究成果，法定补偿义务在私法领域仍然可以作为民法中的独立类型之债。① 虽然学界在此问题上争议很大，但私法领域中存在着一系列法定补偿义务确是不争的事实，如侵权法中关于补偿义务、"分担损失"规则等规定。本书认为，就担保关系而言，在代为清偿债务之前，担保人与债务人之间并不存在债的权利义务关系，担保人仅仅是承诺在债务人不履行或不能履行债务时承担债务清偿的责任。在债权人实现担保权利后，担保人因清偿而受有损失，债务人则因清偿而受有债务消灭的利益，依据公平原则，各国法律基本一致地规定了担保人在为清偿范围内对债务人的损失补偿请求权，从另一面看，即是规定了此种情形下债务人对担保人在为清偿范围内的法定补偿义务。

2）"新债"产生于法律拟制的债权移转。如前所述，尽管依据公平原则，债务人应当对担保人的损失进行补偿，但根据债的一般原理，债权因实现而消灭，故担保人在对债务人行使相应的权利时不免在法理上受此阻碍。以德

---

① 王轶：《作为债之独立类型的法定补偿义务》，载《法学研究》2014年第2期，第116页。

国民法为代表的不少国家和地区民法,从公平原则出发,在法律上拟制了原债权不消灭且继续存续,并规定该债权及其相关权利一并移转于担保人的制度。借此,担保人顺理成章地成为了主债务人新的债权人,并有权直接根据原债权向债务人请求偿付。

二、对债务人的求偿权实现方式

目前,绝大部分国家和地区民法均规定了担保人为清偿后对于债务人的享有的求偿权,但鉴于法律传统、法律体系与立法技术等方面的差异,各国和地区民法对求偿权的法理基础、实现方式等作出了差别性的规定。

(一)大陆法系规范模式

关于担保人向债务人求偿,大陆法系通常有两种立法例:

1.法律对担保人的求偿权作出明确规定,以《法国民法典》和《日本民法典》为例。《法国民法典》第 2028 条[①]、《日本民法典》第 459 条第 1 款[②]和第 462 条[③]均对担保人在清偿后对债务人的求偿权作出了明确规定。从上述两国相关规定可以看出,其在具体规定的方式上是有所区别的:根据《法国民法典》的规定,只要担保人代为清偿了债务,就有权向债务人求偿,而至于债务人是否知道或者双方之间存在何种基础法律关系则在所不问。而根据

---

① 《法国民法典》第 2028 条规定:"已作清偿的保证人,不问其提供保证金是否为债务人所知悉,得要求主债务人偿还"。罗结珍译:《法国民法典》,北京大学出版社 2010 年版,第 1475—1476 页。

② 《日本民法典》第 459 条第 1 款规定:"保证人受主债务人委托实行保证,无过失而受应向债权人进行清偿的裁判宣告、或代主债务人进行清偿、或以其他形式的个人出捐实施消灭债务人的行为后,该保证人对主债务人有求偿权。"王爱群译:《日本民法典》,法律出版社 2014 年版,第 80 页。

③ 《日本民法典》第 462 条规定:"未受主债务人委托而实行保证者,进行清偿债务,或以其他形式个人出捐使主债务人免其债务后,主债务人应于其当时收益限度内予以赔偿"。王爱群译:《日本民法典》,法律出版社 2014 年版,第 80—81 页。

《日本民法典》的规定，担保人求偿权的行使必须具备法律原因，通常为债务人与担保人之间具有委托或无因管理关系。我国《担保法》第31条、第57条和第72条分别对保证人、抵押人以及出质人在代为清偿债务后，均有权向债务人求偿。① 其立法理由认为，担保人通常处于一定的人身关系并基于对于清偿债务后对损失补偿的可预期与可确信，才同意承担担保责任，并且对债务人的求偿权乃是法律赋予其的一种救济措施。②

2. 法律直接规定债权移转于为担保人。此种立法例以《德国民法典》为代表，我国台湾地区"民法"也有类似规定。如《德国民法典》在"债的关系法"编"给付义务"一节，即第268条第3款③关于"代偿权"的规定。该法典又在该编第六章"多个债务人和债权人"一章的第426条第2款④对连带债务人为清偿后对其他连带债务人的代位权作出了规定。考虑到《德国民法典》立法者一直以来对债权移转理论的推崇，故该法典在"债的关系法"一编对因各种具体法律关系或法律行为而产生的债的权利义务进行了概括一般地规定，这其中当然也包含了担保人作为第三人同时作为连带债务人在清偿债务后，自原债权人处获得移转的债权，进而得向主债务人主张该债权及其从属性权利的情形。故无论在后面的保证或是物的担保章节，自无必要再就担保人代为清偿后对主债务人的求偿权进行重复规定。

---

① 《担保法》第31条规定："保证人承担保证责任后，有权向债务人追偿"。第32条规定："人民法院受理债务人破产案件后，债权人未申报债权的，保证人可以参加破产财产分配，预先行使追偿权"。第57条规定："为债务人抵押担保的第三人，在抵押权人实现抵押权后，有权向债务人追偿"。第72条规定："为债务人质押担保的第三人，在质权人实现质权后，有权向债务人追偿"。

② 中华人民共和国担保法第三十一条释义，来源于《中华人民共和国担保法配套解读与案例注释》，引自法信网 http: //www.faxin.cn/lib/twsy/TwsyContent.aspx?gid=A192628&tiao=31。

③ 《德国民法典》第268条第3款规定："由第三人向债权人清偿时，债权移转于第三人。"郑冲、贾红梅译：《德国民法典》，法律出版社1999年5月第1版，第53页。

④ 《德国民法典》第426条第2款规定："如果连带债务人中一人对债权人清偿，并且可以从其他债务人处要求分担时，债权人对其他债务人的债权即移转于该债权人。"郑冲、贾红梅译：《德国民法典》，法律出版社1999年5月第1版，第83页。

（二）英美法系规范模式

在英美法系国家，担保人对债务人求偿权的实现，主要根据普通法，并以损害赔偿"indemnity"的方式实现。英美法上担保人的补偿请求权即求偿权（the right of indemnity）既是普通法上的一种契约性权利，也是衡平法上的权利，是指在普通法上，当担保人代债务人清偿了债务后，其有权就其因清偿所受之损失向该债务人主张补偿的权利。① 鉴于"indemnity"在法律上具有多重含义，故有时也使用"reimbursement"表示。普通法认为，债务人对代为清偿债务的担保人的补偿义务产生于其在担保合同中的默示承诺。② 实践中，关于担保人赔偿请求权（indemnity）的产生和行使，具体分为明示合同条款和默示合同条款两种方式。

1. 根据明示合同（express contract）条款

担保人可以与债务人订立合同的方式，对清偿债务之后的补偿事宜与债务人通过协商，甚至讨价还价来确定具体的补偿数额、方式③ 等。法院通过判例确立了以下规则：保证人只有在清偿了全部债务或以其他方式满足了全部债权后，才有权向主债务人主张相应的赔偿；④ 但是，保证人与主债务人事先订立求偿合同（contract of indemnity）的除外。⑤ 美国上诉第八巡回法庭（the Circuit Court of Appeals for the Eighth Circuit）通过判例进一步确立了这一原则：当保证人与主债务人就保证人在承担保证责任后得以向主债务人主张相应赔偿达成专门的求偿合同后，只要保证人按照求偿合同约定承担了其应当承担的清偿责任，即使债权人的债权并未全部实现，该保证人亦有权依据该合同直接起诉主债务人主张相应赔偿；并且

---

① Earl C. Arnold, 239.
② Earl C. Arnold, 241.
③ Tomas v. Liebke, 81 Mo. 675. No right of indemnity on favor of a surety is implied as against one who has expressly undertaken to indemnify the principal against the same obligation. Crafts v. Tritton, 8 Taunt. 365.
④ United States v. Nat'l Surety Co, 254 U.S.73; Mellette Farmers Elevator Co v. H. Poehler Co, 18 F.（2d）430.
⑤ In re Kimbrough-Veasy Co, 292 Fed. 757.

其求偿权与主债务人的其他债权人的债权享受同等待遇。①

2. 根据默示合同（implied contract）条款

在担保人与债务人并未就为清偿后的补偿事宜事先进行明确约定的情况下，为清偿的担保人亦可根据默示合同条款向法院起诉，要求债务人对其因清偿而所受损失进行补偿。通说认为，不论是从衡平法上的公平角度②，还是从普通法的默示承诺或法律对当事人默认意图的推定③，债务人在代为清偿债务后，均有权向债务人请求损失补偿。④ 与担保人之间的代位追偿权不同，担保人对债务人的求偿权（indemnity）产生于其担保责任成立之时⑤，并于担保人清偿债务之后可予行使。值得注意的是，担保人只须清偿债务，不论是全部清偿还是部分清偿，其均有权向债务人行使相应的求偿权。⑥

当然，不论是明示还是默示方式，法律都要求担保人代为清偿债务是应主债务人的要求而为之，而并非出于志愿（volunteer）；否则，该担保人即使清偿了债务，也不能成为主债务人的新债权人。⑦

---

① National Surety Co. v. Jekins 18 F.（2d）707.
② Toussaint v. Martinnant, 2 Term. R. 100, 105.
③ Decker v. Pope, 1 Selw. N. P.（13th Ed）, 91; Appleton v. Bascomb, 3 Met.（Mass.）169; 1 Brandt Guar. & Sur.（3rd Ed.）, sec. 229; 2 Harv. L. Rev. 59.
④ Edward W. Spencer, *The General Law of Suretyship*（Including Commercial Non-commercial Guarantees and Compensated Corporate Suretyship）, Chicago Callaghan and Company, 1913, 156, 157.
⑤ Edward W. Spencer, *The General Law of Suretyship*（Including Commercial Non-commercial Guarantees and Compensated Corporate Suretyship）, Chicago Callaghan and Company, 1913, 157, 158.
⑥ Edward W. Spencer, *The General Law of Suretyship*（Including Commercial Non-commercial Guarantees and Compensated Corporate Suretyship）, Chicago Callaghan and Company, 1913, 161, 162.
⑦ Post, secs. 138, 139; Carter v. Black, 4 Dev. & B. Law（N. Car.）425; Hill v. Wright, 23 Ark. 530; White v. White, 30 Vt. 338……转引自 Edward W. Spencer, *The General Law of Suretyship*（Including Commercial Non-commercial Guarantees and Compensated Corporate Suretyship）, Chicago Callaghan and Company, 1913, 157.

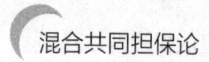

第三节 对其他担保人的代位追偿权

为弥补向债务人求偿不能的风险,给予担保人更有力的权利救济保障,在赋予为清偿的担保人对债务人的求偿权基础上,很多国家与地区立法例均赋予了担保人通过代位行使债权人的债权及其从属性权利向其他担保人进行追偿的权利。

一、担保人之间的法律关系——责任的连带性

(一)观点争鸣

在担保法研究领域,对于混合共同担保人之间的法律关系问题,不乏有见地的观点。

1. 无法律关系说

从我国《担保法》针对第28条关于物保责任优先于人保的条文解释中可以看出,立法者并不认为在混合共同担保中,物上保证人与保证人之间具有直接的法律关系。[①]不仅如此,国内有相当数量的学者也认为,二者之间因不存在直接的法律关系,故不享有相互进行追偿的权利。

2. 有间接法律关系说

且不说德国民法直接将共同担保人(包括物上保证人与保证人)作为承担连带责任的共同债务人看待,我国也有不少学者认为二者之间存在着一定的间接法律关系。如史尚宽教授认为,二者在混合共同担保中处于平等地位,

---

① 胡康生:《中华人民共和国物权法释义》,法律出版社2007年版,第381–382页。

在债务责任的承担上并无相互补充之义。① 郑玉波教授也认为，二者地位并无差别，债权人有权在二者中自由选择行使债权。② 高圣平教授则进一步认为，在混合共同担保中，物上保证人与保证人的关系与共同保证人关系类似，原则上成立连带责任关系，例外地依约成立按份责任关系。③

笔者也赞同关于混合共同担保中，在坚持人保与物保平等原则前提下，保证人与物上保证人之间在责任上存在连带性的观点。

（二）混合共同担保人之间责任的连带性

1. 担保人之间责任的连带属性

黑克将债权人诙谐地称为"法律上的老爷"，意为债权人有权在连带债务人中进行自由选择，哪怕只有一人具有给付能力，债权人的债权也能最终实现，因为每个连带债务人都是以其全部财产对全部债务负有清偿责任。④ 从多数国家民法对连带债务及责任的规定分析，连带责任具有以下特征：

（1）有两个以上的责任人

在连带责任当中，必然有两个以上的对同一债务负有给付义务的人，否则连带就缺乏最基础的前提。

（2）任一责任人均有义务偿付全部债务

连带责任中，债权人有权在责任人中自由选择其中一个、部分或全部责任人主张清偿部分或全部债务，被主张权利的责任人有义务为相应的清偿。一个或部分责任人为全部清偿后，其他责任人的债务清偿责任随之得以免除。

（3）已为清偿的责任人有权向其他连带责任人进行追偿

某个或部分责任人在清偿了部分或全部债务后，有权就所清偿的超过其应担部分，向其他连带责任人进行追偿。其他连带责任人均有责任根据各自

---

① 史尚宽：《物权法论》，中国政法大学出版社2000年版，第860页。
② 郑玉波：《民法债编各论》（下），台湾地区三民书局1986年版，第845页。
③ 高圣平：《担保法论》，法律出版社2009年版，第70—72页。
④ ［德］迪特尔·梅迪库斯：《德国债法总论》，杜景林、卢谌译，法律出版社2004年版，第537页。

应担份额向已为清偿的责任人进行偿付。

在人保与物保责任顺序相对平等原则下，物上保证人与保证人在责任承担上亦处于相同顺位，债权人在他们之间享有自由选择权，由此可以得出结论，即混合共同担保人之间的责任已经具有了连带责任的属性。其实，在对待混合共同担保人之间责任的关系上，《德国民法典》与《欧洲示范民法典草案》均明确规定，他们之间的责任承担与追偿均适用该法典中关于连带债务人的相关规定。足以见得，上述立法者将混合共同担保人之间的关系作为连带债务关系予以对待。

2. 混同共同担保人之间是否应当具有共同担保的意思联络

刘保玉教授指出，从类型划分角度看，共同担保可分为有意思联络的共同担保和无意思联络的共同担保两种类型。有意思联络的共同担保，即数个担保人有共同提供担保的合意。对于数个担保人无提供共同担保意思联络的情形，是否构成共同担保并适用共同担保相关规则，学界存在不同看法。① 刘保玉教授认为，共同担保的构成不需要数个担保人之间有共同担保的意思联络，只要同一债务客观上存在两个以上的担保即可。②

所谓意思联络，通常适用于共同侵害第三人合法权益的侵权行为与犯罪行为当中。德国通说与法院判例均认为，共同加害行为必须以意思联络为基本构成要件。③ 意思联络表明，多数加害人在共同实施侵害他人权益的行为中，不仅有共同追求的目标，相互意识到彼此的存在，且客观上也为达到此目的而付出了共同的努力——各自承担了一定数量的、相互之间有一定联系的行

---

① 刘保玉：《第三人担保的共通规则梳理与立法规定的完善》，载《江西社会科学》2018年第10期，第7-8页。
② 刘保玉：《担保物权制度：〈理解适用与规则完善（上）〉》，载《山东审判》2017年第3期，第11-12页。
③ 程啸：《论〈侵权责任法〉第八条中〈共同实施〉的涵义》，载《清华法学》2010年第2期，第48-49页。

为部分,即共同的意志产生了共同的原因。[①]本书认为,与侵权法乃至刑法注重行为人的主观意志不同,担保法领域更多的是强调交易的安全与效率,对权利的侵害也仅限于财产性权益,担保人提供担保普遍是基于担保合同,法律价值的选择亦更多的体现在各方当事人利益的平衡上,故在同一债务存在多个担保尤其是数个不同类型担保时,应当充分尊重债权人多个担保权利并存的事实,并在坚持人保与物保责任顺序平等的原则下,将混合共同担保构成的标准尽量的客观化,适才符合担保法作为交易法的原始属性。因此,担保人之间的意思联络并不是混合共同担保构成的必要条件。

3. 混合共同担保人之间的内部关系——平等的利益共同体

既然混合共同担保人之间的责任具有了连带性,那么,就担保人内部关系而言,应当认为,所有担保人(债务人除外)构成了一个统一的、平等的利益共同体,一个或部分担保人清偿了全部债务将使整个利益共同体的债务清偿责任得以免除,其中自然包括其他担保人的清偿义务与责任,后者因他人的清偿行为而受有利益;另一方面,整个利益共同体中每个担保人的权利义务应平等(当事人另有约定除外),既共享利益,又均担不利益(即损失)。根据该平等原则,由于部分担保人使利益共同体的全部债务得以免除而付出的代价与所受损失超出了其理应承担的范围,所以其有权就超出部分向其他担保人进行追偿,其他担保人均有义务在各自应担责任范围内向为清偿的担保人进行偿付。

二、担保人间损益共担的实现路径——代位清偿

在平等或相对平等主义原则下,混合共同担保人之间在责任承担上存在着紧密的连带性,该种连带关系映射在具体的制度与规则设计上,便形成了

[①] 参见 Staudinger-Belling/Ebel-Borges,Staudinger Kommentar zum Buergerlichen Gesetzbuch,Berlin Sellierde Gruyter 2008. §830 Rn.1. 转引自程啸:《论〈侵权责任法〉第八条中"共同实施"的涵义》,载《清华法学》2010年第2期,第48-49页。

担保人在承担清偿责任后与其他担保人之间的代位追偿这一实现路径。事实上，担保人因代为清偿债务而享有代位行使债权以及向其他担保人进行追偿的权利，其实质系民法代位清偿制度在担保法律关系中的体现。

（一）代位清偿的概念及内涵

代位清偿制度是一项古老的制度，起源于古罗马法，其前身来源于罗马法上的"诉权让与之利益"制度，即连带债务人或保证人为清偿时，可以请求债权人将诉权移转之。① 通常情况下，债务人负有向债权人清偿债务的义务，但法律也允许债权合同当事人以外的第三人代债务人履行清偿责任，当然，法律对此种第三人的代位清偿设定了相应的条件和代位行使债权的法律效果。②

1. 概念比较

关于代位清偿的概念，不同学者和立法例根据各自实际，从不同视角作出了诠释。日本我妻荣教授认为，第三人清偿完成时债权消灭，但该第三人取得对债务人之求偿权时，为实现求偿权，因清偿而消灭的债权及附随的担保权等全部转移至清偿人一方。③ 我国台湾地区黄麟伦先生认为，代位清偿是指，由债务人以外的人为债务人清偿债务后，基于债权人同意或法律规定，而取得债权人的权利，可以以自己的名义行使之。④ 结合通常立法例，代位清偿是指第三人代为清偿债务后，依约或依法取得债权人的相关权利，并以自己名义向债务人及相关责任人行使债权及其从属权利的制度。

美国有学者这样定义代位清偿：代位清偿（Subrogation）或代位清偿权

---

① 黄麟伦：《代位清偿制度研究》，我国台湾地区"司法院"秘书处1998年版，第1-2页。
② [意]彼德罗·彭梵得著：《罗马法教科书》，黄风译，中国政法大学出版社1992版，第319页。
③ [日]我妻荣著：《我妻荣民法讲义Ⅳ——新订债权总论》，王燚译，中国法制出版社2008年版，第216-220页。
④ 黄麟伦：《代位清偿制度之意义与机能》，载《民法研究（6）》，学林文化事业有限公司2003年，第7页。

（the Right of Subrogation）是指，处于第二顺位的债务清偿责任人，在代为清偿债务后即取得了原债权人地位，以便于其通过行使原债权人所享有的担保权（Sureties）和救济权（Remedies），从而行使并实现自身因代为清偿债务而产生的追偿权（Exoneration）或者损失补偿权（Indemnification），或者就超过其应当承担的担保责任范围之外的清偿额（Contribution）向与其处于同样顺位的责任人进行追偿。① 换言之，代位清偿人在清偿债务后，即取得原债权人的地位和相应的权利，一方面有权向主债务人进行求偿，另一方面也有权向其他负有债务清偿责任的人就其应当承担的责任范围进行追偿。代位清偿法律关系映射到混合共同担保中，即产生了已承担担保责任的担保人通过代位行使原债权人权利，实现对主债务人的求偿权以及通过代位债权人权利对其他担保人就各自应承担责任份额内的追偿权。其实，英美衡平法中担保人的代位清偿权（the right of subrogation）实际上仅包括了对债权人的代位权和对其他担保人或义务人的追偿权。至于代位清偿的担保人对债务人的损害赔偿权（indemnity）则是普通法上的权利，与代位追偿权在一定程度上形成了竞合。

2. 制度内涵

（1）逻辑构成

事实上，从制度内涵看，代位清偿制度分为清偿、追偿与代位三个方面。清偿，系第三人代债务人为消灭债权的目的而为之给付，旨在促使债权人债权得以实现；追偿，系第三人在代为清偿债务后，就其因清偿债务所受损失向主债务人或其他责任人主张补偿；而代位，则系法律为第三人代为清偿后的损失补偿创设的法律救济手段，旨在通过将债权人的债权以直接或间接方式转移至第三人而保障第三人合法利益得到平衡及有效的保护。

---

① Edward W. Spencer, *The General Law of Suretyship* (Including Commercial Non-commercial Guarantees and Compensated Corporate Suretyship), Chicago Callaghan and Company, 1913, 176.

（2）清偿人的法律地位

代位清偿制度中的清偿第三人，通常是与债的履行有利害关系的第三人。史尚宽先生认为，与债的履行有利害关系第三人，是指因清偿当然受有法律上之利益者。① 孙森焱教授也认为，与债的履行有利害关系第三人是指对债的履行负有特定清偿义务，或者其利益会因债的履行而受到影响的人，而该特定义务或利益影响是由于第三人与债权人或债务人具有特定的法律关系而产生。② 其为清偿时，须在法律上存在利害关系。存在"利害关系"是指，就债的履行有法律上的利害关系，即其本身并不负债务，只是因债务的清偿而必然受有法律上的利益，如果债务不清偿，则其必然受到法律上的不利益。英美法系国家也有同样的规定。衡平法院通过判例认为，只有按照债权人或债务人要求，或者作为担保人，又或者为了充分保护自身权利而不得不被迫代为清偿债务的人，才能享有代位清偿权（subrogation）；志愿代为清偿债务的人（volunteer），则不应享有。③ 虽然表述上有所不同，但这与大陆法系关于与债的履行有利害关系的第三人的实质是相同的。

担保人作为与债的履行有利害关系第三人的典型，当然适用代位清偿制度。担保人在清偿债务后，不仅享有代位追偿权，而且属于法定代位，并不以债权人或债务人的意志为转移。

（二）代位清偿的本质属性

关于代位清偿制度的本质，在大陆法系和英美法系的研究与实务过程中，出现过以下五种比较流行的学说。

1. 债权买卖说。该学说认为，从行为目的看，代为清偿第三人不是为了清偿而清偿，其主要目的是为了通过清偿债务而取得债权人的债权。从目的

---

① 史尚宽：《债法总论》，中国政法大学出版社2000年版，第806-807页。
② 孙森焱：《民法债编总论（下）》，法律出版社2006年版，第840页。
③ Acer v. Hotchkiss, 97 N. Y. 395, 403; Gould v. Thidme, 93 N. Y. 225, 232; Brice v. Watkins, 30 La. Ann. 21; Weil v. Enterprise Ginnery & Manuf. Co.（La.）, 7 So. Rep. 622; Wadsworth v. Blake, 43 Minn. 509.

实现角度出发，法律必当规定，在债权人债权实现的同时，该债权并不必然消灭，而是因移转于清偿人而继续存续。有学者认为此种观点有诸多不足，如在因抵销、更改、混同而产生的代位关系中，债权买卖的目的就根本不存在。此种学说影响范围较为有限。

2.赔偿请求权说。该学说认为，代为清偿第三人清偿债务后，因代为清偿债务遭受损害，根据法律规定在遭受损害范围内获得了相应的赔偿请求权。该赔偿请求权是与原债权不同的、一种全新的权利。有人提出，此种学说有几个弊端：一是如果认为清偿人因此享有一种全新的债权，那么，在原债权的诉讼时效即将到期前发生了代位清偿时，清偿人因获得新的债权（赔偿请求权）可以达到变相延长原债权时效的实际效果，势必会对债务人及其他债权义务人的时效利益产生重大影响，对各方当事人是否公平？二是如果以赋予清偿人新的债权论，那么对于原债权上的瑕疵，必定将不会承继，此种制度安排对债务人是否公平，也存在问题。

3.债权拟制转移说。该学说认为，债权虽因第三人代为清偿而消灭，但由于法律拟制使债权继续存在，并且法律规定该债权移转于清偿人。也有学者认为原债权虽因第三人代为清偿而消灭，但该债权的从权利，尤其是担保权利则因清偿人行使偿权的需要而依法移转于清偿人。按照这种观点，可推知债权的从权利发生法定转移乃是基于法律将之作为实现代为清偿人求偿权的一种有力手段的初衷，此种担保等从权利的法定移转，类似于抵押权次序的让与。然而有学者则指出，该学说违反了债法基本原理，即主债权既已消灭，从权利必因无主权利依附而无正当理由继续存续。在英美法系，也有学者认为，债务虽然已被清偿，但（债权）却会为了确保清偿人取得债权人地位而继续存在。①

4.债权法定转移说。该学说认为，根据法律规定，第三人代为清偿后，

---

① Charles Fisk Beach, Jr, *Commentaries on Modern Equity Jurisprudence as determined by the Courts and Statutes of England and the United States* (1982), New York: Baker, Voorhis and Company 1892, 868.

债权人的债权直接移转于该第三人。债权因清偿仅在债权人与债务人间相对地消灭，并为保障清偿人求偿权的实现而继续在清偿人（新债权人）与债务人之间存续。基于此，有学者认为原债权系服务于求偿权实现目的的信托的债权让与。故清偿人仅得于其清偿范围内代位行使原债权及其从权利，债务人之原债权人所得行使的抗辩事由，均可向作为新债权人承继原债权的清偿人行使，且清偿人也不能将该债权与求偿权分离而单独将其让与第三人。[①]该学说因其债权法定转移的特性，成为当前比较流行的学说，不仅如此，在大陆法系，有不少国家立法例均采用了该观点。

5.代理人管理说（委托说）

英美法衡平法院则基本就债权人作为担保人权利的代理人达成了共识。如前文所述，他们认为混合共同担保中的担保人自担保合同签订或担保法律关系成立时起，即开始对债务人的债务承担代为清偿的责任，一旦债务人不能清偿债务，共同担保人中的一个、部分或全部将会面临债权人要求清偿的主张。而对于任何一个担保人而言，基于衡平法赋予其的代位清偿权，其可以通过代位行使债权人所享有的所有权利包括其他担保权来补偿其所受到的损失。因此，从这个角度讲，只要担保人的担保责任存续，就该债务享有着其他担保权利的债权人其实是作为代为清偿债务后的担保人的代理人（trustee）[②]，应尽到代为管理并维护好其所享有的担保权利或担保物的合理注意义务，以确保担保人在清偿债务后可以就其他担保行使权利，从而补偿自己的损失。如果债权人违反了这种合理注意和管理义务，如在未经保证人同意的情况下丧失或放弃担保的，保证人在其放弃担保的范围内免除保证责任。[③]

（三）代位清偿的制度价值

代位追偿规则在承担连带责任的法律关系当中普遍存在，如侵权、保险

---

① 王轶：《代为清偿制度论纲》，载《法学评论》1995年第1期，第19—24页。
② Taylor v. Scott, 62 Ga. 39; Hardin v. Eames, 5 Ill. App. 153; Phares v. Barbour, 49 Ill. 370; Kesler v. Linker, 82 N. C. 456.
③ Post, secs. 245 et seq.

和担保等领域。在担保领域，担保人代位清偿的具体规则尽管在不同国家或地区的民法中体现为不同的设计模式，但其制度价值基本一致。

1. 促进债权人债权实现

代位清偿制度将非债权债务合同当事人的第三人引入债务清偿关系，对于债权人而言，为其债权的实现增加了一层保障。债权人关心的是其债权得到满足与实现，只要对其债权的实现有利无弊，只要不是债务人专属债务，不论是债务人或第三人为清偿，一般均可接受。当债权实现后，债权及其从属性权利，如诉权、担保权利等，于债权人而言已无实际意义，即使将之转移至他人，对其利益亦几无影响。此时，从某种程度上看，债权人已经有了退出原债权债务关系的理由。

2. 为清偿人利益补偿提供可靠途径

第三人为清偿后，在代为清偿债务范围内或者债权因代为清偿所消灭范围内，可享有对债务人的求偿权。然而，上述法律关系产生的求偿债权仅为普通债权，并无优先受偿待遇，一旦债务人不能清偿，第三人即面临损失无法挽回的巨大风险。代位清偿制度通过将债权人的债权及其从属性权利移转至代为清偿第三人，允许该第三人以自己名义行使之，尤其是在原债权附带有担保权利时，第三人可通过代位行使该担保权利，使其求偿权间接享有了优先受偿地位。代位清偿制度创设的目的，是通过为第三人在代为清偿后主张并实现利益补偿提供可靠手段和途径，鼓励第三人积极代债务人清偿债务，进而提高交易信用，维护交易安全。此种价值与混合共同担保人之间的代位追偿所追求的目标不谋而合。

3. 有效平衡各方利益

代位清偿制度还是交易各方利益的平衡器。在债务人无法清偿到期债务时，第三人代为清偿了债务，使债权得以满足，债权人交易目的得以实现，债务人对债权人的债务消灭。对于代为清偿第三人，其本可以向债务人行使求偿权，但现实中，债务人往往系因无力清偿债务才引起代位清偿，故第三人向债务人求偿的风险会很大。在没有代位的情况下，代为清偿第三人仅仅是债务人的普通债权人，即使原债权具有担保权等从属性权利，该第三人也无权行使，这样导致的结果往往是债权人因代为清偿而实现债权，债务人因此而获利，债权的其他担保人因此得以免除其担保义务，代为清偿第三人成为当中唯一的义务履行者和利益受害者，如此必定严重打击第三人提供担保的积极性。然而，在赋予第三人代位权的情形下，已为清偿的第三人有权以自己名义行使原债权及其担保权等从属性权利，其完全可以通过直接向债务人行使求偿权，或者向债权的担保义务人、其他从属性权利的义务人行使该权利来弥补因代为清偿所受之损害，而其他义务人则在各自应承担责任范围内承担相应责任。如此一来，各方利益得以有效平衡，代为清偿第三人积极性得以提高。英美国家法院判例也表明，建立在衡平正义基础上的代位清偿规则，必须兼顾到他人的公平，且不得损害他人的平等利益。[①]

笔者认为，如果说在担保制度发展早期，立法者和司法者更倾向于保护债权人的债权能够得到最大程度实现的话，那么，在担保制度发展到当今高度活跃的市场经济阶段，在践行法的过程中确保担保各方当事人利益的平衡与公平的价值应当被提到应有的高度。同理，代位追偿在现在及今后很长一段时期，其作为担保法中的一项重要的、带有强烈实践操作性的当事人利益平衡手段，也应当将权利的平等保护和实现实质正义作为重要的制度价值予以实施。因此，笔者非常赞同英美法用衡平法的"自然正义"作为担保人代位追偿规则的灵魂基础和根本原则。

三、混合共同担保人适用代位清偿制度的立法比较

日本学者梅谦次郎认为，当债权人已获清偿，其原有权利已无必要，而清偿人为他人清偿，假如认为其只须依据不当得利的原则对债务人行使求偿

---

① McGinniss' Appeal, 16 Pa. St. 445; Wilkinson v. Babbitt, 4 DI11on, 207; WI11iams v. Aylesbury Ry. Co., L. R. 8 Ch. 684.

权，因求偿权通常并无担保，因此可能有蒙受损失的可能。① 美国的 Matthews 法官在其判决中也曾指出，这项规则（代位清偿 subrogation）源自担保各方当事人之间关系的自然且必要的正义（equity）需求。该规则虽然并非由合同约定而来，却无疑乃订立合同各方目的之所在。② 正是基于此，代位清偿实施的整个过程也都是围绕公平原则所展开。③ 正如有法官所言，代位清偿案件的审理，不得违反"公平（equity）"与"良知（good conscience）"。④

下文将通过比较的方法，对两大法系中混合共同担保人适用代位清偿制度进行代位追偿的具体规则进行探讨。

（一）代位追偿的规则设计及其规范模式

在担保人之间代位追偿的具体规则设计上，不论大陆法系还是英美法系，相当一部分国家民法都采用了同一种模式——代位清偿，如德国、法国、意大利、日本、英国、美国等。然而，正确理解担保人代位清偿制度的本质属性，是构建担保人代位清偿机制的基本前提和重要基础。不仅如此，不同学说的采纳，直接影响着一国或地区相关法律制度的具体设计。

1. 民法代位清偿制度的规范模式

正是因为代位清偿制度在债权人、债务人和代为清偿第三人之间的关系与利益平衡上发挥了非常积极的作用，故其普遍受到各国和地区立法的亲睐。德国、法国、日本和我国台湾地区等均在各自民法中建立了代位清偿制度，不仅如此，不少英美法系国家也在民法中建立了代位清偿制度，可见该制度在各国民法中发挥着相当重要的作用。在上述大陆法系国家立法中，通常是

---

① 黄麟伦：《代位清偿制度研究》，我国台湾地区"司法院"秘书处1998年版，第3页。
② Per Matthews, J., in Hampton v. Phipps, 108 U.S. 260. See also the extended discussion in Lumpkin v. MI11s, 4 Ga. 343.
③ Edward W. Spencer, Jr, *Commentaries on Modern Equity Jurisprudence as determined by the Courts and Statutes of England and the United States* (1982), New York: Baker, Voorhis and Company 1892, 179–180.
④ Justice Elliot in the opinion on petition for rehearing of Pence et al. v. Armstrong et al. (1883) 95 Ind. 191, 205.

将担保人代为清偿债务后代位行使债权人的债权及其相关权利作为代位清偿制度的重要组成部分予以规定，或是直接将之具体化为担保法关于担保人相关权利的具体规定。而在英美法系国家，代位清偿制度则被认为是建立在自然正义基础之上的①、旨在在各方当事人之间实现公平正义的一种救济手段②，故更多地由衡平法院通过判例来确立具体规则，其在形式与规范上与普通法存在明显区别。③

从各国和地区立法例看，《德国民法典》和我国台湾地区"民法"的代位清偿制度中，均仅规定了与债的履行有利害关系的第三人作为清偿代位人的情形，即仅承认法定代位清偿。而以法国为代表的部分国家，则同时承认约定代位与法定代位。

2.代位清偿制度在担保法律关系上的具体适用模式比较

两大法系国家的担保立法均在担保人为清偿后的权利救济方面，引入了代位清偿制度的适用，换言之，立法者将民法代位清偿制度具体化于担保法律制度中。

（1）"两权并用"模式

债权法定移转说是当前比较通行的观点，同时也对很多国家和地区的立法例产生了深远影响。其中，法国、日本和我国台湾地区的民法，在赋予代为清偿的担保人对债务人求偿权的同时，为确保其求偿权的实现，又将原债权法定移转于该担保人，赋予其代位行使债权人的债权及其从属性权利的权利，从而最终实现各方当事人利益的平衡。

1）法国

《法国民法典》在1249-1252条规定了代位清偿制度，包括约定代位与法

---

① Mosier's Appeal, 56 Pa. St. 76; Hoover v. Epler, 52 Pa. St. 522; Springer v. Springer, 43 Pa. St. 518.
② Pease v. Eagan （N.Y.）, 30 N. E. Rep. 102; Arnold v. Green, 116 N. Y. 566; Gaus v. Thierne, 93 N. Y. 225; Cottrell's Appeal, 33 Pa. St. 294.
③ Mosier's Appeal, 56 Pa. St. 76; Hoover v. Epler, 52 Pa. St. 522; Springer v. Springer, 43 Pa. St. 518.

定代位。第 2028 条规定了保证人对债务人的求偿权，而第 2029 条[①]则规定了担保人为清偿后所享有的代位追偿权。由此可见，担保人清偿债务后，债权人的从权利可依法由该担保人代位行使，担保人可依债权人的从权利最大限度地保障自己的求偿权。很明显，担保人的代位追偿权属于法定代位。

2）日本

《日本民法典》在"债权"编规定了代位清偿制度，包括任意代位与法定代位，其中第 501 条对代位清偿的效力作出了明确规定，赋予了清偿人"在基于自己权利可以求偿的范围内，行使债权人享有的、作为债权效力及担保的一切权利"。[②]该法典还在"债权"编"多数当事人的债权及债务"一节对"保证债务"进行了规定，其中第 465 条规定了共同保证人之间的求偿权，并且明确了该节关于连带债务人之间责任承担的规定准用于数个保证人。[③]同时，该法典第 392 条也以比较委婉的方式规定了共同抵押人清偿债务后所享有的代位追偿权。[④]由此可见，日本民法既有关于代位清偿的一般规定，又有共同担保人之间的相互进行代位追偿的具体规定。这种制度设计，从本质上看也是从债权法定转移说出发，通过法律规定直接赋予已为清偿的担保人得以自己名义行使原债权及其从属性权利的权利。在上述立法例中，清偿人（担保人）通过代位权和求偿权两种权利并用，即可实现其因代为清偿而对债务人享有的债权。

3）我国台湾地区

我国台湾地区"民法"在"债编"的"清偿"一款中规定了代位清偿制

---

① 《法国民法典》第 2029 条规定："已经清偿债务的保证人，代位取得债权人对债务人的所有权利"。罗结珍译：《法国民法典》，北京大学出版社 2010 年版，第 1476 页。
② 王爱群译：《日本民法典》，法律出版社 2014 年版，第 87 页。
③ 王爱群译：《日本民法典》，法律出版社 2014 年版，第 76-81 页。
④ 第 392 条规定："债权人在担保同一债权的数个不动产上有抵押权，且可以同时接受其代价分配的，则不动产按其价额，分别负担起渣权。""可以只受某不动产代价分配的，抵押权人可以就该代价，受债权的全部清偿。这种情形下，下一顺序的抵押权人，可以在上述抵押人按照前款规定应就其他不动产受偿的金额限度内，代位行使其抵押权。"王爱群译：《日本民法典》，法律出版社 2014 年版，第 66 页。

度。学界将第三人因清偿而取得债权人的权利称之为"债权承受权"。"民法"第 312 条就代位清偿作出了规定,第 749 条和第 879 条则就担保人的债权承受权进行了具体规定。① "民法"在就代位清偿作出一般规定的同时,又在保证和担保物权的相关章节分别就保证人和物上保证人所享有的代位追偿权进行了具体规定。

(2)"单权行使"模式

《德国民法典》则采用了更为简单、直接的做法,即法律规定在清偿人代为清偿债务后,原债权及其从属性权利直接移转于该清偿人,其取代原债权人成为债务人新的债权人。在此种立法例中,清偿人可通过直接行使原债权及其从属性权利的方式,直接向债务人主张权利。该法典第 426 条第 2 款规定了连带债务人为清偿后,直接取得债权人对其他债务人的债权。在保证制度中,该法典第 774 条②同样规定了法定的债权移转。由此可见,不同于法国及我国台湾地区,根据德国民法,共同保证人之间的责任承担,是依照第 426 条关于连带债务人清偿后实现债权法定移转的规定来处理,由此设计了清偿第三人通过清偿依法直接取得债权的制度;在此基础上,又将该规则同样适用于共同保证人(包括人保与物保)等代为清偿第三人,使其在代为清偿债务后可享有与连带债务人相同的地位和权利。

(3)"多权行使"模式

《意大利民法典》在抵押权一节明确了除债务人以外的物上保证人,在

---

① 我国台湾地区"民法"第 312 条规定:"就债之履行有利害关系之第三人为清偿者,于其清偿之限度内承受债权人之权利,但不得有害于债权人之利益。"第 749 条规定:"保证人向债权人为清偿后,于其清偿之限度内,承受债权人对于主债务人之债权。"第 879 条规定:为债务人设定抵押权之第三人,代为清偿债务,或因抵押权人实行抵押权致失抵押物之所有权时,该第三人于其清偿之限度内,承受债权人对于债务人之债权。引自黄荣坚、詹森林、许宗力、王文宇编纂:《月旦简明六法》,台湾地区元照出版有限公司,2011 年第 21 版,三-29、三-60、三-92。

② 《德国民法典》第 774 条规定:"如果保证人向债权人清偿,则债权人对主债务人的债权移转于保证人","由主债务人与保证人之间的法律关系所产生的主债务人的抗辩权不受影响","共同保证人之间仅根据第 426 条的规定负其责任。"郑冲、贾红梅译:《德国民法典》,法律出版社 1999 年 5 月第 1 版,第 185 页。

履行或被强制履行担保责任后，享有三方面的权利：一是对债务人的求偿权，二是对债务人的保证人在其相应份额内的代位追偿权，三是对于债权人所享有的其他担保物权享有"次代位权"。① 不仅如此，根据该法典第1949条② 可推知，保证人因清偿而享有的债权人对债务人的权利，应当包括担保权。

（4）英美法规范模式

由于代位清偿在英美法中更多属于衡平法范畴，乃实践中产生的法，其很多规则均出自于法院判例，故根据众多法院判例与学者研究，可以认为该项制度也基本赋予了代为清偿的担保人以下救济性权利：

1）求偿权——indemnity

英美法上的担保人在代为清偿债务后，对主债务人享有补偿请求权即求偿权（the right of indemnity）。求偿权既是普通法上的一种契约性权利，也是衡平法上的权利。③ 普通法认为，债务人对代为清偿债务的担保人的补偿义务主要产生于其在担保合同中的默示承诺。④

2）代位追偿权——subrogation

在英美法中，代位清偿（subrogation）是指，对于出于必要的强制性义务或者维护自身利益需要，为债务人清偿债务的担保人，取代债权人的地位并得以行使债权人的债权、担保权、利益和其他优先权等在内的与该债务有关的所有权利。⑤ "subrogation"一词在表示权利时，又指担保人（surety）相互之间享有的代位追偿权。在法院看来，债务虽然已被清偿，但为了确保为清

---

① 费安玲等译：《意大利民法典》，中国政法大学出版社2004年第1版，第748-770页。
② 《意大利民法典》第1949条规定："清偿了债务的保证人，取得债权人对债务人的代位权"。费安玲等译：《意大利民法典》，中国政法大学出版社2004年第1版，第459页。
③ Earl C. Arnold, Outlines of Suretyship and Guaranty, Chicago Callaghan and Company 1927, 239.
④ Earl C. Arnold, Outlines of Suretyship and Guaranty, Chicago Callaghan and Company 1927, 241.
⑤ Charles Fisk Beach, Jr, Commentaries on Modern Equity Jurisprudence as determined by the Courts and Statutes of England and the United States (1982), New York: Baker, Voorhis and Company 1892, 868.

偿的担保人的债权人地位而被视为继续存在。在债权得到实现之前，债权人被看作是代为清偿担保人的债权的代理人，只是代为管理好该债权而已。法院在 McNeil 诉 Miller 一案中阐述到，出于公平考虑，代为清偿了债务的人应当可以替代或取代债权人的地位；代位追偿的实质是一种公平的救济手段，而且是一种独立于合同法律关系的、不拘泥于形式的对各方当事人之间实质正义的维护。①

在英国，早期的法律并未赋予代为清偿的担保人就债务的其他担保主张代位清偿，理由是其他担保已随债务的消灭而消灭。②但是，直到1856年颁布的《商法修订法案》改变了这一做法，赋予了清偿债务的担保人代位追偿权，使其得以代位行使债权人的所有权利，包括担保权。③在美国，绝大多数州以及司法权威也基本倾向于这种做法。④以担保为例，正如 Brougham 法官在 Hodgson v. Shaw⑤ 一案中阐述的："此规则（subrogation）是毫无疑问的，并且是建立在自然正义的最简单原则基础之上的。为达到（对担保人的）补偿救济的目的，理应让（承担了担保责任的）担保人获得债权人地位及其对债务人所享有的包括债权、担保权和其他所有给付请求权在内的全部权利。而这种代位的权利更多地产生于衡平利益（即公平正义），而非产生于合同或准合同，除非这种正义被引入了某项交易，并进而成为该交易合同的应有

---

① McNeil v. Miller（W. Va.），2 S. E. Rep. 335.
② Forbes v. Jackson, L. R. 19 Ch. D. 615; Fergusson v. Gibson, L. R. 14 Eq. 379.
③ Mercantile Law Amendment Act, 19 and 20 Vict, ch. 97, sec. 5.
④ Townsend v. Whitney, 75 N. Y. 425; Alden v. Clark, 11 How, Pr. 209; Lumpkin v. MI11s, 4 Ga. 343; Cottrell's Appeal, 23 Pa. St. 294; Richter v. Cummins. 60 Pa. St. 441; Wright v. Grover & Baker S. M. Co., 82 Pa. St. 80; Grove v. Brien, 1 Md, 438; Neal v. Nash, 23 Ohio St. 483; Neilson v. Fry, 16 Ohio St. 552; Braught v. Griffith, 16 Iowa, 26; Johnston v. Belden, 49 Iowa, 301; Manford v. Firth, 68 Ind. 83; Connelly v. Bourg. 16 La. Ann .108.
⑤ 3 Myl. & K. 183.

之义。"[1] 担保人就其因代位清偿产生的求偿权和代位追偿权，享有独立的诉权。[2] 在美国，代位清偿也分为法定的代位清偿与约定的代位清偿。[3]

在美国，衡平法通过代位清偿制度（Subrogation）给予了担保人最大的保护和救济。具体体现在：1）取得债权人针对债务人所享有的一切权利、救济和担保[4]；2）一旦为清偿，担保人即自签订担保合同时便享有上述债权人的权利，即产生溯及至担保合同生效时的效力[5]；3）任何人不论是从债务人还是债权人处取得担保人所享有的、原属于债权人的权利或担保时，都有义务为了担保人的利益而"小心持有"[6]；4）即使担保人订立担保合同并开始承担担保责任时，并不依赖于债权的其他担保，甚至不知道它们的存在，均不影响其取得这些权利[7]；5）即使是债权人从债务人处取得的所有担保物，都应以担保人的利益为中心[8]；6）衡平法还赋予了担保人在向政府（债权人）为清偿后取得政府所享有的相应的优先权[9]。

---

[1] 3 Myl. & K. 183. Quated from Edward W. Spencer, *The General Law of Suretyship Including Commercial and Non-Commercial Guarantees and Compensated Corporate Suretyship*, Chicago Callaghan and Company 1913, 176–177.

[2] Dunlop v. James, 174 N. Y. 412, 415, 30 Abbott's N. C. 176, note. See also Rollins v. Taber, 25 Me, 144; Grantte Nat. Bank v. Fitch, 145 Mass, 567, 1 Am. St. R. 484; Edgerly v. Emerson, 23 N. H. 555, 55 Am. D. 207; Hidden v. Bishop, 5 R. I. 29.

[3] Joyner et al. v. Reflector Co. (1918) 176 N. C. 274, 97 S. E. 44, 46; Seeley v. Bacon (1896) Ct. Chancery N. J. 34 Atl. 139, 140; Stearns on Suretyship (1922, 3d. Ed.) See. 260.

[4] Darst v. Bates, 95 Ills. 493; Conway v. Strong, 24 Miss. 665; Chrisman v. Harman, 29 Gratt. (Va.) 494; Cullum v. Emanuel. 1 Ala. 23; Dunlap v. O'Bannon, 5 B. Mon. (Ky.) 393; Storms v. Storms, 3 Bush (Ky.), 77; Ghiselin v. Fergusson, 4 Harr. Johns. (Md.) 522; Cottrell's Appeal, 23 Penn. St. 294.

[5] McArthur v. Martin, 23 Minn. 74; Wood v. Lake, 62 Ala. 489.

[6] Atwood v. Vincent, 17 Conn. 575; Norton v. Soule, 2 Greenl. (Me.) 341; Greene v. Ferrie, 1 Desaus. Eq. (So. Car.) 164; Drew v. Lockett, 32 Beav. 499.

[7] Lake v. Brutton, 8 De G., M. & G. 440.

[8] Kirkman v. Bank of America, 2 Coldw. (Tenn.) 397; Newton v. Chorlton, 10 Hare, 646.

[9] Hunter v. United States, 5 Peters, 173, 182; Richeson v. Crawford, 94 Ills. 165; Regina v. Salter, 1 Hurls. & Norm. 274.

3)分配请求权——contribution

英美法上担保人的分配请求权(contribution),也是衡平法上的一项权利。它是指,共同担保人中的一人清偿了全部债务,其他担保人则被强制性地共同补偿该担保人所支付的超过其应担责任份额的数额。[1] 这项规则最开始是在衡平法院建立并施行,但后来在普通法法院审理的保证案件或混合共同担保案件中也建立并实施起来,而且这种规则在普通法法院被当作建立在"合同默示条款理论"基础上的规则。[2] 尽管分配的原则有时产生于合同默示条款,并且分配的诉权也产生于法定救济,但随着市场经济的发展及其对交易主体间实质正义的需求提升,法院越来越倾向于用平等(equitable)原则来看待此项权利,从而缓解乃至消除普通法规则对当事人之间权利调整方式的僵化。[3]

担保人的补偿请求权(即求偿权),依据普通法相关规定,是针对债务人的损害赔偿请求权;代位追偿权与分配请求权则可被视为配套的两项权利,即分配请求权是代位追偿权实现的基础和前提,唯有每个担保人各自应承担的责任份额确定之后,代为清偿的担保人的代位追偿权的实现才具有了实际可操作性。然而,从请求权角度看,担保人的补偿请求权与代位追偿权又是存在竞合的两项权利。

---

[1] Morgan v. Smith, 70 N. Y. 537; Johnson v. Harvey, 84 N. Y. 363; Wells v. Miller, 66 N. Y. 255; Hickborn v. Fletcher, 66 Me. 209; Nally v. Long, 56 Md. 567; Bright v. Lennon, 83 N. C. 183; Jenkins v. Lockard's Adm'r, 66 Ala. 377; Broughton v. Wimberly, 65 Ala. 549; Owen v. McGehee, 61 Ala. 440; Magruder v. Admire, 4 Mo. App. 133; Robertson v. Deatherage, 82 I11. 511; Conover v. Hill, 76 I11. 342; Crutis v. Parks. 55 Cal. 106; Taylor v. Reynolds. 53 Cal. 686; Deering v. Earl of Winchelsea, 1 Eq. Lead. Cas. 120.
[2] Craythorne v. Swinburne, 14 Ves. 160.
[3] Norton v. Coons, 6 N. Y. 33; Hendricks v. Whittemore, 105 Mass, 23; Robertson v. Deatherage, 82 I11. 511; Camp v. Bostwick, 20 Ohio St. 337; S. C. 5 Am, Rep. 669; Wells v. Miller, 66 N. Y. 255.

（二）担保人对债权及其从属性权利的代位规则

当债权得到实现后，为清偿的担保人命运如何？坚持债权法定转移说的观点认为，第三人代为清偿债务后，债权仅在债权人与债务人之间相对地消灭，为保证第三人行使求偿权，法律直接规定债权移转于第三人，第三人取代原债权人地位并得行使原债权及其从属性权利。担保人代为清偿后，关于原债权人债权的移转，尚有以下问题值得探讨：

1. 代位的权利范围

通常情况下，担保人为清偿后，债权人的债权及其从属性权利一并移转于该担保人。如前文所述，债权移转的范围以清偿人实际为清偿并使债务人相应债务得以消灭的范围为限。对于债权及其从属性权利具体包括哪些范围，有待进一步探讨。

（1）相关立法例

1）日本。《日本民法典》第501条[①]对于代位的效力范围采取了"概括＋排除"的方式予以规定。该条首先概括性地规定，代位清偿人在因清偿而享有的求偿权范围内，得代位行使债权人的债权及相关权利；同时，又在"但书"部分就几种不得代位的情形作出了排除性规定，如担保物的第三取得人不得向保证人代位行使债权人的债权，等等。

2）法国。对于因清偿代位而移转的权利，法国民法采取了"概括＋列举"的方式。《法国民法典》第1250条将之表述为债权人"对债务人的权利、

---

① 《日本民法典》第501条规定："根据前两条规定代位债权人的人，在基于自己权利可以求偿的范围内，可以行使该债权人享有的、作为债权效力及担保的一切权利。这种情形下，应当遵守下列各项规定：（一）保证人应当预先在先取特权、不动产质权或抵押权的登记中附记其代位，否则对于该先取特权、不动产质权或抵押权标的不动产的第三取得人，不得代位债权人；（二）第三取得人对于保证人，不得代位债权人；（三）第三取得人的其中一人，对于其他第三取得人，按各自不动产的价格代位债权人；（四）物上保证人的其中一人，对于其他物上保证人，按各自财产的价格代位债权人；（五）保证人与物上保证人之间，按照数量代位债权人。但是，物上保证人为数人的，对于保证人负担部分以外的余额，按各自财产的价格代位债权人。"王爱群译：《日本民法典》，法律出版社2014年版，第87页。

诉权、优先权或抵押权"。根据法国最高法院相关判决，代位权人享有属于原债权人的、与该债权清偿之前相关联的所有权利与诉权，且代位权人仅能取得债权人于代位清偿之时作为持有人的那些权利。①

3）欧洲示范民法典草案。该草案同样采取了"概括＋列举"方式予以规定。首先，草案第 4.7-1：106 条第（1）项规定明确赋予了担保人之间相互的代位追偿权，并明确他们之间的追偿适用关于连带债务人追偿的相关规定。②而根据草案第 3-4：107 条关于连带债务人之间追偿的规定③，担保人超过其份额履行债务的，有权向其他担保人中的任何一个在其未履行的份额范围内请求偿还该超出部分以及所发生的费用的相应份额；已为清偿的担保人，可以代位行使债权人的债权及其包括担保权利、诉权等在内的所有从属性权利；某个担保人无偿付能力的，其所应担份额由其他担保人按照相关比例进行二次分担。其次，该草案第 4.7-2：113 条更进一步规定了担保人履行担保责任之后同时享有代位追偿权。根据该条第（3）项规定，担保人在代位清偿后，债权人作为从属保证、独立保证以及担保物权的权利人所享有的一切权利均

---

① 罗结珍译：《法国民法典》（下册），北京大学出版社 2010 年版，第 960–966 页。
② 草案第 4.7-1：106 条第（1）项规定："在前条规定的情形下，保证人之间或保证人与物上保证人之间的追偿权，适用第 3-4：107 条（连带债务人之间的追偿）的规定，并受本条以下各款规定的拘束。"欧洲民法典研究组、欧盟现行私法研究组编著：《欧洲示范民法典草案：欧洲私法的原则、定义和示范规则》，高圣平译，中国人民大学出版社 2012 年第 1 版，第 292–293 页。
③ 草案第 3-4：107 条规定："（1）连带债务人超过其份额履行债务的，有权向其他债务人中的任何一个在其未履行的份额范围内请求偿还该超出部分以及所发生的费用的相应份额；（2）适用本条第（1）款规定的连带债务人，受债权人的在先权利和利益的约束，还可以行使债权人的包括从属性的担保权利在内的各种权利以及诉权，就其超过部分向其他债务人中的任何一个在其未履行的份额范围内请求偿还；（3）连带债务人超过其份额履行债务，竭尽所有合理努力仍然不能从某个连带债务人取得其应分担部分的，则其他连带债务人，包括已履行的债务人，按比例增加其分担份额。"欧洲民法典研究组、欧盟现行私法研究组编著：《欧洲示范民法典草案：欧洲私法的原则、定义和示范规则》，高圣平译，中国人民大学出版社 2012 年第 1 版，第 208 页。

依法移转于担保人。①

4）英美国家立法例。在英美法中，无论是成文法还是判例法，均赋予了保证人在承担担保责任后享有债权的代位权。如1856年英国《贸易法修正案》"Mercantile Law Amendment Act 1856"就明确规定，保证人可代位行使的债权人利益包括对债务人主张的权利、担保物权、对其他保证人可主张的权利以及债权人可以援用的对于债务人、其他保证人追偿的一切诉讼或非诉的救济手段。②总的来说，通过成文法或判例法，英美国家赋予了保证人在承担保证责任后广泛的救济性权利，不仅包括担保权、优先权等实体上的权利，还包括诉权等程序法上的权利。

（2）代位的通常权利类型

按照通常学说和立法例，代位清偿人在实际为清偿后，所得代位的原债权及其从属性权利，范围较为宽泛，一一列举恐无法穷尽。

不过，一般情况下，担保人可代位行使的权利范围包括：

1）债权本身。基于代位清偿原理，原债权人的债权因清偿而得以实现，该债权为确保代位清偿人实现求偿权而移转于代位清偿人，亦符合民法权利义务对等与损失补偿原则。

2）利息和违约金。既然原债权人因债权得到实现而退出了债权债务关系，其权利移转于为清偿的担保人，同理，该债权的利息以及原债权合同约定的迟延给付的利息等孳息的请求权，自应一并移转。

3）损害赔偿请求权。损害赔偿请求权属侵权之债范畴，代位清偿后，如果债权受到侵害，尽管原债权人已然退出了债权债务关系，但为保证代位清

---

① 草案第4.7-2：113条第（3）款规定："依本条第（1）款规定的代位，债权人作为从属保证、独立保证以及担保物权的权利人所享有的一切权利均依法移转至保证人，不论债务人就该权利的移转有任何限制或排除的约定。保证人对其他担保人的权利仅能在第4.7-1：106条（多数保证人：内部追偿权）的范围内行使。"欧洲民法典研究组、欧盟现行私法研究组编著：《欧洲示范民法典草案：欧洲私法的原则、定义和示范规则》，高圣平译，中国人民大学出版社2012年第1版，第298页。

② James O'Donovan & John PhIllips, The Modern Contract of Guarantee, （Sweet & Maxwell 2003），656、754.

偿人求偿权得以实现，理应允许清偿人就债权所受侵害进行救济并行使相应的损害赔偿请求权。

4）优先权。所谓优先权，是指特定债权人直接基于法律规定而享有的就债务人的总财产或特定动产和不动产的价值优先受偿的权利。[①] 优先权对于债权具有很强的依附性，不得独立存在，并随着债权的移转而移转，体现在清偿代位制度中，亦是如此。

5）担保权。担保权作为债权实现的重要保障性手段，必然应当随主债权的移转而移转。在担保人代位清偿制度中，担保权随债权的移转，既是保障担保人求偿权实现的通常途径，更是最为重要的途径。根据此原理，保证人和物上保证人在承担担保责任后，就有权代位债权人在求偿权范围内行使对其他担保人的担保权利，从而补偿自己的因清偿所受到的损失。

除了对可以代位的权利进行概括和列举性规定外，各国立法例还规定了各种除外情形，主要集中在两方面：一是专属于债权人自身的权利，如基于人格关系产生的利益和人身损害赔偿请求权、人身保险金等；二是其他以特定身份为前提的权利，如基于抚养、扶养、赡养和继承等法律关系产生的给付请求权。

（3）其他值得探讨的问题

学者们结合各地司法实务，针对担保人为清偿后代位行使债权及其从属性权利提出的一些问题，值得关注：

1）担保人代位行使后续担保物权问题。实践中，有时会出现这样的情形：债权债务、担保各方当事人在签订主合同与担保合同后，部分担保人清偿债务并开始追偿前，由于债务人违约，经济状况恶化以致其偿债能力明显降低，或者主债务延期等原因，债权人要求债务人，或者债务人主动提出提供补充担保。在英美法中，这种在主合同签订后又提供的补充的

[①] 崔建远：《我国物权法应选取的结构原则》，载《法制与社会发展》1995年第3期，第44页。

担保就是后续担保。①作者认为，只要是在债权人债权得以实现时存在的担保，都属于对于债权的担保范畴，故已为清偿的担保人应当有权代位行使之。

2）担保人代位行使质权的占有障碍问题。基于质权制度原理，质权在出质人将质物交付给质权人之时生效。占有质物，也是质权人实现权利的基础和前提，故转让质权亦必须同时转移质物的占有。在担保人代位清偿场合，原债权人的债权及其质权系在担保人为清偿时依法当然移转于该担保人，但在实践中，法定移转发生时，质物往往尚由原债权人占有，此时，应当如何看待代位行使质权问题。我国台湾地区有学者认为，由于质权的移转来自法律规定，而非法律行为，故无须实际交付质物即生质权移转之效力，此时不妨认为代位权人已取得质物之观念上占有，但若要行使该质权，仍有待请求原债权人实际交付质物，从而取得实际占有。②作者认为，此时，应当认定质权已依法发生移转，担保人有权基于该质权向原债权人主张质物的交付，进而基于该质权就质物优先受偿。

3）担保人代位行使抵押权的登记效力问题。实践中，担保人为清偿后得代位行使债权及其抵押权。一旦该抵押物上存在多个相互冲突的抵押权，原债权人又已经进行了抵押登记，担保人在代位行使该抵押权时，是否能以原债权人的抵押登记对抗其他抵押权人，或者须变更登记后才能行使抵押权，实务中存在争议。对此，我国台湾地区"司法院"这样解释到：由于在担保人为清偿后，抵押权随同债权依法一并移转于该担保人，故不待登记，担保人即能取得该抵押权；但根据物权法相关规定，非经登记，仍不得处分该抵押权。③抵押权之实行，通说认为属于对抵押权的处分行为，故担保人与

---

① Oran S.Paglin: From Favorite of the Law to Intermediate Surety–A Transformation in the Law of Suretyship, 23 New Eng.L.Rev.114 1988–1989.
② 黄麟伦：《代位清偿制度之研究》，我国台湾地区"司法院"秘书处1998年版，第87页。
③ 参照我国台湾地区"司法院"院字第2193号解释。转引自黄麟伦：《代位清偿制度之研究》，我国台湾地区"司法院"秘书处1998年版，第129–130页。

债权人必须进行变更登记后才能行使该权利。[①] 作者认为，依我国及大部分国家民法，动产抵押以抵押合同生效时设立，未经登记不得对抗善意第三人；不动产抵押则以抵押登记时设立。因此，登记对于抵押具有举足轻重的意义。在采债权法定转移说的立法例中，一般地，尽管担保人因代为清偿而依法获得代位行使抵押权的权利，但根据物权法关于抵押的规定，担保人还应与原抵押权人（即原债权人）共同到登记机构变更抵押登记，原债权人有协助义务，唯有将抵押权人变更登记为担保人后，其才有权以该登记对抗其他善意第三人。如果允许担保人在未做变更登记的情况下径行行使抵押权并得以对抗善意第三人，势必会造成对物权法基本原则的破坏和法律适用上的冲突。

4）最高额抵押的代位行使问题。实务中，当原债权附有在特定不动产上设定的最高额抵押时，对于担保人为清偿后应当如何行使抵押权亦存在争议。争议的主要问题在于，如果担保人为清偿时，最高额抵押所担保的债权尚未确定，其能否就该抵押物行使抵押权。根据《日本民法典》第398条第3项第1款[②]规定，在最高额抵押所担保的债权最终确定前，抵押权人不得行使抵押权。我国台湾地区通说及实务亦认为，最高额抵押权在债权额未确定之前，应认为从属于担保债权所由发生之基础法律关系，而非从属于各笔被担保的债权，自不应因某笔被担保债权由有利害关系第三人清偿即认为该最高额抵

[①] 我国台湾地区"司法院"院字第2193号解释及该院1981年8月12日（70）厅民一字第0609号函。转引自黄麟伦：《代位清偿制度之研究》，我国台湾地区"司法院"秘书处1998年版，第129-130页。

[②] 《日本民法典》第398条第3项第1款规定："根抵押权人，可就因已确定的本金、利息及其他定期金及债务不履行所发生的全部损害赔偿，行使其根抵押权"。王爱群译：《日本民法典》，法律出版社2014年版，第68页。

押权可随同全部或部分移转于该第三人取得,故实务上[①]认为最高额抵押权于债权额确定前不得为清偿代位之标的。[②] 作者以为,举重以明轻,既然法律禁止最高额抵押权人在债权额最终确定前行使抵押权,那么作为代位取得其权利的担保人更是无权行使该项权利。

5)关于担保人是否有权代位行使债权人享有的形成权的问题。上述各国立法例大都规定担保人有权代位行使原债权人享有的债权及与其相关的所有权利,包括诉权。然而,凡事都有例外。对于原债权人享有的部分形成权,如撤销权、代位权、合同解除权等,担保人是否均可以代位行使,认识尚不统一。如前所述,《日本民法典》就明确规定合同解除权只能由作为原合同当事人的债权人行使,担保人不得代位行使。我国台湾地区实务上也有认为,债权人的撤销权、代位权、选择债权之选择权等形成权,系与请求权竞合,求其债权之实现者,与履行请求权、损害赔偿请求权同属债权之效力,则于第三人代位清偿前原债权人因原债权所取得之债权人撤销权、代位权,于代位清偿发生后,均应由清偿人取得。[③] 笔者以为,对于哪些具体的形成性权

---

① 参见我国台湾地区"最高法院"1986年度台上字第1011号判决,另我国台湾地区"高等法院"暨"所属法院"1987年法律座谈会曾提出一则法律问题,其问题内容为甲以其所有之不动产,设定存续期间十年,最高限额为新台币一百万元之抵押权与乙,担保其对乙所负一切债务,经登记再按,抵押权存续期间至判决时仍未届满。甲设定抵押权后,先由丙作为连带保证人,向乙借款一百万元,之后又自行向乙借款相同金额。第一笔借款清偿期届至后,甲未依约履行,乙便向丙主张给付并获得全额清偿。丙在为清偿后,即起诉乙,请求乙将上述最高额抵押权移转登记于其名下。会议研究意见认为,最高额抵押权与普通抵押权不同,该案中的担保物权在抵押权存续期间内并不移转于保证人。"司法院"第一厅研究意见亦认为,"按所谓最高限额之抵押权契约,系指所有人提供抵押物,与债权人订立在一定金额之限度内,担保现在已发生及将来可能发生制债权之抵押权设定契约而言。此种抵押权所担保之债权,除订约时已发生之债权外,即将来发生之债权,在约定限额之范围内,亦为抵押权效力所及。虽抵押权存续期间内已发生之债权,因清偿或其他事由而减少或消减,原订立之抵押契约依然有效,嗣后在存续期间内陆续发生之债权,债权人仍得对抵押权行使权利('最高法院'1977年度台上字第1097号判例)。"转引自黄麟伦:《代位清偿制度之研究》,我国台湾地区"司法院"秘书处1998年版,第132-133页。
② 黄麟伦:《代位清偿制度之研究》,我国台湾地区"司法院"秘书处1998年版,第89页。
③ 我国台湾地区"最高法院"1987年度台上字第1930号判决。

利担保人可以代位行使,哪些不能,应当具体问题具体分析。首先,对于原债权具有保全或保障等积极作用的形成权,如撤销权、代位权等,其行使的效果在于加强债权的实现保障,故应当允许担保人代位行使;其次,对于原债权具有消极作用的形成权,如终止权、解除权等,其行使的效果在于消减甚至消灭债权,对于这些带有强烈处分色彩、给债权代来负面影响的形成权,应当持谨慎态度,一般情况下还是不允许担保人代位行使为宜。当然,如果原债权人有特别授权或当事人之间有特别约定的,还是应当尊重当事人意思自治。

6)关于原债权的瑕疵是否一并移转的问题。黄麟伦先生认为,根据债权法定移转通说,在发生清偿代位时,原债权及其从属性权利,包括债权的瑕疵均依法一并移转于清偿人。所谓原债权的瑕疵,主要是指债务人及相关义务人就原债权及其从属性权利享有的主张抵销和进行抗辩的权利。[①] 对上述观点,笔者甚为赞同。于抵销和抗辩权而言,完全是针对原债权而存在,从法理上看,绝不能因为发生了担保人清偿代位,就剥夺了债务人和相关义务人的正当权利和利益。有效的解决途径是,当债务人和相关义务人主张抵销和行使抗辩权时,法律应予准许,并应同时允许代为清偿的担保人就其实际清偿的款项,基于不当得利向债权人主张返还。

2.关于原债权时效如何计算的问题

关于发生担保人代为清偿后,原债权时效如何计算问题,不同学者从代位清偿本质属性出发,得出了不同结论。将清偿代位理解为损害赔偿请求权的学者认为,既然为清偿的担保人因清偿而取得了损害赔偿请求权,即应认为这是区别于原债权的一项新的债权,时效必然发生中断,并应自清偿发生之日起重新计算,如此才能充分保护代为清偿担保人的权利。将清偿代位理解为法定债权移转的学者则一般认为,担保人因代为清偿而得代位行使的原债权人的债权,并不因清偿代位而发生时效的中断或其他变更。理由是根据

---

① 黄麟伦:《代位清偿制度之研究》,我国台湾地区"司法院"秘书处1998年版,第95-96页。

代位权原理，主债务人对原债权人享有的全部抗辩，均可向代位权人主张，这其中当然包含了关于时效的抗辩。

笔者认为，在担保人代为清偿场合，对于债权时效的认定，情况相对复杂，应当分为两个层次：

（1）基于代位行使原债权及其从属性权利的时效

根据代位清偿制度原理，担保人基于清偿而得代位行使原债权人的债权及其从属性权利，主债务人及从属性权利的义务人对于原债权及其从属性权利的全部抗辩，均得以向代位人主张。因此，当原债权的时效届满时，主债务人及从属性权利的义务人当然有权以此为抗辩，并据此拒绝向代位权人履行相应义务。这是基于债权法定移转原理，即仅发生债权人主体的变更，债的其他方面通常不受影响。

（2）基于行使因清偿产生的对主债务人求偿权的时效

在担保人代为清偿场合，即使原债权因时效届满而无法主张，但也并非没有其他途径可循。担保人基于清偿债务在其清偿范围内享有对债务人的求偿权并不受原债权时效届满的影响。担保人对债务人求偿权的诉讼时效，应当自清偿完成之日起计算。因此，即使无法主张原债权及其从属性权利，担保人仍得就其自身享有的求偿权，向债务人主张给付。求偿权的时效具有独立性，并不受原债权影响。

（三）对当事人关系的影响及其利益的平衡

担保人介入债权债务关系，代为清偿使得债权得以实现，将对各方当事人的法律关系及利益产生重大影响。

1. 债权人与债务人。债权人的债权因清偿而得到实现，其交易目的已经实现。债务人因第三人的清偿导致其对债权人债务消灭。债权人与债务人之间的债权债务关系消灭，或可进而认为债权人因债权得到满足而退出原债权债务关系。

2. 债权人与担保人。债权人因债权得到实现而退出原有的债权债务关系，担保人因为清偿取代债权人成为新的债权人，并得向原债务人及其他第三人行使债权及其从属性权利。债权人虽然在理论上似已退出了债权债务关系，但在实践中，其基于诚信原则对代位清偿第三人代位行使其债权及从属性权利的协助等附随义务并不受影响。

3. 债务人与担保人。担保人因代为清偿，财产遭受损失，该损失理应由因此获得利益的债务人在其债务消灭范围内予以补偿。担保人有权就其代为清偿部分向债务人求偿。债务人作为债务的终极责任承担者，负有向该担保人履行偿付义务的责任。

4. 担保人之间。担保人因清偿而得行使债权及其从属性权利，可能涉及到与债权债务有利害关系的其他第三人。如原有债权设有其他担保的，为清偿的担保人既得向债务人行使求偿权，亦得向其他担保人代位行使相应的担保权。后文将聚焦于混合共同担保人之间的关系及利益平衡进行详尽阐述。

第四节　担保人求偿权与代位追偿权的调和

在以"求偿权+代位权"模式的立法例中，担保人的求偿权与代位追偿权是法律赋予的两项最重要的权利。代位权是担保人以自己名义行使原债权人的债权及其从属性权利的权利，求偿权则是其向债务人主张因清偿而产生的损害赔偿请求权。厘清二者的关系及权利行使的协调问题，对于担保法律关系各方之间的权利义务平衡，具有重要意义。

一、求偿权与代位追偿权的关系

担保人的代位追偿权与求偿权有着千丝万缕的联系，均为实现其损失补偿这一共同目标而存在，但就二者的权利性质及其相互关系，理论上和实务中一直存在不同认识。

（一）大陆法系相关学说

关于担保人代位追偿权与求偿权的关系，理论与实务中存在以下不同认识。

1. 法定担保说

我国台湾地区司法实务中有观点认为，代位追偿权虽然属于法定债权移转，但该权利与一般债权让与又有所区别，因为移转之后的债权仅仅是为了实现担保人的求偿权而存在，其本身并不具有独立意义，据此又可将之视为一种"法定担保"。[①]

2. 请求权竞合说

王轶教授认为，担保人因代为清偿而固有的求偿权与代位追偿权，为请求权的并存，其中一种权利得到满足时，其他权利即消灭。[②] 请求权竞合为学界通说。黄麟伦先生则认为代位追偿权与求偿权之间的关系并非如此简单，并就此提出，在一般的请求权竞合情形下，在同一当事人中存在两种不同类型的请求权，只要分别满足各自的要件，该项请求权即在当事人中分别成立并产生各自的法律效果。在此一般情况下，两个竞合的请求权均系基于同一法律行为而产生，只是因为受到不同的法律规范并同时符合不同的法律要件而分别产生了不同的法律关系和法律效果。而在代位清偿场合，担保人的求偿权与代位追偿权据以产生的事实并不一致。求偿权的产生是基于其人代债务人为清偿而消灭其债务的事实，代位追偿权所代位的债权产生则通常是基于其他事实，与求偿权产生的事实并不相关。同时指出，如果从诉讼经济角度考虑而认为应当对并存的两个指向性相同的权利进行单一化选择，那么由担保人清偿代位而产生的请求权竞合并不完全适用。因为，担保人的代位追

---

① 参见单谷峻：《判例批评》，载《金融商事判例》724号，第42页，转引自黄麟伦：《代位清偿制度研究》，我国台湾地区"司法院"秘书处1998年版，第101-102页。

② 王轶：《代为清偿制度论纲》，载《法学评论》1995年第1期，第19-24页。

偿权与求偿权联系非常紧密，并非完全独立，其情形有如票据原因关系上之债权与票据上权利之间的关系[①]，故二者并非并列的竞合，而是主从关系的竞合。[②] 所谓主从关系的竞合，应当是指在担保人选择其中一项权利行使后仍无法得到全额补偿的情况下，应当允许其在未能受偿范围内向相对人行使另一项权利，以确保其权益得到应有补偿。笔者也认为担保人的代位追偿权与求偿权之间存在千丝万缕的联系，二者的关系并非一般请求权竞合那样简单，对于二者的关系，应当在代位清偿制度框架下进行具体分析。

（二）英美法系相关制度分析

在英美法国家，代位清偿（subrogation）与损害赔偿（indemnity）也是两项并行不悖、相辅相成的两项制度。如前所述，由于代位清偿直接建立在衡平法的公平正义原则之上，属于衡平法上的权利；而损害赔偿则主要是基于普通法上的默示条款理论而产生。二者虽权利产生原因不同，但由于秉持弥补为清偿的担保人损失的共同目的，故也产生了请求权上一定的竞合关系。其实，这与大陆法系"两权"并行立法例中的代位追偿权与求偿权的权利竞合在法理上实质相同，总的原则就是，既要确保担保人获得全部应有的补偿，又要防止其获得超过其应得范围的双重补偿。

具体而言，为清偿的担保人的代位追偿权与损害赔偿请求权的行使会因权利竞合，而受到一定约束。案例表明，每个连带保证人必须将其作为担保人从债务人处所获得的损害赔偿利益拿出来与所有共同保证人（co-sureties）共享，其才能就其所支付的超过其所应担份额的债务额向其他共同保证人进行追偿。通过此举，也才能便于法院能够最终确定所有共同保证人所应承担的债务总额，并由此确定该最终责任负担应当如何在所有保证人之间进行平

[①] 我国台湾地区《民商法杂志》第96卷，第407页，山田诚一判例批评。转引自黄麟伦：《代位清偿制度研究》，我国台湾地区"司法院"秘书处1998年出版，第101页。

[②] 黄麟伦：《代位清偿制度研究》，我国台湾地区"司法院"秘书处1998年版，第101-102页。

等分配。① 此种规则，相当于大陆法系债权人行使代位权后的"入库规则"。其实质表明，为清偿的担保人对债务人的求偿权与对其他担保人的代位追偿权在同一债务额范围内是存在竞合，且不得同时行使的，否则将造成清偿担保人的不当得利，明显与衡平法的公平正义原则相违背。当然，当该保证人所"入库"的从债务人处获得的损害赔偿数额不足以弥补其因清偿而受到的损失，其有权就未或补偿的数额向其他保证人主张代位追偿。②

（三）求偿权与代位追偿权的关系辨析

在"求偿权＋代位追偿权"模式的立法例中，担保人的代位追偿权与求偿权应当说是相辅相成，目标一致的两项权利。具体而言，主要包括以下几个方面：

1. 求偿权是代位追偿权存在的前提

如前所述，法律赋予担保人代位行使原债权及其从属性权利的权利，主要目的是为了保障担保人因代为清偿而对债务人享有的求偿权的实现，因此，正如黄麟伦先生所言，在代位清偿中，求偿权是第一位的权利，是离清偿人实现损害赔偿债权目的最为贴近的权利，而代位追偿权仅仅是法律为大幅提高该项债权实现而赋予担保人的一种强有力的保障手段。学者通说也认为，担保人求偿权乃其代位追偿权的前提。③"代位之目的，在于确保第三人与债权人以满足而应有之对于债务人之固有的求偿权"。④ 从功能看，代位追偿权系强化求偿权实现的重要手段。⑤ 皮之不存，毛将焉附？如果求偿权都不存在了，那么代位追偿权存在的必要性也将随之消失，故求偿权是代位追偿权存

---

① Steel v. Dixon, L. R. 17 Ch. Div. 825.
② Gould v. Fuller, 18 Me. 364.
③ 郑玉波：《民法债编总论》，中国政法大学出版社2004年版，第479页；史尚宽：《债法总论》，中国政法大学出版社2000年版，第809页；黄立：《民法债编总论》，中国政法大学出版社2002年版，第656页。
④ 史尚宽：《论清偿代位》，载郑玉波主编：《民法债编论文选辑》（中），五南图书出版公司1984年版，第931页。
⑤ 参见陈自强：《民法讲义Ⅱ——契约之内容与消灭》，法律出版社2004年版，第311页。

在的基础和前提。因此,代位追偿权也不得离开求偿权而单独被处分。

2. 代位追偿权受到求偿权的范围制约

代位追偿权既然是为了保障求偿权实现而存在,那么,担保人代位行使原债权及其从属性权利的范围必然要以其对债务人享有的求偿权范围为限。实践中,担保人代位追偿权所指向的债权范围与求偿权所指向的范围并不总是完全一致。例如,由于二者时效起算期间不同,故即使担保人代为清偿了全部债务,但行使代位追偿权的产生的利息及迟延利息与行使求偿权时的计算结果并不相同,从而导致权利行使的结果在数额上的差异。在二者存在差异的情况下,从代位追偿权与求偿权的复杂关系和公平正义原则出发,应当以求偿权范围为准。担保人对债务人享有的求偿权范围,又是以其实际为清偿并消灭债务人债务的范围为标准,如前所述,通常包括债权本身、违约金、赔偿金、利息等。此外,对于超出求偿权范围的清偿,担保人一般仅能基于不当得利向债权人请求返还,并无权向债务人求偿,当然也无权代位行使相应的债权及其从属性权利向其他义务人进行追偿。例如,在美国,保证人如果用折扣价格全部购买了该担保,或者用贬值货币进行了全额清偿,其代位追偿权仅能在其实际支出的价值范围内享有并行使。①

3. 代位追偿权具有相对独立性

尽管在权利范围上受到求偿权的制约,但代位追偿权仍然具有相对独立性。首先,代位追偿权的产生系基于代位清偿的事实和法律的直接规定,债权人或者债务人的主观意思对其影响甚微。其次,担保人系以自己名义代位行使原债权及其从属性权利,故对原债权人的依附较小。再者,代位追偿权、被代位的债权与求偿权通常系分别适用不同的时效,担保人对债务人的求偿权的诉讼时效并不受原债权时效届满的影响。最后,担保人全部或部分放弃

---

① Dinkgrave's Succession, 31 La. Ann. 703; Kendrick v. Forney, 22 Gratt. (Va.) 748; Eaton v. Lambert, 1 Nebraska, 339; Martindale v. Brock, 41 Md. 571; Hall v. Cresswell, 12 Gill & J. (Md.) 36; Butler v. Butler, 8 W. Va. 674; Feamster v. Withrow, 9 W. Va. 296; Jordan v. Adams, 2 English (Ark.), 348; Vrozier v. Grayson, 4 J.J.Marsh. (Ky.) 514; Miles v. Bacon, 4 J. J.Marsh. (Ky.) 457; Bonney v. Seely, 2 Wend. (N.Y.) 481.

对其他担保人的代位追偿权的,并不因此丧失其对债务人的求偿权。例如美国法院判例表明,数个担保人为某公司的票据提供连带担保,该公司也以其所有的特定财产设定抵押,不论是该担保人与公司之间,还是与其他担保人之间订立合同约定,由该担保人独自承担全部的债务清偿责任,即放弃对其他担保人的代位追偿及分配请求权,都不会对其为清偿后向该公司的求偿造成任何影响。[1]

4.二者在适用上存在一定竞合与补充关系

王泽鉴先生也认为,请求权在权利体系中处于枢纽地位。任何权利要得以行使或恢复到未被侵害的状态,都需要通过请求权来实现。[2] 根据赫尔维格理论,一个法律构成要件仅产生一个请求权。[3] 实践中,已为清偿的担保人在起诉时,往往求偿权与代位追偿权同时主张,从而形成请求权竞合。担保人的求偿权系基于代为清偿这一法律行为而产生,代位追偿权则是基于法律规定而产生,但二者的目的是同一的,即弥补担保人因清偿所受损失。因此,两种请求权中的任何一个得到实现,行权目的即已达到,另一请求权当然再无行使的必要。如英美法案例表明,在债权人债权得到全部满足的情况下,代为清偿的担保人对债务人享有的损害赔偿请求权(indemnity)与其对其他担保人所享有的代位追偿权(subrogation)形成了明显的权利竞合关系。[4] 正是由于二者的竞合关系,英美法才在担保人的代位清偿制度中确立了"灵活的入库规则",以避免担保人因同时行使两项权利而获得超过其所受损失的不当利益。当然,当为清偿的担保人在向债务人主张求偿权后,未获得偿付

---

[1] Mcdaniels v. Flower Brook Manufg. Co., 22 Vt. 274.
[2] 佟柔主编:《中国民法学·民法总则》;中国人民公安大学出版社 1990 年第 1 版,第 65-67 页;王泽鉴:《民法总则》,中国政法大学出版社 2001 年第 1 版,第 84、92 页。
[3] 江伟、段厚省:《请求权竞合与诉讼标的理论之关系重述》,载《法学家》2003 年第 4 期,第 76 页。
[4] Ante, sec. 130, and arthorities cited. See also, Smith v. Mason, 44 Neb. 610, 615, and cases cited; Ryan v. Krusor, 76 Mo. App. 496; Nixon v. Beard, 111 Ind. 137; Chandler v. Brainerd, 14 Pick.(Mass.)285; Bell v. Boyd, 76 Tex. 133; Ralston v. Wood, 15 I11. 159.

或未获得完全偿付，则对于剩余的损失，仍有权向其他担保人进行代位追偿，此即代位追偿权对求偿权的补充性。刘保玉教授也在提出相关立法建议时指出，混合共同担保中，除债务人以外的担保人承担担保责任后，取得债权人的债权及相关权利，有权在为清偿范围内向债务人求偿，并可就向债务人求偿不能的部分，按照担保比例向其他担保人追偿。①

二、求偿权与代位追偿权适用上的协调

尽管代位追偿权与求偿权之间存在着千丝万缕的联系，且求偿权系代位追偿权的存在前提，并对代位追偿权的行使范围有所制约，但从制度设定来看，无论在理论还是实务中，均允许两种权利分别单独行使，但由此也将产生一系列问题需要作进一步探讨。

（一）单独主张求偿权

在司法实务中，如果已为清偿的担保人在诉讼请求中仅向债务人主张求偿权，法院应予准许。常见的问题是，法院在审查权利主张时，除了审查求偿权产生的依据和实际范围外，是否还需要就该担保人是否享有代位追偿权进行审查，并就是否行使代位追偿权向当事人进行释明？笔者认为，鉴于求偿权本质上是担保人因代为清偿而依法取得的对债务人主张损害赔偿的债权，只要其符合法律规定的要件即为成立，并可单独行使，法院应当充分尊重当事人意思自治，似无必要再就其是否享有代位追偿权或者是否行使主动进行审查或释明。

（二）单独主张代位追偿权

根据日本和我国台湾地区的司法案例，法律是允许担保人在诉讼请求中

---

① 刘保玉：《第三人担保的共同规则梳理与立法规定的完善》，载《江西社会科学》2018年第10期。

单独主张其对其他担保人的代位追偿权的。①虽然代位追偿权的成立以求偿权的存在为前提，但不应据此当然认为代位追偿权的行使也必须以求偿权的主张为前提。鉴于代位追偿权仍然具有相对独立性，故从尊重当事人意思出发，应当允许担保人单独就行使代位追偿权提起民事诉讼。对于担保人代位追偿权的单独行使，司法实务中通常应注意以下问题：

1.求偿权之审查与释明

如前所述，求偿权乃代位追偿权成立之前提。法院在审查担保人代位追偿权是否成立时，不论债务人是否提出抗辩，必然要对作为其成立前提的求偿权进行审查。审查的内容，应当包括求偿权是否存在、行使权利范围以及义务人享有的抗辩等。为获得法院判决支持，担保人须提供充分证据证明其代位清偿的事实，证明其代位追偿权的成立、所代位的原债权及其从属性权利的合法性，以及其因清偿对债务人所享有的求偿权等。如果当事人在案件审理过程中并未提供求偿权相关证明，法院应当向其释明。

2.代位追偿权与求偿权权利范围之比较确定

如前所述，虽然在理论上代位追偿权行使的范围受到求偿权范围的制约，但实践中，由于当事人约定、期间起算和适用时效等不同，代位追偿权和求偿权行使的法律效果在具体数额上并非总是完全一致。例如，原债权的双方当事人约定的逾期利息明显高于求偿权双方当事人约定的利息，并导致原债权及其违约金、利息等总额超过求偿权数额的，法院应当以担保人求偿权所得出的数额为限支持其代位追偿权主张，对于超过部分则不应予以支持。

3.债务人及相关义务人的抗辩所致影响

担保人同时主张行使求偿权和代位追偿权时，债务人及相关义务人依法行使相应的抗辩权，应自无争议。但在担保人仅单独主张行使代位追偿权的诉讼中，在其并未主张行使求偿权的情况下，债务人是否也有权就求偿权而享有的抗辩权向担保人主张，实务中做法很不统一。笔者认为，鉴于求偿权

---

① 黄麟伦：《代位清偿制度研究》，我国台湾地区"司法院"秘书处1998年版，第103-107页。

系代位追偿权存在的前提，并制约着代位追偿权行使的范围，故即使担保人并未主张求偿权，债务人和相关义务人也有权就求偿权享有的抗辩权与对原债权及其从属性权利享有的抗辩权一并主张，方显公平。此种做法尤其在担保人代位追偿权计算得出的总额明显超过求偿权计算数额的情形下，准许债务人和相关义务人行使对求偿权的抗辩权，进而调整代位追偿权实现数额，对于平衡各方当事人利益，实现实质公平甚为重要。

（三）求偿权与代位追偿权同时主张

在设立有担保人代位清偿制度的国家和地区，担保人为了充分保护自身权利，通常会在提起诉讼时同时主张求偿权与代位追偿权。此时，以下问题值得引起注意：

1. 当事人抗辩与法院审查范围

当担保人提起诉讼，同时主张求偿权和代位追偿权时，债务人和相关义务人当然有权提出对原债权和求偿权的抗辩。此时，法院对于担保人的主张，应当审查的内容主要包括求偿权和代位追偿权产生的依据，两种权利是否满足法律规定的成立要件，求偿权和代位追偿权行使的范围是否一致等。当然，在担保人代位行使原债权的担保权情形下，法院还应审查担保权是否成立及其权利范围，更为重要的是要尽可能查明债权的所有担保情况，包括有哪些担保人、担保物、当事人的约定内容及担保的责任额等。因为，上述事实的查明对于最终确定代位追偿权行使的对象以及每个担保人需要承担的具体数额等极为重要。否则，当法院对每个担保人实际应承担的责任额进行认定并就此作出判决后，如若又发现还有其他担保存在的话，则之前的判决将面临被推翻的局面，更为麻烦的是可能还会涉及执行回转等实际问题。

2. 时效的协调处理

如前文所述，因权利产生的基础不同，求偿权与代位追偿权的时效经常会出现不一致的情形。一方面，当原债权因罹于时效而债务人及相关义务人以此提出抗辩，但求偿权的时效尚未届满时，应当认为代位追偿权因债权已过时效致其行使遭到阻却，故对于担保人代位行使原债权的主张不应支持；而在担保人主张代位行使原债权的担保权场合，则应根据担保法律关系当事人约定或相关法律规定作出判断。另一方面，当原债权时效因发生中止或中断尚未届满，但求偿权已罹于时效时，债务人当然有权就求偿权行使抗辩权。至于代位追偿权，此时是否因求偿权罹于时效而消灭，理论和实务中存在不同看法。笔者认为，鉴于代位追偿权的存在是以求偿权的存在为前提，且对求偿权具有一定的依附性，并考虑到时效制度的立法初衷在于督促权利人及时行使权利，故该主张不应得到支持。具体而言，在为清偿的担保人因怠于行使权利，导致其对债务人的求偿权已罹于时效的情况下，仍坚持允许并支持其向其他担保人行使代位追偿权，则履行了相应清偿责任的其他担保人将陷入权利救济的困局：如果再允许分担了清偿责任的其他担保人就其为清偿的数额向债务人行使相应的求偿权，那么必然导致债务人在先为清偿的担保人的求偿权已罹于时效的情况下仍要承担补偿责任，法律规定的时效制度明显被"架空"，即相当于变相地纵容了先为清偿的担保人怠于行使求偿权；如果不允许分担了清偿责任的其他担保人就其为清偿的数额向债务人行使相应的求偿权，那么必然导致他们因代为清偿所受损失无法再向债务人主张，实质上是集体为先为清偿的担保人怠于行使求偿权的行使"买单"，也将导致法律适用上的不公。

3. 权利处分的关联性

因求偿权乃代位追偿权存在之前提与范围限制，故当担保人处分其对债务人的求偿权时，其代位追偿权应一并处分。如果担保人欲将其求偿权转让给第三人，则其代位追偿权也应一并转移于该第三人。此外，当求偿权获得债务人部分清偿时，对于担保人代位追偿权是否产生实质性影响，也存在不同认识。日本最高法院判例认为，原债权应于求偿权获偿范围内消灭。[①] 但也

---

① 参见我国台湾地区《民商法杂志》第96卷第3期，第407页，山田诚一判例批评。转引自黄麟伦：《代位清偿制度研究》，我国台湾地区"司法院"秘书处1998年版，第137页。

有学者认为，基于担保物权的不可分性，除被担保的债权全部获偿外，剩余的被担保债权很可能因时间的推移而利息不断增加，且仍应为原担保权的担保范围，因此，原债权的担保权范围不应因被担保债权的部分清偿而相应减少其数额，尤其是在原债权存在数个担保物权时，如果认为代位追偿权因求偿权部分实现而相应减少范围，则势必影响其通过充分行使担保权实现其债权，明显对担保人权利保护不利，有失公允。① 笔者认为，根据代位追偿权应受求偿权范围约束原理，应当认定求偿权获得部分清偿后，担保人的代位追偿权也应随之相应减少。

小　结

对于已为清偿的混合共同担保人而言，其因清偿所致损失而享有的救济性权利，具有正当性。而这些救济性权利当中，当属其对债务人及其他共同担保人的求偿权最为重要。从本质上看，担保人在为清偿后向债务人请求偿付，或者向其他担保人请求承担相应责任，均是在行使求偿权。然而，该两项权利在权利行使对象、权利行使方式等方面均存在明显差异，故本书将担保人对债务人的求偿权表述为"求偿权"，而将担保人对其他担保人所享有的求偿权表述为"代位追偿权"，同时也是为了在表述上对上述两项权利进行区分，以便于分辨。

对于担保人对债务人的求偿权的产生原因，大陆法学者一般用委托、无因管理和不当得利等来解释，而英美法学者则更倾向于用默示合同理论和法定损害赔偿来解释。笔者认为，用法律拟制的债权移转而产生的担保人与债务人之间的"新债"来解释，或许更为贴切。实践中，包括我国在内的大部分国家和地区立法例均对担保人对债务人的求偿权的实现方式与条件等作出了明确规定。

---

① 黄麟伦：《代位清偿制度研究》，我国台湾地区"司法院"秘书处1998年版，第110-111页。

第三章　担保人求偿权与代位追偿权的理论基础

担保人对其他担保人的代位追偿权,是本书讨论的担保人最重要的救济性权利。正是因为承认担保人对其他担保人的代位追偿权乃两大法系多数国家的立法通例,而我国除了《担保法解释》第38条作出规定外,《担保法》、《物权法》乃至迄今为止的人大常委会公布的《民法典·物权编》草案征求意见稿,均未承认担保人的该项权利。本书撰写的重要目标之一就是论证担保人该项权利的正当性,并呼吁立法予以明确承认。本章从混合共同担保人的内外部关系入手展开论述。从外部关系看,各担保人对于债务所承担的责任之间存在着较强的连带性;从内部关系看,各担保人形成了一个共享利益、共担责任的利益共同体,当其中某个担保人清偿了债务后,其他担保人因此而受有利益,基于正义,该担保人有权要求其他担保人在各自应承担的责任范围内进行偿付,即该担保人有权向其他担保人在相应范围内进行追偿。为确保该担保人的此项权利得以实现,各国立法例均将在民法总则中确立的代位清偿制度作为担保人享有并行使该项权利的理论与法律基础,将担保人作为与债的履行有利害关系之第三人予以对待,赋予其得以自己名义代位行使债权人的债权及其附属性权利(尤其是担保权利)的权利,并在立法技术上将担保人对其他担保人的代位追偿作为代位清偿制度的一个组成部分和具体体现予以规定。

担保人的求偿权与代位追偿权的关系与适用协调问题,也是实践中较为重要的问题。一方面,求偿权是代位追偿权存在的前提,并决定和制约着代位追偿权的范围;另一方面,代位追偿权又具有相对独立性,二者在适用上甚至会存在着一定的竞合关系,且在担保人向债务人求偿未获得完全偿付时,仍然可就剩余损失向其他担保人进行代位追偿,即代位追偿权的补充性。正是由于二者的竞合关系,英美法才在担保人的代位清偿制度中确立"灵活的入库规则",以避免担保人因同时行使两项权利而获得超过其所受损失的不当利益。此外,在担保人同时主张该两项权利时,应当注意两种权利时效的协调适用和权利处分的关联性等问题。

第四章 担保人代位追偿权的成立要件与行使规则

第一节 担保人代位追偿权的成立要件

代位追偿成立的构成要件，是担保人代位追偿的核心内容。明确代位追偿成立的要件，对于在法理上构建担保人代位清偿规范体系，在立法中确立担保人代位清偿规则，以及在司法中统一代位清偿法律适用，均具有至关重要的意义。各国立法例及学术界对担保人代位追偿成立的要件有诸多观点和做法，值得研究借鉴。

一、立法例比较

由于社会背景、法律传统及立法模式的不同，各国或地区立法例对于担保人代位追偿权的构成要件，规范模式也不尽相同。

（一）德国民法的"三要件"模式

从《德国民法典》第426条等相关条文考察，德国民法对连带债务人（混合共同担保人参照适用）的法定债权移转规定了三个"积极要件"：

1. 担保人系与债的履行有利害关系的第三人。从《德国民法典》第426条关于连带债务人的规定、第774条关于保证人的规定等处可以看出，德国民法对债权法定移转的受让人采取了列举式规定，主要包括连带债务人、保证人等。由此可见，只有符合法律列举的、与债的履行有利害关系的主体类型，才能成为法定债权移转的受让人，而担保人当然属于该主体范畴。

2.担保人须为清偿。担保人代债务人清偿债务，使债权人的债权得以实现，并因此受有财产损失，是该担保人得以受让债权的主要动因和法理依据。立法者直接以法律规定的方式将原债权移转于为清偿的担保人，目的就是为了充分补偿其因代为清偿债务而受到的损失。

3. 担保人有权要求债务人及其他义务人分担相应债务。用更为通俗的说法就是，担保人对债务人及对原债权负有相应义务的人享有求偿权。由此可见，德国民法有意将担保人对其他债务人或义务人享有求偿权，作为其得以行使债权及其相关权利的前提条件，此乃该国担保人代位清偿立法的一大特色。

当然，德国民法还规定了一个"消极要件"，即债权的法定移转不得有害于债权人的债权，否则，为清偿的担保人无权主张代位。

（二）法国民法的"三要件"模式

从《法国民法典》第1251条、1252条[①]等条款关于法定代位清偿的规定可以看出，法国民法就担保人的法定代位清偿的成立规定了不同于德国的"三要件"：

---

① 《法国民法典》第1251条规定："对下列之人，代位权依法当然产生：1. 本人亦是债权人的人，向因享有优先权或抵押权、其权利优先于自己的另一债权人为清偿者；2. 取得债务人的某项不动产的人，用其取得该不动产时应当支付的价金向对该不动产享有抵押权的债权人为清偿者；3. 由于有义务与他人共同清偿债务，或者有义务为他人清偿债务，因而有利益清偿债务并已进行清偿者；4. 享有遗产注册利益的继承人用自己的金钱清偿了遗产负担的全部债务者。"第1252条规定："以上条款确定的对于债务人的代位权，亦可对保证人发生；在债权人仅受到部分清偿时，代位清偿不得使债权人受到损害；在此场合，债权人对仍然拖欠的债务部分，得优先于仅向其进行部分清偿的人行使其权利。"罗结珍译：《法国民法典》，第961-966页。

1. 担保人与债的履行有利害关系。《法国民法典》第 1236 条规定①，与债之履行有利害关系第三人均有权为清偿。第 1251 条则采用列举式规定了四类法定代位清偿人：后顺位的债权人、享有遗产注册利益的继承人以及有义务与他人共同清偿债务或者为他人清偿债务，并与债的履行有利害关系的人。其中最后两类代位清偿人通常包含了共同债务人、保证人等。不仅如此，第 1252 条直接规定第 1251 条"确定的对于债务人的代位权，亦可对保证人发生"，即是规定保证人（亦包括物上保证人）直接适用代位清偿的相关规定。

2. 担保人已为清偿。如前文所述，这是第三人享有求偿权与代位追偿权的基本理论和事实依据。

3. 担保人须有代为清偿的意思。这一要件系从《法国民法典》的注释中推知。该注释阐述了"第三人因误解而清偿债务"，虽对该债务人有求偿权，但并不能取得原债权的代位权。②此外，在清偿人对债务人基于赠与的意思而为清偿情形，根据法国最高法院判例，此时，债务人享有间接赠与之利益，并应排除清偿人的代位求偿权。③当然，对于担保人而言，通常不会涉及到赠与。

作者认为，尽管《法国民法典》关于代位清偿第三个要件的表述与《德国民法典》有明显不同，但从法理上看，担保人须有代为清偿的意思就是担保人在为清偿后向债务人主张求偿的根本前提与事实依据，故可据此认为两国民法典对于担保人代位追偿成立要件的规范，在本质上是一致的。

（三）我国台湾地区"民法"的"三要件"模式

我国台湾地区"民法"的代位清偿制度中，对担保人代位追偿权成立也规定了三个要件：

---

① 《法国民法典》第 1236 条规定："债的清偿得由任何于其中有利害关系的人为之"。罗结珍译：《法国民法典》，北京大学出版社 2010 年版，第 951-952 页。
② 罗结珍译：《法国民法典》，北京大学出版社 2010 年版，第 951-952 页。
③ 罗结珍译：《法国民法典》，北京大学出版社 2010 年版，第 961-963 页。

1.担保人系就债之履行有利害关系的第三人。"民法"第312条^①系代位清偿的一般性规定。第749条^②、以及2010年修订后的第875条之4^③则是代位清偿制度分别在保证和抵押中的具体运用。

2.担保人已为清偿。担保人通过清偿债务，使债权人的债权得以实现，并以此为据代位行使原债权人的债权及其从属性权利。

3.担保人对债务人有求偿权。我国台湾地区学者普遍认为，根据代位清偿制度原理，担保人因清偿而受有损失，法律赋予其代位权系为保障实现其对债务人的求偿权。因此，担保人对债务人因清偿而享有求偿权，理所当然是享有并行使代位追偿权的必要条件。^④此要件实质上与德国民法关于"第三人（清偿人）有权要求其他债务人分担相应债务"的规定如出一辙。

（四）英美法的"衡平法"模式

英美法国家在担保人的代位清偿方面，主要采用了通过"衡平法"进行规范的模式。正如美国印第安那州最高法院法官在Pierce v. Higgins一案中讲

---

① 我国台湾地区"民法"第312条规定："就债之履行有利害关系之第三人为清偿者，于其清偿之限度内承受债权人之权利，但不得有害于债权人之利益。"黄荣坚、詹森林、许宗力、王文宇编纂：《月旦简明六法》，台湾地区元照出版有限公司2011年第21版，三-29。

② 我国台湾地区"民法"第749条规定："保证人向债权人为清偿后，于其清偿之限度内，承受债权人对于主债务人之债权。但不得有害于债权人之利益。"黄荣坚、詹森林、许宗力、王文宇编纂：《月旦简明六法》，台湾地区元照出版有限公司2011年第21版，三-60。

③ 我国台湾地区"民法"第875条之4："为同一债权之担保，于数不动产上设定抵押权者，在各抵押物分别拍卖时，适用下列规定：一、经拍卖之抵押物为债务人以外之第三人所有，而抵押权人就该抵押物卖得价金受偿之债权额超过其分担额时，该抵押物所有人就超过分担额之范围内，得请求其余未拍卖之其他第三人偿还其供担保抵押物应分担之部分，并对该第三人之抵押物，以其分担额为限，承受抵押权人之权利。但不得有害于该抵押权人之利益。"黄荣坚、詹森林、许宗力、王文宇编纂：《月旦简明六法》，台湾地区元照出版有限公司2011年第21版，三-91。

④ 黄麟伦：《代位清偿制度之研究》，我国台湾地区"司法院"秘书处1998年版，第19-69页。

到的,保证人的代位追偿权自合同生效时产生,并随着合同的履行而不断发展(增值),除了保证人自己的行为外,其他任何人的行为都不会对该权利造成任何影响,因为它是一项法定权利。① 因此,在衡平法中,法定代位清偿成立既有积极必要条件,又有消极限制性条件。除担保人法定代位清偿外,衡平法中还存在当事人之间约定的代位清偿(conventional subrogation)。

1. 法定的代位清偿

(1) 积极必要条件

1) 债权全部实现。担保人清偿了全部债务,使得债权全部实现②,是其行使代位追偿权的先决条件。一般情况下,衡平法并不认为仅部分清偿了债务的担保人能够享有代位追偿权。③

2) 债务全部免除。④ 如果因为担保人的原因致使债务人的债务得到全部免除的,该担保人若因此遭受损失,也有权就该损失行使代位追偿权。

3) 其权利因善意买受人或不知其权利存在的他物权人而遭受损害。⑤

4) 担保人的行为导致消灭了之前已经附着的(担保)权利和担保人所承担的担保义务消灭。⑥

上述四种情形均是从众多判例中予以总结,只要满足其中之一,担保人即可行使代位追偿权。

---

① Pierce v. Higgins et al. (1884) 101 Ind. 178, 180.
② Post, sec. 136; Musgrave v. Dickson 172 Pa. 629 51 Am. St. R. 765.
③ Cooper v.Jenkins, 32 Beav. 337, 1 New Rep. 383; Neptune Ins. Co. v. Dorsey, 3 Md. Ch. 253; Wilcox v. Fairhaven Bank, 7 Allen (Mass.) 270; Hopkinson Bank v. Rudy, 2 Bush. (Ky.) 326; Rice v. Morris, 82 Ind. 204. 但是,他(担保人)可以偿付全部债务并继受债权人对其他义务人所享有的权利。Gerber v. Sharp, 72 Ind. 553.
④ Prairie State Bank v. U. S., 164 U. S. 227; Wayland v. Tucker, 4 Gratt. (Va.) 268, 50 Am. D. 76.
⑤ Richards v. Griffith, 92 Cal. 493, 27 Am. St. R. 156; Annick v. Woodworth, 58 Oh. St. 86; Ahern v. Freeman, 46 Minn. 156, 24 Am. St. R. 206; Heisler v. Aultman, 56 Minn. 454, 45 Am. St. R. 486; Crisfield v. Murdock, 127 N. Y. 315.
⑥ Spinkle v. Huffman, 52 Neb. 20. See Heisler v. Aultman, supra.

(2) 消极限制条件

1)"干净的手"理论。在英美法，当债权未全部实现时，清偿了部分债务的担保人自然不能享有代位追偿权①，这既是代位追偿权行使的必要条件，也是必要限制。除此之外，担保人虽然清偿了债务，但在这过程中其存在不正当行为，也不得主张代位追偿权，因为代位清偿这一制度也必须遵守"走进法庭寻求公平的人必须带着一双干净的手"（即"自身清白方能获得衡平救济"）的法律原则。② 例如，因欺诈与其他债权人订立抵押的担保人，不得就其清偿了的债务的其他抵押物主张代位追偿。③

2)非志愿（volunteer）为清偿。法院判例表明，在没有道德或法律上的义务代债务人清偿债务的人，即使清偿了全部债务也不得享有代位追偿权。因为一个人不可能强迫自己成为他人的保证人。④ 这与大陆法系的"与债的履行有利害关系第三人"的理论实质相同。作为担保人，已经对债的履行承担了强制性的法律义务，故该条件似不必特别提出。

2. 约定的代位清偿

衡平法上担保人约定的代位清偿，是指担保人通过与债务人或者债权人签订明示的合同，约定由担保人代为清偿债务，而债权人针对该债务又享有一项担保权利的，为清偿的担保人在清偿债务后有权代位行使债权人的债权及其担保权。在约定场合，债权实现后仍然为担保人行使代位追偿权而继续存在。⑤

(1) 明示的合同约定

法院判例表明，没有义务代为清偿债务的人，只有与债务人或者债权人

---

① Hoover v. Epler, 52 Pa. St. 522; Caiter v. Neal, 24 Ga. 346; Staples v. Fox, 45 Miss. 667.
② "The doctrine rests also upon the maxim that he who seeks equity must come into court with clean hands". Guckenheimer v. Angevine, 81 N. Y. 334; Griffith v. Townley, 69 Mo. 13; Wilkinson v. Babbitt, 4 DI11ou, 207. Quated from Charles Fisk Beach, 885.
③ Wiley v. Boyd, 38 Ala. 625.
④ Aetna Life Insurance Co. v. Middleport (1887) 124 U. S. 534, 8 Sup. Ct. 625, 31 L. Ed. 586.
⑤ Home Savings Bank v. Biersadt (1897) 168 I11. 618, 48 N. E. 161, 61 A. S. R. 146. See Ptterson v. Clark (1895) 96 Ga, 494, 23 S. E. 496.

订立合同对代位清偿作出明确约定，担保人在清偿后才有权代位行使债权人的相关权利。① 合同不一定必须是书面，但关于约定的内容必须明示。②

（2）须有对价

法院判例认为，对于一个"陌生人（stranger）"通过与债务人或债权人订立合同，明示代债务人清偿债务，法律上构成了对该债务的购买，而非支付。因此，该债务（债权）在清偿后仍得以存续。③ 既然是购买，就必然存在对价。④ 这种对价通常是就清偿所造成的损失向债务人主张补偿或者代位行使债权人的相关权利。

或许正是由于为债务提供物的担保的担保人通常不会像保证人一样在债务合同上署名并承诺承担担保责任，故其常常被当然排除在对债务清偿承担第一顺位的连带责任保证人（surety）之外，而往往被归入一般保证人（guarantor）范畴，即对债务清偿承担第二顺位的人。在与债权人或债务人订立担保合同之前，他们往往对债务没有任何义务。在合同中他们也会就清偿后的损失补偿或者代位行使债权人的相关权利等内容与债务人或债权人作出明示的约定。因此，衡平法也将物上保证人之间的代位清偿当作约定的代位清偿的典型范例。⑤

二、担保人代位追偿权成立的通常要件

通过对上述大陆法系主要立法例和英美法系衡平法相关规则的分析，结合我国现有研究成果以及司法实务，担保人代位追偿成立的通常要件是：

---

① Lackawanna Trust ＆ Safe Deposit Co. et al. v. Gomeringer et al.（1912）236 Pa. 179, 188, 84 Atl. 757; First State Bank of Wylie v. Farmers' ＆ Merchants' National Bank of Farmersville（1924）Texas Court Cilv. App. 262 S.W. 225.

② Allen, Adm'r et al. v. Caylor（1898）120 Ala. 251, 255, 24 So. 512.

③ Lackawanna Trust ＆ Safe Deposit Co. et al. v. Gomeringer et al.（1912）236 Pa. 179, 188, 84 Atl. 757; First State Bank of Wylie v. Farmers' ＆ Merchants' National Bank of Farmersville（1924）Texas Court Cilv. App. 262 S.W. 225.

④ Oetting v. Sparks et al.（1923）109 Oh. St. 94, 143 N. E. 184.

⑤ Shreve v. Hankinson et al.（1881）120 Ala. 251, 255, 24 So. 512.

（一）积极要件

通常情况下，担保人只要清偿了债务或使债务得到免除，即应依法享有对其他担保人的代位追偿权，此为积极要件。

首先，作为担保人，其已经满足了与债的履行有利害关系的第三人这一首要条件，自不必说。

其次，担保人清偿债务，使债权得到实现，是代位清偿制度"天平的一端"，另一端则是求偿权与代位追偿权的行使及得到补偿。因此，清偿债务是担保人享有代位追偿权的根本前提。当然，实践中也不乏有担保人利用其优势地位或特定便利条件使得债权人免除了债务人的债务，对于担保人因此受到的经济上的损失，按照代位清偿的公平原则，亦应赋予其代位追偿权予以弥补。

（二）消极要件

如前所述，我国台湾地区学者普遍将代位清偿人因清偿而对债务人享有求偿权[①]作为其享有并行使代位追偿权的前提条件之一，认为赋予代为清偿人代位追偿权是为了确保其顺利实现对债务人的求偿权，故没有求偿权，代位追偿权便失去了存在的前提。[②]我国台湾地区通说之所以采用了担保人"求偿权＋代位追偿权"的模式，一方面在于能够避免产生债权因清偿而消灭与因代位又复存在的理论困境，从而有效保持代位清偿理论的逻辑周延；另一方面，也能通过先赋予其求偿权从而事先将一些在法理上不应享有代位追偿权的主体排除在适用范围之外，从而有效保持代位清偿法理条款的彻底、清晰。

笔者认为，一方面，在担保人清偿债务后赋予其向债务人的求偿权，是两大法系各国立法的通行做法，同时也是法律公平正义原则的直接体现，似无必要刻意将之作为要件；另一方面我国台湾地区通说坚持此一要件，无非是想将清偿后不得享有求偿权的几种特殊情形排除在外，故与其如此，不如

[①] 黄麟伦：《代位清偿制度之研究》，我国台湾地区"司法院"秘书处1998年版，第19–69页。

[②] 孙森炎：《民法债编总论》（下），法律出版社2006年版，第840页。

直接将此几种除外情形作为消极要件予以规定，反而更加简明清晰。

根据各国和地区立法例，有几种排除担保人代位追偿权的情形值得注意：

1. 债权人与债务人事先有相反约定

代位清偿制度应当充分尊重当事人意思自治，如果在担保人为清偿之前，债权人与债务人就禁止第三人代为清偿有特别约定，则担保人不能向债权人代为履行，或者其代为履行行为对债权人不生效力。在此情形下，担保人已向债权人为履行的，其只能根据不当得利向债权人请求返还。

2. 代为清偿有害于或将有害于债权人的债权和债务人的利益

代位清偿制度的价值在于增强债务人的信用与偿债能力，在为债权实现提供多重保障的同时，为担保人求偿提供保障。如果担保人的代位清偿有害于或者将有害于债权或债务人利益，势必与代位清偿制度的立法意旨相违背，故必然不得产生代位清偿的效力。这与英美衡平法中"干净的手"规则实质相同。

第二节 担保人代位追偿权的行使规则

丰富的担保实践和理论研究，逐渐形成了混合共同担保人之间代位追偿权行使中的具体规则，值得深入研究。

一、部分清偿

（一）部分清偿的应有之义

实践中，由于支付能力或其他因素的限制，担保人可能会仅就部分债务进行清偿。

1. 内涵

在我国台湾地区,部分清偿又称不完全给付,是指债务人虽已为完全给付之意思为给付,而未符合债务本旨之给付。从立法及学说看,债务人之不履行,仅规定了给付不能和给付迟延两种类型。在债务人不履行的两种情形之外,却客观存在着不完全履行的情形。①我国台湾地区"民法"虽然对不完全给付没有直接规定,但在司法实务和学说上均予以承认。为避免争议和有利于法律解释适用,我国台湾地区"最高法院"曾于1988年作成一项决议,即承认法律对于此种情形确存在漏洞,并决定此种情形可类推适用"民法"关于给付不能和给付迟延的规定,予以填补。②

2. 表现方式

部分清偿通常表现为以下几种方式:

(1)给付物有品质或数量上之不足。

(2)给付之方法不完全。

(3)未履行或未完全履行附随义务。

而我国大陆部分学者则更倾向于将部分履行主要限制在履行标的数量的不足上,将之界定为一种违约方式,并与拒绝履行、迟延履行和不适当履行予以并列。③

(二)部分清偿对担保人代位追偿权的影响

部分清偿的效力为何,对担保人的求偿权和代位追偿权的享有与行使将产生重大影响。具体而言,以下问题值得讨论:

1. 部分清偿的担保人是否享有并有权行使代位追偿权

对于担保人向债权人仅为部分清偿时,是否享有代位追偿权及其权利行

---

① 史尚宽:《不完全给付之研究》,载郑玉波主编:《民法债编论文选辑》(中),台湾地区五南图书出版公司出版,第699-700页。

② 王泽鉴:《民法概要》,北京大学出版社2009年12月第1版,第208-209页。

③ 王利明、崔建远:《合同法新论·总则》(修订版),中国政法大学出版社2000年版,第596-602页。

使的范围等问题,两大法系国家在理论和实务上存在较大分歧。

(1)大陆法系。大陆法系国家一般承认担保人的部分清偿能够产生代位清偿的效力,但其仅在实际为清偿的部分债务范围内享有相应的求偿权和代位追偿权,如法国、日本等。《法国民法典》第1252条[①]对担保人部分清偿的效力采取了默认的态度,仅强调部分清偿的担保人在行使代位追偿权时不得使债权人受到损害。《日本民法典》第502条则明确承认了部分清偿的效力,依据该规定,担保人"按其清偿价额,与债权人共同行使权利"[②]。我国台湾地区"民法"对此问题并未有明确规定,仅在第312条进行了笼统规定,但根据通说与实务,也基本准许部分代位清偿人在实际清偿范围内行使债权及其从属性权利,只要无害于债权人的债权即可。[③]

(2)英美法系。英美法系国家的绝大部分判例却将债务得到全部清偿,视为担保人享有代位追偿权(subrogation)的必要条件[④],认为仅部分清偿债务的担保人一般情况下并不享有代位追偿权。[⑤]当然也有很少部分案例认为担保人部分清偿的,在特定情形下享有有限的代位追偿权。[⑥]有判例表明,即使原本就仅承担部分清偿责任的担保人,全部支付了其应承担的债务份额,但在

---

① 《法国民法典》第1252条规定:"在债权人仅受部分清偿时,代位清偿不得使债权人受到损害;在此场合,债权人对仍然拖欠的债务部分,得优先于仅向其进行部分清偿的人行使其权利。"罗结珍译:《法国民法典》(下册),北京大学出版社2010年版,第963-964页。

② 《日本民法典》第502条第1款规定:"就部分债权有代位清偿的,代位人按其清偿价额,与债权人共同行使权利。"王爱群译:《日本民法典》,法律出版社2014年版,第87页。

③ 黄麟伦:《代位清偿制度之研究》,我国台湾地区"司法院"秘书处1998年版,第97-98页。

④ Knowles v. Rablin, 20 Iowa, 101; Bocker v. Hathorn, 20 Hun, 503; Massie v. Mann, 17 Iowa, 131.

⑤ Child v. New York & c. R. Co., 129 Mass. 170; Conwell v. McCowan, 53. 363; Carter v. Neal, 24 Ga. 346; Darst v. Bates, 51 Ill. 439; Field v. Hamilton, 45 Vt. 35; Magee v. Leggett, 48 Miss. 139; Vert v. Boss, 74 Ind. 566; Lee v. Griffin, 31 Miss. 632.

⑥ Edward W. Spencer, The General Law of Suretyship (Including Commercial Non-commercial Guarantees and Compensated Corporate Suretyship), Chicago Callaghan and Company, 1913, 179–183.

第四章 担保人代位追偿权的成立要件与行使规则

债权人的债权得到全部满足前,也无法根据衡平法享有或行使对其他担保人的代位追偿权(subrogation)。① 部分清偿了债务,却无法享有或行使代位追偿权(subrogation)的担保人,虽然在衡平法上得不到相应救济,但却可以依据普通法上的损害赔偿(indemnity)制度,就其所支付的债务数额向债务人主张偿付。② 英美衡平法还通过判例,对一些具体情形下的部分清偿效力进行了认定:1)如果担保人为债权人与债务人之间数个债务中的某一个或某一些债务作担保,并清除了其所应承担的清偿责任,而另外一项担保则是担保了所有的债务,则在所有债务全部清偿完毕之前,该担保人不得代位行使对后一担保的权利。③ 2)当债权人就其债权同时享有抵押和保证,之后债务人又向其就二者间新的债务在原抵押物上设定了新的担保,那么,在债权人知情

---

① Cooper v. Jenkins, 32 Beav. 337, 1 New Rep. 383; Neptune Ins. Co. v. Dorsey, 3 Md. Ch. 253;Wilcox v. Fairhaven Bank, 7 Allen (Mass.) 270; Hotkinson Bank v. Rudy, 2 Bush.(Ky.) 326; Rice v. Morris, 82 Ind. 204.

② Ante, sec. 122.

③ Farebrother v. Wodehouse, 23 Beav. 18; Grubbs v. Wysors, 32 Gratt (Va.) 127; Zook v. Clemmer, 44 Ind. 15; Vert v. Voss. 74 Ind 565; Rice v. Morris, 82 Ind. 204; Hokinsville Bank b. Rudy, 2 Bush. (Ky.) 326; Welch v. Parran, 2 Gill (Md.) 320; Parker v. Mercer, 6 How. 320, 38 Am. D. 438-n; Mathews v. Switzler, 46 Mo.301; Lillingham v. Ohio etc. Tr. Co., 22 Ky. L. 158; Richeson v. Nat. Bank of Mena, 96 Ark. 594. Compare Allison v. Sutterlin, 50 Mo.274. 一个连带责任保证人(surety)为债务人的数笔债务提供保证,在该数笔债务同时又有抵押担保的,该保证人即使在清偿了其所担保的其中一笔债务后,也无权向其他担保行使代位追偿权。Massie v. Mann, 17 Ia. 131; arithers v. Stuart, 87 Ind. 424; Gannet v. Blodgett, 39 N. H. 150. See Lynch v. Hancock, 14 S. Car. 66 判决观点:某连带责任保证人(surety)为债务人数笔债务中的一笔提供担保,且债务人的数笔债务均有抵押担保,当其清偿了其应承担的那部分清偿责任后,有权根据其责任比例通过代位行使相应的部分抵押物权获得相应补偿。如果各方没有对担保作出特别约定,在该保证人已经占有担保物的情况下,当债务人或其他连带保证人破产时,为了保护其正当利益,该保证人有权就其占有的担保物行使代位追偿权。换言之,这些案件中的连带保证人仅能在已为清偿或消灭所有债务的情况下,才能就其所清偿金额范围内的担保物行使代位追偿权。Wilcox v. Fair Haven Bank, 7 Allen (Mass.) 270. See also, Richardson v. Washington Bank, 3 Met. (Mass.) 536; Union Bank v. Edwards, 1 Gill. & J. (Md.) 346; Stone v. Seymour, 7 Wend. (N.Y.) 19; Mathews v. Switzler, 46 Mo. 301.

且第一债权的保证人已为清偿的情况下,债权人无权以第二债权上的担保来否认该保证人的代位追偿权①;而第二债权的保证人在没有特别约定的情况下,也享有同样待遇。②3)连带保证人清偿了其与债务人的共同债务的,即使没有事先合同,基于公平正义原则,其也就代债务人为清偿部分享有代位追偿权,既包括对债务人的求偿权(indemnity),也包括对其他所有清偿义务人的代位追偿权(subrogation)。③

笔者认为,大陆法系传统民法普遍承认债权部分清偿的效力。当债务人为部分清偿时,相应的债权在清偿范围内消灭。同理,作为第三人的担保人部分代为清偿时,债权也在相应的清偿范围内得以实现。实践中,只要担保人实际承担的担保责任超过其依法应当承担的份额,对于超出部分,其便有权向应当承担相应责任份额的其他担保人行使代位追偿权。④同时,根据"有损害即有赔偿"原理,担保人即使仅就债务作出了部分清偿,其因此所遭受的财产损失也应得到有效的赔偿与救济。只要该损失的救济方式不影响或损害到其他权利人,尤其是债权人的合法权利,法律就应当予以支持。因此,法律应当在担保人为部分清偿时,亦赋予其在为清偿范围内对债务人的求偿权与对其他担保人的代位追偿权。

2. 担保人行使部分代位追偿权与债权人行使剩余债权的关系

关于部分清偿的担保人行使代位追偿权与债权人行使剩余债权的关系协调问题,主要存在两种做法,一是二者平等地共同行使权利,二是债权人剩余债权优先行使。

---

① Pearl v. Deacon, 24 Beav. 186, 1 De G. & J.461; Green v. Wynn, L. R. 4 Ch. 204; Forbes v. Jackson, 19 CH. Div. 616, overruling Williams v. Owen, 13 Sim. 597; National Exchange Bank v. Silliman, 65 N. Y. 475; Simmond v. Cates, 56 Ga. 609; Perry v. Miller, 54 Ia. 277; Ottawa Bank v. Dudgeon, 65 Ill. 11; Pence v. Armstrong, 95 Ind.191.

② National Exchange Bank v. Silliman, supra.

③ Hill v. King, 48 Oh. St. 75; Lumpkin v. Mills, 4 Ga. 343; Fleming v. Beaver, 2 Rawle, (Pa.) 128, 19 Am. D. 629; Kenard v. Bird, 20 S. Car. 377; Lightbown v. Mcmyn, L. R. 33 Ch. Div. 575. See Burrus v. Cooke, 215 Mo. 496; Manford v. Firth, 68 Ind. 83.

④ 郑玉波:《民法债编各论》(下),我国台湾地区三民书局1986年版,第403页。

(1)平等共同行使。

即担保人可在其代位清偿范围内单独行使部分代位追偿权,且与债权人处于平等地位。采取这种做法的典型代表是日本。根据《日本民法典》第502条第1款①的规定,部分代位清偿的代位人,与债权人共同行使权利。对于此款规定,日本具有代表性的观点这样解释到:第一,共同行使权利应解释为不与债权人共同则不能行使;第二,其效力不得损害债权人享有的担保物权的不可分性。但是,日本学界通说却认为,在与债权人共同行使权利后,部分代位清偿人仅能就原债权人剩余债权优先受偿后的权利实现余额在其实际清偿范围内受偿。② 理由在于,代位清偿制度的目的在于尽可能保护求偿权,但以损害债权人为代价保护求偿权的做法已经背离制度本来之目的。③

(2)债权人剩余债权优先行使。

即认为担保人代位追偿权行使的前提是,不得妨碍或者损害债权人的债权。也即是说,在担保人的代位追偿权与债权人的剩余债权在实现上发生冲突时,后者处于优先地位,应优先于前者得到实现。根据《法国民法典》第1252条的相关规定,债权人对仍然拖欠的债务部分,得优先于仅进行部分清偿的担保人行使其权利。同样的,《德国民法典》第268条关于代偿权、第426条关于连带债务人清偿后的债权移转以及第774条关于债权的法定移转等规定中,均明确了上述求偿权和代位追偿权的行使,均不得有害于债权人的债权。德国不少学者也认为,部分清偿而移转的债权,相比于原债权人的剩余债权,应当处于后顺位。④《欧洲示范民法典草案》第4.7-2:113条第(2)

---

① 《日本民法典》第502条第1款规定:"就部分债权有代位清偿的,代位人按其清偿价额,与债权人共同行使权利。"王爱群译:《日本民法典》,法律出版社2014年版,第87页。
② 黄麟伦:《代位清偿制度之研究》,我国台湾地区"司法院"秘书处1998年版,第97-98页。
③ [日]我妻荣著:《我妻荣民法讲义Ⅳ——新订债权总论》,王燚译,中国法制出版社2008年版,第227-228页。
④ [日]我妻荣著:《我妻荣民法讲义Ⅳ——新订债权总论》,王燚译,中国法制出版社2008年版,第227-228页。

款①也作出了类似规定。

笔者认为，首先，从整个交易体系看，原债权的全部实现，是交易的首要和终极目标，而担保人的代位追偿权系在完成上述目标后，法律为了解决债权实现后的弥补为清偿的担保人经济损失、平衡各方当事人利益等"善后事宜"而作出的制度安排，故无论从时间上还是逻辑上，保障原债权的实现乃是整个交易的首要任务，其他制度安排均系围绕这个任务而衍生，当然不得对原债权的实现造成妨碍。其次，从代位追偿权与原债权的关系看，原债权乃代位追偿权产生之前提与基础。根据代位清偿理论或者德国的债权法定移转理论，代位追偿权系基于债权得到与债的履行有利害关系第三人的清偿而产生，为清偿的担保人所代位行使的实质上就是原债权，故从这个角度看，二者在一定程度上存在着非直接的因果关系。因此，虽然代位行使的权利在本质上与原债权一样，均属于债权，但此债权与彼债权在地位上却存在着明显的差异。最后，上述立法例中关于代位追偿权行使不得有害于债权的表述，实质包含着两层含义：一是在二者不相冲突时，可以同时或者共同行使；二是当二者的实现发生冲突时，剩余债权应当优先于代位追偿权得到实现。总的来说，根据代位清偿制度关于部分清偿法律效果的规定，担保人有权在实际清偿债权的范围内代位行使原债权，当然必须以不损害债权人的债权为前提。因此，担保人即使仅为部分清偿，也有权就其实际承担的、超出其应承担部分的债权数额代位行使原债权人的债权，向其他应当承担相应担保责任的担保人追偿。

二、保证人与物上保证人之间是否可以相互行使代位追偿权

在混合共同担保中，绝大多数国家或地区民法均支持保证人之间、物上

---

① 《欧洲示范民法典草案》第 4.7-2: 113 条（2）款规定："保证人部分履行保证债务的，债权人对债务人的剩余债权优先于保证人依代位取得的权利。"欧洲民法典研究组、欧盟现行私法研究组编著:《欧洲示范民法典草案:欧洲私法的原则、定义和示范规则》，高圣平译，中国人民大学出版社 2012 年第 1 版，第 298 页。

保证人之间以及保证人在代为清偿债务后向其他保证人、物上保证人行使代位追偿权，但对于物上保证人在清偿债务后是否有权向保证人行使代位追偿权问题上，认识与做法并不相同。

（一）立法例考察

1. 大陆法系

根据《法国民法典》第1249条①关于"代位清偿"的一般性规定，无论是保证人还是物上保证人明显均满足代位清偿的构成要件，故在法理上均能适用该项规定。第2033条就"共同保证人"相互之间的"求偿权"（代位追偿权）作出了明确规定："数人就同一债务为同一债务人做保证时，已进行债务清偿的保证人，对其他保证人，就每一人各自应负担的部分与份额有求偿权。"②不仅如此，法院判例更加清晰地对第2033条的"共同保证人"进行了解释，即"保证人之一提供的保证具有实物担保（物保）性质，并不妨碍其针对其他保证人提出求偿之诉，即使其他保证人仅仅是提供'人保'，因为，第2033条之规定并没有区分共同保证人是提供'物保'还是'人保'"。这是以判例的方式，并以最直接的方式明确了混合共同担保中的保证人与物上保证人之间完全可以相互行使代位追偿权。

《日本民法典》在"代位清偿"章节也对保证人与物上保证人之间的相互代位追偿作出了明确规定。该法典关于法定代位的表述非常强硬，"就清偿有正当利益的人，因其清偿而当然代位债权人"，同时规定，清偿人在基于自己权利可以求偿的范围内，可以行使该债权人享有的、作为债权效力及担保的一切权利。关于保证人与物上保证人之间相互进行代位追偿问题，该法典规

---

① 《法国民法典》第1249条规定："向债权人进行清偿的第三人对债权人的权利取得代位权，或为约定，或为法定。"罗结珍译：《法国民法典》（下册），北京大学出版社2010年版，第959-960页。

② 罗结珍译：《法国民法典》（下册），北京大学出版社2010年版，第1479-1480页。

定，二者之间按照数量代位债权人。①

《欧洲民法典草案》在第4.7-1：106条明确规定，保证人与物上保证人之间参照该法典关于"连带债务人之间的追偿"规定，可以相互进行代位追偿。第4.7-2：113条也明确了保证人在为清偿后，取得"债权人作为从属保障、独立保证以及担保物权的权利人所享有的一切权利"。②

2. 英美法系

英美衡平法对混合共同担保人之间相互行使代位追偿权则提出了"同一顺位"的要求。与大陆法系不同，在英美法国家，法律及法院对担保人很少作人保与物保的区分，而更多地习惯于从责任顺位的角度来对担保人作区分。从责任顺位角度看，担保人一般区分为连带责任保证人（surety）与一般保证人（guarantor）。通说认为，连带责任保证人（surety）系处于同一责任顺位的共同保证人，他们对债务清偿共同承担连带责任，且为清偿的保证人有权向其他连带保证人进行代位追偿。实践中，不论是承诺对债务人的债务提供保证的担保人，还是在合同中承诺用自己所有的财产对债务提供物的担保的担保人，都有可能成为连带责任保证人（surety），界定的关键在于担保人在订立担保合同时是否作出了愿意承担连带清偿责任的承诺。如果担保人作出了承担连带清偿责任的承诺，即属于连带责任保证人（surety），其承担的是第一顺位的责任；如果担保人仅作出了一般保证的承诺，则属于一般保证人（guarantor），则其承担的就是第二顺位的责任。因此，代位追偿权（及分配请求权）仅能在处于相同责任顺位的担保人（即连带责任保证人（surety））之间相互主张，而处于不同责任顺位的担保人之间则不能相互主张代位追偿和分配。法院判例大致形成了以下规则：

（1）承认连带责任保证人（surety）对其他连带保证人的代位追偿权（及分配请求权）。一个连带责任保证人（surety）在清偿了债务后，有权向其他

---

① 相关条款：《日本民法典》第500条、第501条。王爱群译：《日本民法典》，法律出版社2014年版，第87页。
② 欧洲民法典研究组、欧盟现行私法研究组编著：《欧洲示范民法典草案：欧洲私法的原则、定义和示范规则》，高圣平译，中国人民大学出版社2012年第1版，第298页。

共同保证人主张代位追偿（及责任分配）。在美国著名的 Monson v. Drakeley 一案中，法官阐述到："共同保证人的义务虽然有数个，但并非是从属性的。他们担保的对象是同一的。因此，他们有权向债务人主张赔偿的同时，还可基于相互之间的法律关系来主张分配，并受彼此分配请求权的约束。"[1] 正是由于所有的连带责任保证人（co-sureties）是处于同一顺位的责任人，他们之间的关系是并列的而非从属的，故在担保法律关系中，他们应当平等地共享利益、共担责任。而这正是连带保证人相互间行使代位追偿权和分配请求权的平等性基础。

（2）承认物上保证人之间的代位追偿权（及分配请求权）。美国法院判例表明，当两个或两个以上的人在他们所有的不动产上为同一债务人的同一债务设定了抵押，且每个抵押所担保的数额相同，那么，解除了上述抵押的抵押人有权向其他抵押人主张按比例分担。[2] 也有案例表明，物上保证人之间也可通过明示的合同约定来设定相互的代位追偿权[3]；如果一个抵押担保人清偿了部分债务，他即有权代位行使抵押权人的权利，并能优先于之后的判决债权人获得补偿救济。[4] 与连带保证人同理，正是由于数个物上保证人均处于同一责任顺位，在他们之间有平等分享利益、分担责任的基础，故他们之间也可相互主张代位追偿权（及分配请求权）。

（3）对保证人与物上保证人之间是否可以相互主张代位追偿（及分配）存在分歧。在英美法中，连带责任保证人被称作"surety"，是担保人中处于第一顺位的责任人；而一般保证人（包括部分物上保证人）通常被统称为

---

[1] Monson v. Drakeley, 40 Conn. 522.
[2] Everson v. McMullen, 113 N. Y. 293.
[3] Shreve v. Hankinson et al. （1881）34 N. J. Eq. 76; Seeley et al. v. Bacon et al. （1896）Court of Chancery N. J. 34 Atl. 139.
[4] Bowen v. Barksdale （S. C.）, 11 S. E. Rep. 640; Third Nat. Bank v. Shields, 55 Hun, 274; Begein v. Bochm （Ind.）, 23 N. E. Rep. 496.

"guarantor",其责任相对于债务人和连带保证人是处于第二顺位的。① 因此,司法实务对二者之间是否能够相互主张代位追偿(及分配),存在分歧。

1)有案例表明,保证人为清偿后有权向物上保证人主张代位追偿。如在 Pierce v.Higgins 一案中,法院就认为代位追偿权属于法定权利。该案中的保证人有权就债务人在所购房地产上设定的留置权行使代位追偿权,并能对抗该抵押权人。② 但也有不少案例认为,当承诺的债务被连带责任保证人清偿后,一般保证人并不受其分配请求权的约束。③ 笔者认为,该案中的物的担保系由债务人所提供,而债务人作为债务的第一责任人,其所提供的担保物亦是其财产,当然应当首当其冲地成为保证人代位追偿权行使的标的。

2)对于物上保证人在为清偿后是否有权代位行使债权人的债权及其相关权利,并有权向其他保证人请求分配,法院判例仍然以"同一顺位"标准进行了区分对待。大多数判决认为,为同一债务提供一般保证(包括物保)的人,在存在连带保证人的情况下,即使代为清偿了债务,其也无权向连带保证人主张责任分配(contribution)。④ 在著名的 Monson v. Drakeley 案中,被后来的法官引用最为频繁的论述最好地诠释了一般保证人无权向连带责任保证人主张代位追偿权和分配的理由:"具有缔约能力的一般保证人,其与连带责任保证人没有任何法律上的利害关系。他的行为是从属性的,且系相对独立的。他并不受连带责任保证人分配请求权的约束,同时也无权主张分配;如

---

① Lichty v. Moorc, 38 Neb. 269, 56 N. W. 965 (1893); Chapman v. Garber, 46 Neb. 16, 64 N. W. 362 (1895); Smith v. Smith, 16 N. C. 173 (1828); Chapman v. Pendleton, 26 R. L. 573, 59 Atl. 928 (1905).

② Pierce v. Higgins et al. (1884) 101 Ind. 178, 180.

③ 1 Parsons on Cont., 36; Chitty on Cont., 499; Chitty on Bills, 250; Tyler v. Binney, 7 Mass., 479; Upham v. Prince, 12 id., 14; Tenney v. Prince, 4 Pick., 385; S. C., 7 id., 243; Longley v. Griggs, 10 id., 121; True v. Fuller, 21 id., 140; Springer v.Hutchinson, 19 Maine, 359; Rix v. Adams, 9 Verm., 233; Bailey v. Freeman, 4 Johns., 280; Leonard v. Vredenburgh, 8 id., 28; Lamonrieux v. Hewit, 5 Wend., 307.

④ Monson v. Drakeley, 40 Conn, 552.

果他清偿了债务，他的救济只能是向债务人主张损害赔偿（indemnity）。"[1] 又如在 Rogers v. National Sur. Co. 一案中，美国内布拉斯加州最高法院也认为，"连带责任保证人（surety）与一般保证人（guarantor）之间不适用分配规则（contribution）"。"基于二者各自的地位，一般保证人是基于不同于债务人的担保合同，并只有在债务人不履行债务的情形下才负有清偿义务；而连带责任保证人则是直接受约束于债务合同，并承担着与债务人责任相同的原始性责任。因此，连带责任保证人是债务的担保人，而一般保证人却是债务人破产的担保人"。[2] 但也有观点认为，虽然有不少案例认定一般保证人对连带责任保证人不享有代位追偿权和分配请求权，但作出判决的根据往往是案件的特定情况[3]，而非根据任何普遍统一适用的禁止二者之间适用分配的原则或标准。[4] 因此，也有法院作出了为数不少的相反判决，即承认了在一些特定条件下，连带保证人与一般保证人之间的是可以相互行使代位追偿权和分配请求权的。[5] 其实，即使是著名的 Monson v. Drakeley 一案的判决理由也并非无懈可击，其也受到了学者的质疑。[6] 总而言之，在一般情况下，如果物上保证人属于连带责任保证人，其在清偿债务后可以向其他连带责任保证人行使代位追偿权；如果物上保证人属于一般保证人，则其对其他连带保证人不享有代位追偿权和分配请求权，仅能向债务人行使求偿权（即损害赔偿 indemnity）。

---

[1] Monson v. Drakeley, 40 Conn. 522. "A guarantor of the ability of the maker is in no sense in privity with the sureties. His undertaking is collateral and independent. He is not chaergealbe by them with contribution and can not claim it; and if he pays the debt his remedy is against the principal alone for indemnity."
[2] Rogers v. National Sur. Co., 116 Neb. 170, 178, 216 N. W. 182, 185（1927）.
[3] Edwards v. Jefferson Standard L. Ins. Co., 173 N. C. 614, 92 S. E. 663（1917）discussed supra p. 14.
[4] Gillam v. Walker 189, 126 S. E. 424（1925）.
[5] Cf. Mc David v. McLean, 202 I11. 354, 66 N. E. 1075（1903）; Sun River Stock & Land Co. v. Montana Trust & Sav. Bk., 81 Mont. 222, 263 Pac. 1039（1928）.
[6] Maurice H. Merrill, "Contribution between Sureties and Guarantors", Idaho Law Journal, Vol. 2, Issue 1（January 1932）, pp. 1–21.

（二）保证人代位行使担保物权是否需要设定特别条件

关于是否应就保证人对物上保证人行使代位权设定特别条件的问题，主要体现在抵押登记上。实践中，往往会出现这样的情形：债权人作为抵押权人，虽已登记，但保证人在因清偿而获得代位追偿权时，却并非抵押登记的权利人。问题在于，此时保证人代位行使债权的抵押权，能否对抗其他抵押权人？对于该问题存在两种意见：一种意见认为保证人须在担保物权登记中附记代位，方能对物上保证人行使代位追偿权。[1]《日本民法典》第501条（1）即规定了保证人应当预先在先取特权、不动产质权或抵押权的登记中附记其代位，否则对于该先取特权、不动产质权或抵押权标的不动产的第三取得人，不得代位债权人。[2] 第二种意见则认为法律无需对保证人作出此种限制。

笔者认为，对于该问题应当分为两种情形予以分析：

1. 不动产抵押

在不动产抵押场合，法国、意大利和日本等国家采取了登记对抗主义。抵押权依当事人合意而生效，是否登记完全取决于当事人意思自治，登记仅为对抗第三人的要件。以德国为代表的国家，包括我国则采取了登记生效主义。法律对不动产抵押采取强制登记制度，登记为抵押权生效要件，未登记的不发生物权变动的效力。鉴于登记生效主义语境下，登记具有很强的公信力，故登记的权利人可以此对抗第三人的权利主张。

在我国不动产登记采生效主义情境下，当债权人就其抵押权事先进行了登记，保证人在为清偿后，虽然取得代位行使债权及其从属性权利的权利，但因其并未进行抵押登记，登记簿上并没有该保证人，从物权法角度看，该保证人并非抵押权人，故其不能行使该抵押权。这明显与保证人为清偿后即得代位行使债权人的抵押权形成法律适用上的冲突。笔者认为，法律应当设定适当的程序来避免此种冲突的产生，有效途径便是为保证人代位行使债权

---

[1] 史尚宽：《债法总论》，中国政法大学出版社2000年版，第770页。
[2] 王爱群译：《日本民法典》，法律出版社2014年版，第87页。

人的抵押权设置特别程序,如要求债权人在保证人为清偿后,协助保证人到物权登记机构进行抵押权变更登记或备注,登记机关在变更或备注登记前有义务对保证人代位清偿的事实进行形式审查并保存相关资料。

《法国民法典》就对保证人代位行使担保物权提出了特别的程序要求,根据该法典第2149条的规定,对抵押权登记所作的任何变更,如代位,尤其是享有登记利益的债权人本人方式的任何变更,在不加重债务人负担的条件下,均由登记员在现有的登记备注栏内加以载明,以示公告[①]。法国最高法院判例认为,担保人在清偿债务后对债权人所享有的代位追偿权,包含着抵押权登记权利人的变更,但并未加重债务人的负担,其效果是赋予该担保人享有原债权及全部利益与附带权利,如未经登记员在原有登记的备注栏作出记述并公告,不得对抗第三人。[②]

2.动产抵押

大多数国家立法都对动产抵押登记采取了登记对抗主义。如《美国统一商法典》第九章,在坚持一元化担保概念的基础上,彻底贯彻了登记对抗主义。该法典将当事人意思自治放在了首要位置,担保权利因双方当事人合意而生效,是否登记取决于当事人自愿,担保声明书仅是对抗第三人的要件,而非生效要件。我国台湾地区"民法"同样对动产抵押登记采取了对抗主义。我国《物权法》也是如此。笔者认为,即使是在登记对抗主义语境下,保证人要代位行使债权人的抵押权,也应进行登记备注或变更登记后,才能有效对抗第三人。

综上,保证人虽然代位行使的是债权人的抵押权,但出于维护交易安全

[①] 《法国民法典》第2149条规定:"优先权与抵押权的代位、撤销、缩减、已经同意的'在先受偿顺位'的转让与转移、期限延长、住所改变,总之,任何变更,尤其是享有登录利益的债权人本人发生的任何变更,在不加重债务人负担的条件下,均由登录员在现有的登录的备注栏内加以载明,以示公告。"引自罗结珍译:《法国民法典》(下册),北京大学出版社2010年版,第1555–1556页。

[②] 法国最高法院第三民事庭1999年12月20日判例,引自罗结珍译:《法国民法典》(下册),北京大学出版社2010年版,第1555–1556页。

与稳定以及维护物权公示公信原则考虑，法律有必要对其代位行使抵押权设置变更登记等特别程序，以有效保护其他第三人的合法权益，尤其是第三人已经公示的权益。

三、担保人行使代位追偿权与担保物第三取得人的关系协调

担保物尤其是抵押不动产的第三取得人，在所有权转让、抵押权实现等错综复杂的法律关系中，地位比较特殊。该第三人虽然依法取得了担保物的所有权，但因为担保物上担保物权的存在，导致其所有权的实际权益面临可以预见却又不确定的风险。正如我妻荣教授所言，第三人取得地位安全与否，和债务人有无清偿紧密相连，是非常不稳定的。① 通常情况下，在标的物设定抵押权生效后，第三人受让该担保物时对抵押的设定亦为明知。当债务人不能清偿到期债务，抵押权人行使抵押权欲优先受偿时，第三取得人的利益将受到重大影响，并将产生一系列问题，值得探讨。

（一）第三取得人代为清偿或担保物被执行后所享有的救济性权利

按照代位清偿理论，担保物的第三取得人亦属于与债的履行有利害关系的第三人，其在债务人不能清偿到期债务时，代为清偿债务或者担保物被执行后，理应享有相应的求偿权与代位追偿权。鉴于大多数国家对不动产抵押采取登记生效主义，故第三取得人在受让不动产并进行登记时，应当知道该不动产上抵押权的存在；而对动产抵押一般采取登记对抗主义，故如未登记则不能对抗善意的第三取得人，因此，下文仅就第三取得人在受让标的物时明知其上设定有抵押权的情形予以讨论。

有学者指出，在第三取得人明知存在抵押的情况下，抵押权人对担保物实行抵押权，导致第三取得人代为清偿或标的物被执行，均在第三人取得人

---

① ［日］我妻荣著：《我妻荣民法讲义Ⅳ——新订债权总论》，王燚译，中国法制出版社2008年版，第342页。

受让标的物时所能够也应当预见的范围内,且通常转让方与受让方在转让价款等方面也会有所考虑,故当第三取得人在代位清偿或标的物被执行后,仍允许其向债务人求偿或代位原债权,是否会导致其获得双重利益,是否符合公平原则?为解决上述问题,日本民法规定了折价清偿和涤除两项制度,以有效平衡当事人利益。我国《担保法解释》第67条①也对第三取得人在代为清偿后有权向债务人求偿进行了明确规定。

通常地,在转让双方均对抵押权的存在明知的情况下,转让双方一般会采取某些方式予以通盘考虑,如转让方在转让价格上会作出适当让步,甚至在转让价款中将抵押额直接予以减扣。作者认为,当转让双方在转让合同中已经就标的物价款与抵押实行等事宜如何通盘处理进行约定的,应当从约定。因此,除了当有证据证明买卖双方已就抵押权事宜达成上述约定的情形外,一般应当允许第三取得人在代为清偿或标的物被执行后行使求偿权和代位追偿权,因为这两项权利系第三取得人作为与债的履行有利害关系第三人所依法享有的、法定的正当性权利。

(二)担保人与第三取得人之间可否相互行使代位追偿权

如前文所述,除当事人另有特别约定外,第三取得人在代为清偿或担保物被执行后,依据代位清偿制度有权行使求偿权与代位追偿权,但对于债权的担保人,却不尽然。

1.担保人能否向第三取得人行使代位追偿权

在上述情况下,担保人在代位清偿后,能否对第三取得人行使代位追偿权?《日本民法典》第501条持肯定态度,但规定了担保人须预先在相关登记中附记其代位这一权利行使的前提条件。

---

① 《担保法解释》第67条规定:"(1)抵押权存续期间,抵押人转让抵押物未通知抵押权人或者未告知受让人的,如果抵押物已经登记的,抵押权人仍可以行使抵押权;取得抵押物所有权的受让人,可以代替债务人清偿其全部债务,使抵押权消灭。受让人清偿债务后可以向抵押人追偿。(2)如果抵押物未经登记的,抵押权不得对抗受让人,因此给抵押权人造成损失的,由抵押人承担赔偿责任。"

笔者认为，根据代位清偿原理和抵押权的追及效力，担保人在代为清偿债务后，依法取得了求偿权与代位追偿权。当担保人代位债权人行使抵押物上的抵押权时，只要符合法律规定抵押权行使条件，其当然有权就抵押物优先受偿。

2. 第三取得人能否向担保人行使代位追偿权。

持否定观点的学者认为，一般情况下，只有保证人有权向第三取得人进行代位追偿，而第三取得人在因抵押权人实行抵押导致其失去担保物所有权的情况下，只能依据不当得利向债务人主张偿付，并无权向担保人进行代位追偿。① 不仅如此，《日本民法典》第 501 条明确规定，第三取得人对于保证人不享有债权的代位权。② 持肯定观点者则认为，抵押物的第三取得人系与债之履行有利害关系第三人，在代为清偿债务或抵押物被执行后，当然享有求偿权与代位追偿权。如《法国民法典》第 1251 条第 2 款以及《德国民法典》第 268 条③ 关于代位追偿权的规定。

笔者认为，根据代位清偿原理，第三取得人作为与债的履行有利害关系第三人，在代为清偿债务后，债务因其清偿而消灭。为保障第三取得人为此所受财产损失得到有效补偿，法律应当赋予其求偿权和代位追偿权。既然是代位追偿权，其当然有权代位行使债权的担保权。因此除非有明确的证据证明当时买卖双方曾合意让买受人承担该债务（履行承担）或双方合意的买卖金是扣除标的物所担保债权的价额，不许第三取得人求偿外，其他情况应该

---

① 史尚宽：《债法总论》，中国政法大学出版社 2000 年版，第 810-813 页。
② 《日本民法典》第 501 条："（二）第三取得人对于保证人，不得代位债权人；（三）第三取得人的其中一人，对于其他第三取得人，按各自不动产的价格代位债权人。" 王爱群译：《日本民法典》，法律出版社 2014 年版，第 87 页。
③ 《德国民法典》第 268 条规定："（1）债权人对属于债务人的标的物实施强制执行时，因强制执行而有丧失该标的物权利之虞的任何人，均有权向债权人清偿。物的占有人因强制执行而有丧失物的占有之虞时，也享有同样的权利。（2）也可以通过提存或者抵销而清偿。（3）由第三人向债权人清偿时，债权移转于第三人。移转不得损害债权人的利益。" 郑冲、贾红梅：《德国民法典》，法律出版社 1999 年 5 月第 1 版，第 53-54 页。

允许其在清偿范围内,向担保人行使代位追偿权。

小 结

担保人在为清偿后所享有的、对其他担保人的代位追偿权,是混合共同担保人重要的救济性权利,同时也是混合共同担保制度的核心内容,值得深入研究。两大法系多数国家的担保立法,都对担保人代位追偿权的成立要件以各自的方式作出了规定。大陆法系如德国、法国和我国台湾地区,都通过在民法中对代位清偿制度作出一般性规定,包括代位清偿的成立要件等内容,并明确将担保也纳入其中,作为代位清偿(即第三人清偿)制度的组成部分及一种类型加以规定。英美法系国家也通过衡平法及判例,对担保人的代位清偿成立的积极要件与消极要件确立了相关规则。在担保人代位追偿的成立要件上,两大法系国家确立的规则大致相同,即均要求担保人与债的履行有法律上的利害关系,担保人须为清偿,担保人因清偿而对债务人享有求偿权;在消极要件方面,均要求担保人为清偿不具有过错,且并不违背债务人的意愿,等等。笔者在上述比较研究基础上,提出了担保人代位追偿权成立的通常要件,包括积极要件和消极要件。

担保人代位追偿权成立后,该权利的行使也应遵循一定的规则。笔者在对两大法系国家的立法、法院案例及理论观点进行研究基础上,着重讨论了担保人为部分清偿情形下权利的行使规则、混合共同担保中保证人与物上保证人之间是否可以相互行使代位追偿权以及担保人行使代位追偿权与担保物第三取得人之间的关系协调等问题。关于部分清偿,两大法系持不同观点。大陆法系国家的立法与学说普遍承认担保人部分清偿的效力,并在已为清偿范围内赋予担保人相应的代位追偿权;而英美法系国家的绝大部分判例却将债务得到全部清偿作为担保人享有代位追偿权的必要条件,基本不承认担保人部分清偿的效力。笔者认为,只要担保人代位追偿权的享有与行使不损害其他权人尤其是债权人的合法权利,法律就应当承认其部分清偿的效力。在承认担保人部分清偿效力的同时,也必须解决担保人行使部分代位债权与债权人行使剩余债权的关系问题。对于该问题,一般有两种做法,一是二者平等地共同行使权利,二是债权人剩余债权优先行使。笔者认为,鉴于二者在权利地位上有所差异,在二者不相冲突时,可以同时或共同行使;当二者发生冲突时,剩余债权理应优先得到实现。关于保证人与物上保证人之间是否可以相互行使代位追偿权问题。在大陆法系的法国、日本等国家民法中,根据代位清偿的一般性规定,无论是保证人还是物上保证人,在为清偿后均享有代位追偿权。英美判例则表明,衡平法对混合共同担保人之间相互行使代位追偿权提出了"同一顺序"的要求。关于担保人行使代位追偿权与担保物第三取得人之间的关系协调问题,笔者认为,第三取得人与担保人均作为代位清偿第三人的一种类型,根据代位清偿的一般规定,在为清偿后当然享有代位追偿权,其自然得相互行使之。

第五章　担保人之间的责任分配

在平等原则下，需要在混合共同担保的各担保人之间按照一定的规则进行责任的分配，而各担保人所应承担的责任份额也是担保人之间进行代位追偿的前提依据。故不论是在大陆法系，还是英美法系，担保人的代位清偿与责任分配都是两项最重要的制度。

德国学者认为，责任是承担损害赔偿义务，是以人或财产去承担义务，即义务人因而须受强制执行的财产范围。① 王泽鉴教授亦认为，责任就是债务人以其全部财产担保其损害赔偿义务。② 在多数人责任场合，不可避免地会涉及到责任在各主体之间的分配问题。责任的分配属于分配正义的应有之义，亦应受到相关原则的约束。

根据各国和地区立法例及司法实践，担保人作为典型的代位清偿第三人，当然适用代位清偿制度关于代位清偿人求偿与代位追偿的相关规范。按照权利行使的一般逻辑，在享有了代位追偿权的担保人欲向其他担保人进行代位追偿时，首先必须明确为清偿的担保人有权进行追偿的债务总额，其次必须明确各个担保人在该债权债务及相应的担保法律关系中具体应当承担的责任比例或者数额，从而才能最终确定其他担保人各自应当承担的具体责任数额。事实上，在大陆法系实行"两权共存"模式的国家立法中，对各种情形下担保人之间应当最终承担的责任比例或数额有着详尽的规范；在英美法系，分配（contribution）则是较代位清偿（subrogation）而言相对独立的一项衡平法

---

① ［德］迪特尔·施瓦布：《民法导论》，郑冲译，法律出版社2006年版，第168–169页。
② 王泽鉴：《民法学说与判例研究》（四），中国政法大学出版社1998年版，第123页。

上的制度，其自成体系，同时也是作为代位清偿制度的现实基础，在有效平衡当事人利益等方面发挥着重要作用。① 因此，下文将紧扣责任分配，结合对各国和地区典型立法例的考察，着重对"两权共存"模式下混合共同担保中各担保人之间责任分配的具体规则展开深入探讨。

第一节 理论基础与立法例比较

混合共同担保中各担保人之间的责任分配，属法律上的分配正义的应有之义，自应受到分配正义原则的约束。下文将从分配正义角度来探讨担保人之间责任分配的正义性问题，并在此基础上对相关立法例的规定进行比较分析。

一、理论基础——分配正义

（一）分配正义的概念与内涵

1. 正义的划分

柏拉图将"正义"理解为"对每个人的公正对待"。亚里士多德在柏拉图基础上，将"正义"划分配正义和矫正正义，并认为分配正义（distributive justice）就是对权利、权力、义务和责任在一定范围内的主体中开展分配。② 在此基础上，比利时法学家达班进一步将"正义"分为交换正义、分配正义

---

① Charles Fisk Beach, Jr, Commentaries on Modern Equity Jurisprudence as determined by the Courts and Statutes of England and the United States （1982）, New York: Baker, Voorhis and Company 1892, 888–889.
② ［美］E·博登海默著：《法理学、法律哲学与法律方法》，邓正来译，中国政法大学出版社1999年版，第252页。

和法律正义，并强调分配正义就是从集体到个人的指向来调整国家与公民的法律关系，包括分配社会利益（权力、权利、财产、荣誉等）和社会义务或负担，即判断个人所应当的取得与付出。①

布莱恩·巴里则将"正义"理解为交换的正义与分配的正义，并指出真正的正义是分配的正义，因为后者对前者具有明显的矫正作用②。交换的正义推崇自由与效率，而分配的正义则更青睐平等和公平的理念。所谓分配正义，就是在平等与公平理念指引下，根据不同社会经济发展水平对人类分配物质财富所追求的公正价值目标进行利益权衡。③

2.法律上的分配正义

法律意义上的分配正义，主要是对人身及与人身不可分离的财产等权利义务的分配，旨在对公民权利义务作出合理性安排，实现每个人都能平等地享有经济权利和分担经济义务。④"每个社会秩序都面临着分配权利、限定权利范围、使一些权利与其他权利相协调的任务"⑤，而分配正义正是权利正义的核心内容。

（二）分配正义理论的演进

1.学说演进

（1）空想社会主义的分配观——平均。托马斯·莫尔在《乌托邦》一书中提到，财富应当平均公正地分配。德萨米在其《共有法典》中指出，最佳途径就是按比例或相称的平等。傅立叶则提出了按比例分配即按劳动、资本、

---

① 张文显：《二十世纪西方法哲学思潮研究》，法律出版社2006年版，第52页。
② ［英］布莱恩·巴里：《正义诸理论》，孙晓春、曹海军译，吉林人民出版社2004年版，第66页。
③ 牛保忠：《经济法视野下的分配正义观》，吉林财经大学2014年硕士学位论文，第12-13页。
④ 朱春晖、罗建文：《法律意义上的分配正义范畴探析》，载《政治学研究》第31卷2015年第1期，第33-36页。
⑤ ［美］E·博登海默著：《法理学、法律哲学与法律方法》，邓正来译，中国政法大学2004年版，第324-325页。

才能分配的原则。① 上述思想均带有极端平均主义的局限。

（2）马克思主义的分配观——平等与公平

马克思主义的分配思想以强调平等与公平为核心。马克思在其《哥达纲领批判》中指出，实行按劳分配意味着平等权利的实现，但这种平等总要受到一定的条件限制。② 恩格斯进一步指出，平等分配与公平分配并不能完全等同，前者着眼于特定当事人之间的利益关系，后者则更注重不特定当事人的共同评价。③

（3）古典自由主义的分配观——自由与效率

亚当·斯密在《国富论》中表达了对自由的崇尚，反对政府干预经济，主张以劳动工资、资本利润及土地地租自然率来决定分配。

（4）罗尔斯的分配正义观——作为公平的正义

罗尔斯指出，分配正义的实质在于社会基本机构与基本制度安排④，体现为两个原则：一是每个人对于其他人所享有的类似自由相一致的最广泛的基本自由，都应有一种平等的权利；二是社会的和经济的不平等，将被安排得使人民能够合理地期望它们所依系的地位和质物，在公平的机会均等条件下，向所有人开放。第一个原则优先。这就意味着自由只有因自由本身的缘故才能被限制。他还指出，"差异原则"为由于社会中的不同人群与阶级而导致的自由的真实价值不平衡提供了必要的矫正手段。社会的和经济的不平等，只有在有利于处在最不利地位的社会成员的情形下，才是可接受与正当的。由此反映出以某种补偿或再分配使所有社会成员都处于平等地位的期盼，旨在维护社会最弱者的最大利益，充分体现了现代福利国家的社会正义观。⑤

---

① ［法］《傅立叶选集（第2卷）》，赵俊欣、吴模信、徐知勉、汪文漪译，商务印书馆1981年版，第124页。转引自牛宝忠，第4页。
② 《马克思恩格斯选集（第3卷）》，人民出版社1995年版，第305页。
③ 卓泽渊：《法的价值论（第2版）》，法律出版社2006年版，第413页。
④ ［美］罗尔斯：《作为公平的正义——正义新论》，姚大志译，上海三联书店出版社2002年版，第125页。
⑤ 牛保忠：《经济法视野下的分配正义观》，吉林财经大学2014年硕士学位论文，第6-7页。

2. 公平是现代社会分配正义的优先价值选择

事实上，分配涉及到平均、平等、公平、自由、效率等价值的博弈与选择，法律上的分配亦不例外。正如 A·奥肯所言："公平与效率之间的冲突是我们最大的社会经济选择，它使我们在社会政策的众多方面遇到了麻烦。"① 我国现代的分配理念是，社会初次分配与再分配均须兼顾效率和公平，前者要注重效率，后者则应更加注重公平。② 我国李昌麒教授也指出，分配改革不仅要更加注重分配公平，更要认识到制定能够体现这种公平的相应的规则才是重中之重。③

事实上，现代社会的分配制度大多呈现出"更加注重公平，兼顾效率"的趋势。"不患寡，而患不均"，也是中国传统分配理念的重要价值考虑。一言以蔽之，注重效率能最大地实现社会财富创造，而注重公平则是维护社会交易安全与稳定的必然选择。

3. 担保人责任分配中的正义

混合共同担保中各担保人之间的责任分配，同样也必须遵从和体现分配上的正义，即平等与公平。法律上的平等，就是对于被"法律视为相同的人，都应当以法律所确定的方式来对待"。④ 如前文所述，英美法也是将衡平法的"自然正义"作为担保人之间责任分配的基本原则，并在制定相应的分配规则时作为唯一的检验标准。

笔者认为，混合共同担保中，在债权人债权已经得到实现时，担保交易

---

① ［美］保罗·A·萨缪尔森、威廉·D·诺德豪斯著:《经济学（第 12 版）》，高鸿业等译，中国发展出版社 1992 年版，第 1247 页。转引自牛宝忠，第 9-10 页。
② 牛保忠:《经济法视野下的分配正义观》，吉林财经大学 2014 年硕士学位论文，第 9-11 页。
③ 李昌麒、范水兰:《正确处理收入分分配改革中的十大关系——基于经济和法律的视角》，载《现代法学》2011 年第 1 期；李昌麒、甘强:《我国改革发展成果公平分享的实现路径构想》，载《社会科学研究》2010 年第 5 期。转引自牛保忠:《经济法视野下的分配正义观》，吉林财经大学 2014 年硕士学位论文，第 15-16 页。
④ ［美］E·博登海默著:《法理学、法律哲学与法律方法》，邓正来译，中国政法大学出版社 2004 年版，第 308-309 页。

的效率问题已经基本得到解决,剩下的仅仅是清偿责任总额如何在各担保人之间进行分担的问题。责任分担需要解决的最大问题即是应当制定何种的规则,以确保在各担保人之间实现利益平衡与实质正义。很显然,公平是首要的价值选择。

二、立法例比较

规则是所有制度与原则的落脚点。担保人之间的责任分配是清偿了债务的担保人向其他担保人进行代位追偿的现实基础,一般的法律逻辑决定了只有在一定的责任分配规则下,确定了各担保人对于债务人未清偿的债务所应最终承担的具体比例或者数额,担保人的代位追偿权才有实现的基础和依据,其具体的诉求才能最终被司法所确认。因此,责任分配也是各国或地区混合共同担保制度的核心组成部分,值得深入研究。

担保人之间的关系与责任分配是混合共同担保制度最为核心的内容之一。在担保人间的责任分配问题上,笔者选取了《欧洲示范民法典草案》、《日本民法典》、我国台湾地区"民法"以及英美衡平法等基本秉持平等原则的立法例进行了比较分析。他们根据各自法律传统、制度体系和社会现实分别作出了相关规范。

(一)《欧洲示范民法典草案》

1. 具体规则

如前所述,草案在处理混合共同担保中保证人与物上保证人之间责任顺序问题上,贯彻了彻底的平等原则,但在担保人之间责任分配的具体规则上又颇具特点,下文将详细予以阐述。

(1)各担保人按比例承担责任

根据草案第 4.7-1:106 条规定,在担保人之间每个担保人按其所担保的最大风险占所有担保人所担保的最大总风险的比例承担保证责任,保证人另有约定的除外。①

（2）约定数额优先于法定数额

所谓"最大风险"，应该是指各担保人所担保的最大债权数额，其中就包括了最高额抵押的情形在内。"最大风险额"一般按照当事人约定的最高担保额确定；当事人未约定的，保证人的最高风险额按照被担保债务的数额确定，物上保证人的最大风险额则按照担保物的价值确定。相关数额的确定以债权的最后一项担保设立之时为准。②

（3）债务人提供物的担保不适用

草案第4.7-1：106条第（8）项规定排除了债务人提供物的担保对上述责任分配规则的适用。③这就意味着，债务人提供物的担保的，在债务人无法清偿债务且债权人向债务人主张该项担保物权时，债务人应当按照其事先与债权人约定的担保数额或者担保物价值承担相应的担保责任，即债权人有权就该担保物的全部或者按照所担保的债务额优先受偿，而并非按照其他担保人之间的比例来分配债务人的物保责任数额。

对于上述规定，或可作这样的理解：根据该草案，债权人可以在三类担保人中进行自由选择。当债权人优先选择债务人提供的物保优先受偿时，债务人自应按照双方事先约定的担保数额或者担保物价值承担相应的担保责任，且因其偿还的系自己的债务，故其无权要求其他担保人予以分担，亦无权向其他担保人追偿；当债权人优先选择第三人提供的物保或者保证人受偿时，被选择的担保人为清偿后，有权根据法律规定的责任分配规则，向其他担保

---

① 欧洲民法典研究组、欧盟现行私法研究组编著：《欧洲示范民法典草案：欧洲私法的原则、定义和示范规则》，高圣平译，中国人民大学出版社2012年第1版，第292-293页。
② 欧洲民法典研究组、欧盟现行私法研究组编著：《欧洲示范民法典草案：欧洲私法的原则、定义和示范规则》，高圣平译，中国人民大学出版社2012年第1版，第292-293页。
③ 草案第4.7-1：106条第（8）项规定："本条第（3）款至第（7）款的规定不适用于由债务人提供物的担保的情形，以及在债权人受清偿时已经不再对其承担债务的保证人。"欧洲民法典研究组、欧盟现行私法研究组编著：《欧洲示范民法典草案：欧洲私法的原则、定义和示范规则》，高圣平译，中国人民大学出版社2012年第1版，第293页。

人就各自应承担的责任份额进行追偿。简言之，债务人一旦被选中，系就债权数额或者担保物价值进行全额清偿且无权追偿；而其他担保人在清偿后，则对其他担保人享有代位追偿权。

（4）担保人之间的二次分担

根据该草案关于连带债务人之间责任分担的规定，若担保人中一人无偿付能力，则其所应担份额将在其他有偿付能力的担保人之间按照比例进行二次分担。①

2.举例说明

结合上述分析，试举一例予以具体说明：

B对A负有120万元债务，B以其所有的一部价值100万元小轿车为抵押物为其提供物的担保；C、D为连带责任保证人，E以自己价值80万元的财产为B的债务提供物的担保，F则以自己价值40万元财产为B的债务提供物的担保。B因资不抵债，无法履行债务，C作为保证人承担了保证责任，并代为清偿了B对A的全部债务，则各担保人根据草案上述规定应当分别承担的担保责任为：

（1）债务人B作为物上保证人应承担100万元，即C在代为清偿全部债务后，取得债权人对债务人的担保物权，其有权就债务人提供的抵押物优先受偿。当然，保证人C还有权向债务人B行使求偿权，即要求B全额偿还120万元的清偿数额。

（2）保证人C、D各自应承担6.67万元，即用债权总额减去债务人B已经承担的100万元后剩余的20万元债务额，应当根据草案规则在剩余的担保人中进行分担。保证人C、D并未约定具体的担保债权额，依草案规定就应以每人的最大风险额除以所有担保人所担保的最大总风险的比例再乘

---

① 草案第3-4:107条（3）规定："连带债务人超过其份额履行债务，竭尽所有合理努力仍然不能从某个连带债务人取得其应分担部分的，则其他连带债务人，包括已履行的债务人，按比例增加其分担份额。"欧洲民法典研究组、欧盟现行私法研究组编著，高圣平译：《欧洲示范民法典草案：欧洲私法的原则、定义和示范规则》，中国人民大学出版社2012年第1版，第208页。

以被担保的债务额计算,故 C、D 每人应承担的责任数额为:20×[120÷(120+120+80+40)]=6.67 万元。

(3)物上保证人 E 承担 4.44 万元,F 承担 2.22 万元,即用债权总额减去债务人 B 已经承担的 100 万元后剩余的 20 万元债务额,再根据草案规则在剩余的担保人中进行分担:E 为 20×[80÷(120+120+80+40)]≈4.44 万元;F 为 20×[40÷(120+120+80+40)]≈2.22 万元。

(二)《日本民法典》

关于混合共同担保责任中担保人之间的关系与责任分配,根据《日本民法典》第 501 条第 5 项规定[①]可知,立法采取的是分"两步走"规则:第一步是将保证人集体的担保责任与物上保证人集体的担保责任进行量化,即计算出所有保证人应当承担的责任总额与所有物上保证人应当承担的责任总额;第二步则分别在保证人内部以及物上保证人内部根据各担保人的责任比例计算各人应当实际承担的具体数额。

1. 债务人以自己财产提供物的担保的,不适用该条规定。该条规定中的物的担保人仅限于"以自己财产担保他人债务者",这就明确将债务人以自己财产提供物的担保的情形排除在外。可见,在立法者看来,在债务不履行或者代位清偿情形下,债务人作为债务的第一责任人与终极责任人,不论是直接为清偿还是以承担担保责任的方式为清偿,均应当首先以自己财产为之,方符合公平与正义原则。

2. 保证人与物上保证人之间按照担保人数平均分配责任。具体而言,保证人与物上保证人之间是按照债权总额除以所有担保人的总人数后的平均额,作为每个担保人应承担的责任额。承担了担保责任的担保人仅能就每个担保人各自应当承担的平均责任数额向其代位行使原债权。各担保人之间的责任

[①] 《日本民法典》第 501 条第 5 项规定:"保证人与以自己财产担保他人债务者之间,除非按其人数,不代位债权人。但是,以自己财产担保他人债务者有数人时,除保证人负担部分外,就其余额,除非按其各自财产的价格,不得对其实行代位。"王爱群译:《日本民法典》,法律出版社 2014 年版,第 87 页。

是平等责任,即不论担保物实际价值高于、等于或低于被担保债权,均按照所有担保人人数平均后的数额承担责任并向其他担保人行使代位权。

3.物上保证人之间按照担保物价值比例分配责任。物上保证人为数人时,数个物上保证人在债权总额扣除所有保证人应当承担的担保责任总额后,根据各自所提供担保物的价格比例分别承担相应的担保责任并在该责任范围内进行代位追偿。也即是说,在保证人与物上保证人之间,适用责任人均分配原则,但在数个物上保证人内部,则是实行按担保物价值比例原则进行责任分配与代位。根据立法者意图,在此情形下,应当是首先用债权总额除以所有担保人的总人数;再用人均责任数额分别乘以保证人的总人数、物上保证人的总人数,则可分别得出所有保证人应承担的责任总额、所有物上保证人应承担的责任总额;最后,每个保证人是按照人均责任额承担各自责任,而每个物上保证人则是按照各自担保物价值比例在所有物上保证人应承担的责任总额中进行责任分配。

结合上述分析,试举一例予以形象说明:

B对A负有120万元债务,C、D为保证人,E以自己价值80万元的财产为A的债务提供物的担保,F则以自己价值40万元财产提供物的担保。B因资不抵债,无法履行债务,C作为保证人承担了保证责任,代为清偿了B对A的全部债务,则各担保人根据《日本民法典》上述规定应当分别承担的担保责任为:(1)保证人C、D应当各自承担30万元,即用债权总额除以担保人总人数得出人均应承担的责任数额:(120÷4=30)。(2)物的担保人E承担40万元,F承担20万元,即用债权总额减去所有保证人承担的责任总额后,用该余额乘以E、F各自提供的担保物价值占所有担保物价值总和的比例:E为(120-30×2)×[80÷(80+40)]=40;F为(120-30×2)×[40÷(80+40)]=20。

以上可以看出,日本民法在责任分配方面,既在坚持保证人与物上保证人类型平等基础上,又能在各类型担保人内部根据类型特点实行不同的责任分配方式,可以说相得益彰。

（三）我国台湾地区"民法"

之前的我国台湾地区"民法"并未对混合共同担保中担保人之间的责任分配和代位追偿权行使问题作出明确规定，但似乎并不影响理论和实务界就此形成一些共识。然而，在"民法"物权编于2007年修订后，"民法"对待混合共同担保中各担保人承担清偿责任及其代位追偿权的行使，在态度和原则上发生了明显变化。在多年司法实践和理论研究基础上，"民法"在2010年修订时，对混合共同担保人之间的责任分配与权利行使问题，又作出了较为明确系统的规定。

我国台湾地区"民法"在2007年修订之前，并未对混合共同担保中保证人与物上保证人的责任承担原则进行明确表态，但相关司法实务乃至其"最高法院"判决却表明了采纳物保责任优先于保证责任的原则。但2007年"民法"物权编修订后，立法者和司法者的态度都发生了明确变化，不约而同地转向了物保与保证的平等原则。下文将借鉴陈荣传教授推荐的我国台湾地区"最高法院"在修法前后两个典型案例予以详尽解析。

1. 2007年修法前：物保责任优先

（1）简要案情

债权人甲贷款给债务人乙之前，即由丙以其银行存款设定权利质权，以担保后来发生的债权，乙后来无力清偿债务，由丙代为清偿全部债务，丙、丁皆为甲对乙的债权的连带保证人，丙请求丁偿还其共同担保债权数额的二分之一，双方发生争议。①

（2）法院观点

该院认为丁无须负担清偿责任，丙的请求缺乏法律依据，主要理由如下：

---

① 我国台湾地区"最高法院"1991年度台上字第2508号民事判决，引自陈荣传：《物权与民事法新思维》，台湾地区元照出版有限公司2014年1月版，第263-265页。

1）丙不得依"民法"第 312 条①规定，向丁求偿。丙为出质人，于代位清偿后，应适用"民法"第 312 条前段关于法定债权让与的规定。该债权之从属权利，应随同移转，从属权利有保证或物保的，代为清偿之第三人如为担保物之提供人时，可否依上述规定代位向保证人行使权利，应视二者对债权人所负责任之次序而定：如果物保责任较保证责任优先，则于担保物之价值范围内，清偿人对保证人无求偿权。②

2）丙不得类推适用"民法"第 748 条③有关共同保证、第 280 条④有关连带债务人均担义务的规定向丁请求分担义务。就同一债务有人保与物保并存时，其关系如何，法无明文规定。"最高法院"1930 年上字第 330 号判例关于物保与人保并存时债权人应当先就担保物权主张权利的观点，明显是采物保责任优先说，即认为物上保证人仅以担保物为限负有限责任，而保证人却以其全部财产负无限责任，后者所负责任较重，基于公平考虑，应当物保责任优先。还认为，根据"民法"第 751 条⑤规定，债权人抛弃物保的，保证人其所抛弃权利范围内，免除保证责任；债权人抛弃保证的，则对物上保证人没有影响。二者之责任基础及责任范围并不相同，故不应类推适用"民法"第 748 条有关共同保证、第 280 条有关连带债务人相互间分担义务之规定，使物

---

① 我国台湾地区"民法"第 312 条规定："就债之履行有利害关系之第三人为清偿者，于其清偿之限度内承受债权人之权利，但不得有害于债权人之利益。"黄荣坚、詹森林、许宗力、王文宇编纂：《月旦简明六法》，台湾地区元照出版有限公司 2011 年第 21 版，三 -29。
② 陈荣传：《物权与民事法新思维》，台湾地区元照出版有限公司 2014 年 1 月版，第 263 页。
③ 我国台湾地区"民法"第 748 条规定："数人保证同一债务者，除契约另有订定外，应连带负保证责任。"黄荣坚、詹森林、许宗力、王文宇编纂：《月旦简明六法》，台湾地区元照出版有限公司 2011 年第 21 版，三 -60。
④ 我国台湾地区"民法"第 280 条规定："连带债务人相互间，除法律另有规定或契约另有订定外，应平均分担义务。但因债务人中之一人应单独负责之事由所致之损害及支付之费用，由该债务人负担。"黄荣坚、詹森林、许宗力、王文宇编纂：《月旦简明六法》，台湾地区元照出版有限公司 2011 年第 21 版，三 -26，三 -27。
⑤ 我国台湾地区"民法"第 751 条规定："债权人抛弃为其债权担保之物权者，保证人就债权人所抛弃权利之限度内，免其责任。"黄荣坚、詹森林、许宗力、王文宇编纂：《月旦简明六法》，台湾地区元照出版有限公司 2011 年第 21 版，三 -60。

保与人保平均分担其责任。① 也即是说，我国台湾地区"最高法院"在上述判决中采纳了物的担保责任优先于保证责任的观点。

3）丙不得依"民法"第879条② 向丁求偿。依该条规定，债务人之外的抵押人代为清偿，或因抵押权人实行抵押权导致抵押物所有权丧失时，对债务人有求偿权，但对于连带保证人，却不享有代位追偿权。物保应优先于人保。出质人代为清偿债务的，同理。本案中丙为出质人，其代为清偿乙的债务仍在担保标的的价值范围内，当事人间又别无特别约定，对连带保证人丁无求偿权。丙兼具连带保证人与物上保证人双重身份，亦不影响。也即是说，基于物保责任优先的基本观点，本案中丙以其担保物实现了债权，代为清偿了债务，且其清偿债务的数额并未超过其担保物价值，故其对于连带保证人丁无代位追偿权。

4）人保与物保并存时，应先就物保主张权利。"民法"第754条③ 关于保证人先诉抗辩权的规定，与债务人财产是否设定担保物权无关，故丙主张债权人于人保与物保并存时，应先以担保物取偿，以担保物属于债务人所有者为限的观点，不予采纳。

---

① 陈荣传：《物权与民事法新思维》，台湾地区元照出版有限公司2014年1月版，第335–337页。

② 我国台湾地区"民法"第879条规定："为债务人设定抵押权之第三人，代为清偿债务，或因抵押权人实行抵押权致失抵押物之所有权时，该第三人于其清偿之限度内，承受债权人对于债务人之债权。但不得有害于债权人之利益。""债务人如有保证人时，保证人应分担之部分，依保证人应负之履行责任与抵押物之价值或限定之金额比例定之。抵押物之担保债权额少于抵押物之价值者，应以该债权额为准。""前项情形，抵押人就超过其分担额之范围，得请求保证人偿还其应分担部分。"黄荣坚、詹森林、许宗力、王文宇编纂：《月旦简明六法》，台湾地区元照出版有限公司2011年第21版，三–92。

③ 第754条规定："Ⅰ就连续发生之债务为保证而未定有期间者，保证人得随时通知债权人终止保证契约。Ⅱ前项情形，保证人对于通知到达债权人后所发生主债务人之债务，不负保证责任。" 黄荣坚、詹森林、许宗力、王文宇编纂：《月旦简明六法》，台湾地区元照出版有限公司2011年第21版，三–60。

2.2007 年修法后：物保责任与人保责任平等对待

（1）简要案情

债权人甲贷款 1180 万元给乙，由丙以不动产就 A 设定最高限额 1416 万元的抵押权予以担保，并由丙及丁、戊、已、庚等五人担任连带保证人，乙未清偿债务，丙于清偿债务 931 万 6616 元之后，向丁等求偿，发生丙具有物上保证人及连带保证人双重身份，究应如何定其应分担之比例，发生争议。①

（2）法院观点

该案先后经过一审、二审、三审和再审四次判决。

1）一审判决认为：丙应负担五分之一的清偿责任，主要理由为：根据"民法"第 280 条、第 281 条规定，连带债务人相互间，除法律另有规定或契约另有约定外，应均担责任。根据"民法"第 879 条规定，抵押人为清偿，或因抵押权人实行抵押权致失抵押物所有权时，于其清偿范围内，承受债权人对债务人的债权。债务人有保证人的，保证人应负担之履行责任与抵押物之价值或限定值金额比例定之。抵押权之担保债权额少于抵押物之价值的，以该债权额为准。②据此，计算方法为：丙作为 5 个连带保证人之一，依法应当与其他 4 个保证人均担债务清偿责任，故其应负担五分之一的清偿责任。

2）二审判决认为：丙应当负担十分之六的清偿责任，理由为：依"民法"第 748 条、第 280 条规定，债务人有两个以上保证人的，除当事人另有约定外，所有保证人应连带保证责任，其相互间除法律另有规定或当事人另有约定外，应均担责任。依修正后"民法"第 879 条增订第 2 项、第 3 项等规定，且丙既以自己所有的物为债务设定抵押并登记，又与债权人签订了保证合同，其同意负双重担保责任的意思表示非常明显。案涉不动产的价值超过了担保债权额，依"民法"第 879 条第 2 项规定，丙就物保部分应分担代偿款的一半，剩余的一半依"民法"第 280 条规定，应由五位连带保证人均

---

① 我国台湾地区"最高法院"2010 年度台上字第 1204 号民事判决，台湾"司法院公报"，第 53 卷第 3 期，2011 年 3 月，第 77-80 页。转引自陈荣传：《物权与民事法新思维》，台湾地区元照出版有限公司 2014 年 1 月版，第 263-267 页。

② 我国台湾地区新北（板桥）地方法院 2008 年度重诉字第 242 号民事判决。

担。①根据上述思路，计算方法为：丙应负担保证人与物上保证人的双重责任。作为物上保证人，其应承担一半的清偿责任；作为五个连带保证人之一，其应承担保证责任应负担数额的五分之一。即二分之一加上十分之一等于十分之六。

3）三审判决认为：丙应负担五分之一的清偿责任，理由为：根据民法第879条第1项前段规定及同条第2项规定，抵押物价值超过担保债权额，且多数保证人各应负连带保证责任时，因各保证人的保证责任额与抵押人的担保额均为债务全额，故按照物保与人保平等原则，应按抵押人及保证人的人数平均分担责任。对兼具人保与物保双重身份的担保人，因连带保证人系依其全部财产对债权人负人的无限责任，已包含为同一债务设定抵押权之抵押物，故仅须负单一责任即可。②根据上述思路，采纳的是人保与物保平等原则，且某担保人兼具保证人与物上保证人双重身份时，应采取"吸收原则"，故其应依法与其他4个连带保证人各均担五分之一的清偿责任。

4）再审判决③维持了原判决，认为丙应负五分之一的清偿责任，认为原判决"认再审被告兼具为保证人与物上保证人，仅须负担单一之分担责任，始为公平。"④

（3）评析

从我国台湾地区各级法院的判决思路看，在"民法"物权编修正后，法院对待混合共同担保中担保人责任分担问题，态度与修法之前有了明显变化。修法之前，司法实务采纳的是物保责任优先原则；修法之后，则逐步采纳了人保与物保责任平等原则。尤其是在"民法"2007年修订后，立法与司法实务在混合共同担保中保证人与物上保证人的责任分配上贯彻了彻底的平等原则。以至王泽鉴教授认为，如果债权人的债权，存在连带债务人，或者数个

---

① 我国台湾地区"高等法院"2009年度上字第331号民事判决。
② 我国台湾地区"最高法院"2010年度台上字第1204号民事判决。
③ 我国台湾地区"最高法院"2010年度台再字第59号民事判决。
④ 陈荣传：《物权与民事法新思维》，台湾地区元照出版有限公司2014年1月版，第265-267页。

担保,则法律赋予了债权人充分的选择自由,允许债权人在数个连带债务人和担保人中任意选择以实现债权。①

3.2010年修法对于彻底平等原则的再次修正

在我国台湾地区"民法"2010年修订后,立法与司法实务对于之前奉行的彻底的平等原则再次进行了修正。从第875条之1和第879条第二款相关规定②可以看出,再次修订后的"民法"对于混合共同担保责任的分配规则是:(1)债务人以自己财产提供的物保责任优先,抵押权人(债权人)应先就该抵押物优先受偿。(2)保证人与债务人以外的物上保证人的责任应当以保证责任额与担保物的价值或限定之金额的比例确定。(3)保证人与债务人以外的物上保证人之间就超过自己应承担责任额部分相互之间有代位追偿权。上述修正后的责任分配原则与规则,与《欧洲示范民法典草案》相关规定基本相同。

(五)英美法上的分配规则——Contribution

英美法中担保人之间的责任分配规范,主要体现为衡平法的分配(contribution)规则。该规则也是担保人代位追偿权行使的基础与计算依据,对当事人之间公平正义的实现起着至关重要的作用。

尽管在著名的 Monson v. Drakeley 一案中已经明确了连带责任保证人与一般保证人之间不适用分配的规则,而且英美多数判例也支持这一主张③,但鉴

---

① 王泽鉴:《民法物权》,台北:自版,2013年2月增订2版,第486页。
② 我国台湾地区"民法"第875条之1规定:"为同一债权之担保,于数不动产上设定抵押权,抵押物全部或部分同时拍卖时,拍卖之抵押物中有为债务人所有者,抵押权人应先就该抵押物卖得之价金受偿"。第879条第二款规定:"债务人如有保证人时,保证人应分担之部分,依保证人应负之履行责任与抵押物之价值或限定之金额比例定之。抵押物之担保债权额少于抵押物之价值者,应以该债权额为准"。"前项情形,抵押人就超过其分担额之范围,得请求保证人偿还其应分担部分"。黄荣坚、詹森林、许宗力、王文宇编纂:《月旦简明六法》,台湾地区元照出版有限公司2011年第21版,三-91、三-92。
③ Rogers v. National Surety Company,116 Neb. 170,216 N. W. 182(1927)。

于仍有少数判例持相反观点[1]，该案确定的规则也受到一些学者的质疑，更为重要的是，即使是连带责任保证人（其中既包括保证人，也包括物上保证人）作为同一顺位的责任人之间的责任分配，与采人保与物保平等原则立法例中混合共同担保人责任分配，在法理与立法精神上是一致的，故研究英美法关于连带责任保证人之间的分配规则对我国采人保与物保平等原则前提下确定各混合共同担保人之间责任分配的规则，亦有重要参考价值。

1. 分配规则（contribution）概述

（1）分配规则的建立及其适用范围

"分配"是英美衡平法上一项相对独立的制度，称作"contribution"。这是建立在西方"平等即公平"原则基础上的，通过长期司法实践及判例形成的一系列规则，本质上是一种平等解决当事人间责任分担的方法和公平司法的手段。[2] 从法院的众多判例[3]看，这项规则主要适用于两类情形：

1）数人同时负担同一债务，出于公平原则，按照其各自应承担的责任份额来确定各自最终应承担的责任比例或具体数额。

2）数个债务人中的一人清偿了全部债务，其他债务人则被强制性地、共同地对该债务人所支付的超过其应担责任数额进行补偿。[4]

分配规则最初是在衡平法院建立并施行，但后来在普通法法院审理的保

---

[1] Cf. McDavid v. McLean, 202 I11. 354, 66 N. E. 1075（1903）; Sun River Stock & Land Co. v. Montana Trust & Sav. Bk., 81 Mont. 222, 262 Pac. 1039（1928）.

[2] Charles Fisk Beach, Jr, Commentaries on Modern Equity Jurisprudence as determined by the Courts and Statutes of England and the United States（1982）, New York: Baker, Voorhis and Company 1892, 888–889.

[3] Morgan v. Smith, 70 N. Y. 537; Johnson v. Harvey, 84 N. Y. 363; Wells v. Miller, 66 N. Y. 255; Hickborn v. Fletcher, 66 Me. 209; Nally v. Long, 56 Md. 567; Bright v. Lennon, 83 N. C. 183; Jenkins v. Lockard's Adm'r, 66 Ala. 377; Broughton v. Wimberly, 65 Ala. 549; Owen v. McGehee, 61 Ala. 440; Magruder v. Admire, 4 Mo. App. 133; Robertson v. Deatherage, 82 I11. 511; Conover v. Hill, 76 I11. 342; Crutis v. Parks. 55 Cal. 106; Taylor v. Reynolds. 53 Cal. 686; Deering v. Earl of Winchelsea, 1 Eq. Lead. Cas. 120.

[4] Charles Fisk Beach, Jr, Commentaries on Modern Equity Jurisprudence as determined by the Courts and Statutes of England and the United States（1982）, New York: Baker, Voorhis and Company 1892, 888.

证案件或混合共同担保案件中也建立并实施起来，而且被普通法法院作为建立在"默示合同条款"理论（the theory of an implied contract）基础上的规则予以适用。① 然而，尽管分配的原则有时系基于合同默示条款，并且分配的诉权也产生于法律（普通法）上的救济②，但是近年来，法院却更倾向于适用平等原则来处理相关案件，以期缓解或消除普通法规则对当事人间权利调整思路及其方式的僵化。③ 很显然，混合共同担保的担保人之间相互的代位追偿不仅属于该规则的适用范围，而且是最为典型的分配规则适用模型之一。

（2）分配的价值基础及适用原则

价值是正义分析的基本工具，也是正义分析的逻辑起点。④ "正义首先是一种分配方式，无论是利益或不利益，如果其分配方式是正当的，能使分配的参与者各得其所，它就是正义的。"⑤ 正义是一种和谐的社会关系；正义的实现途径是平等；正义的最高价值是自由；有自由与平等相结合的正义，还有着重强调安全的正义。⑥

事实上，共同债务人或担保人之间的责任分配规则是司法实践中产生的法，具有很强的操作性。然而，即使在纷繁复杂的众多案件中，要想正确运用该规则，首要前提就是须把握好该规则的价值基础和法的精神要义，即坚持"自然正义"的原则和"平等即公平"⑦ 的目标。美国大法官（Redesdale）在评价著名的 Deering v. Lord Winchelsea⑧ 一案时这样阐述到："这个案件建立的原则是普遍适用的，因为分配的权利和责任建立在公平原则之上，它并不

---

① Craythorne v. Swinburne, 14 Ves. 160.
② Craythorne v. Swinburne, 14 Ves. 169; Norton v. Coons, 6 N. Y. 33.
③ Norton v. Coons, 6 N. Y. 33; Hendricks v. Whittemore, 105 Mass, 23; Robertson v. Deatherage, 82 I11. 511; Camp v. Bostwick, 20 Ohio St. 337; S. C. 5 Am, Rep. 669; Wells v. Miller, 66 N. Y. 255.
④ 胡启忠：《契约正义论》，法律出版社 2007 年版，第 25 页。
⑤ 徐国栋：《民法基本原则解释——成文法局限性的克服》，中国政法大学出版社 1992 年版，第 326 页。
⑥ 章兴鸣：《论法律正义观念的演变》，载《唯实·法制建设》2008 年第 3 期，第 67-70 页。
⑦ "Equality is equity."——"平等即公平"，西方著名的法律格言和法律原则。
⑧ 1 Cox, 318; 1 Lead. Cas. Eq. 114.

依赖于合同。如果数人共同承担一项债务，债权人出于良心应当将其享有的所有救济权利全部转移给清偿了债务的人。如果债权人从其中一个债务人处获得清偿后，准允或由于其行为导致其他债务人被免责，这明显有悖于正义原则。债权人有义务尽其所能将清偿人置于与其他债务人平等的地位，这往往不是因为合同，而是出于良心（conscience）的要求"。[1] 由此可见，自然正义、平等即公平原则、良心等衡平法上的价值在分配规则中得到了充分的尊重和完美的体现。

（3）分配的适用条件

1）积极条件

与代位清偿（subrogation）同理，分配（contribution）请求权产生和行使的首要条件也是债权得到实现或债务得以清偿。[2]

2）消极条件

英美法院通过判例确认了分配请求权产生或行使的一些消极条件。例如，保证人的保证人（对其前手的其他担保人而言）不享有分配请求权[3]；又如同一债务的一般保证人在存在连带责任保证人的情况下（对连带责任保证人）也不享有分配请求权[4]；再如，为同一债务人的不同债务提供担保的保证人之间也不适用分配请求权。[5]

尽管如此，还是有为数不少的案例表明，无论是在司法权威部门还是在理论上，在一些特定条件下，连带责任保证人（surety）与一般保证人（guarantor）之间的分配是应当被允许的。[6] 此外，也有不少权威否认存在连带

---

[1] See Stirling v. Forrester, 3 Bligh, 59.
[2] Glass v. Pullen, 6 Bush, 346; Wood v. Leland, 1 Met. 387.
[3] Robertson v. Deatherage. 82 I11. 511.
[4] Monson v. Drakeley, 40 Conn. 552.
[5] Armitage v. Pulver, 37 N. Y. 494.
[6] Cf. McDavid v. McLean, 202 I11. 354, 66 N. E. 1075 （1903）; Sun River Stock & Land Co. v. Montana Trust & Sav. Bk., 81 Mont. 222, 262 Pac. 1039 （1928）.

责任保证人（surety）与一般保证人（guarantor）之间不适用分配这一规则。①他们认为，事实上，有些案件否认连带责任保证人（surety）与一般保证人（guarantor）之间适用分配，往往是根据案件特定情况而作出的不同认定，而非根据任何普遍统一的、关于禁止二者之间分配的原则或标准。②

（4）分配的具体规则

1）成文法规定

关于分配的具体规则，美国《加州法典》（California Code）仅对连带责任保证人（co-sureties）之间的分配规则进行了规定③，而其他州的法典的类似规定几乎都以该法典为蓝本。④其中，美国佐治亚州法典（Georgia's Code）规定："两个以上的人承担共同的或者多数的责任，且均平等地承担着共同的责任，当其中一人清偿超过其所应担份额时，其便被赋予了向其他人主张分配的权利；在其通过普通法无法获得全部救济时，衡平法上的公平原则将给予其应有的救济。"⑤而担保人通常只能通过普通法向债务人主张求偿，就求偿后仍未能得到补偿的部分，则有权依据衡平法向其他担保人进行追偿。美国内布拉斯加州大学法学院 Merrill 教授认为，从该州法典的条文表述看，其并未将连带责任保证人（surety）与一般保证人（guarantor）之间的分配排除在外，相反，应该是将二者包括在内，即允许二者之间相互主张分配。⑥

2）衡平法规范——灵活的"入库"规则

在衡平法上，众多判例形成了一种灵活的"入库"规则。具体而言，共同保证人（co-sureties）不仅有权在相互之间主张分配，且作为总的原则，他

---

① Maurice H. Merrill, "Contribution between Sureties and Guarantors", Idaho Law Journal, Vol. 2, Issue 1（January 1932）, pp. 1-21.16, 17.
② Gillam v. Walker, 189 N. C. 189, 126 S. E. 424（1925）.
③ CALIF. CIV. CODE（Deering 1923）§ 2848.
④ MONT. REV. STAT.（1921）8206; N. DAX. COMP. LAWS（1913）6686; OKLA. COMP. STAT.（1921）§ 5158; S. DAK. COMP. LAWS（1929）§ 1509.
⑤ GA. ANN. CODE（Park 1914）§ 4588. Ibid. § 3564 provides specifically for contribution between co-sureties.
⑥ Maurice H. Merrill, pp. 1-21.19.

们还有权主张其中一个从债务人处获得担保物的保证人将该担保物拿出来由全体保证人共享该利益,以便能够使利益与责任在所有保证人中平等分配。① 不仅是担保物,任何保证人从债务人处获得的任何利益,均应如此。其中的法理是,在共同保证人之间,应当平等地享有利益,平等地承担义务。② 这里的平等,指的是义务与利益的比例平等。最终的责任负担,在共同保证人之间,是按照各自份额比例来确定。③

根据"入库"规则,每个保证人应当将其作为担保人所获得的利益"入库"。如果他从债务人处获得补偿(indemnity),也应"入库",以便法院能最终确定全部共同保证人所应承担的责任总额,并由此确定该最终责任负担应如何在保证人之间进行平等分配,要么平分,要么按比例。④

对于清偿了债务并已从债务人处获得全部赔偿的保证人是否有权基于清偿而向其他保证人主张分配的问题,目前尚无定论。⑤ 尽管有认为保证人此时必须从其从债务人处获得的其他担保获偿而非向其他保证人追偿⑥,但司法权威倾向于认为,该保证人有权向其他保证人主张分配,但前提是他必须将其从债务人处所获赔偿的数额先"入库"⑦,而其他保证人则可能就各自就该担保所应享有的利益比例提起诉讼⑧;如果该保证人所"入库"的赔偿额不足以补偿所支付的债务额,该保证人则有权就剩余额向其他保证人主张按比例分配。⑨ 一个保证人在清偿债务后获得了债务人的赔偿,其并无强制性义务与其

---

① Forbes v. Jackson, L. R. 19 Ch. Div. 615; Knox v. Turner, L. R. 5 Ch. App. 515; Bruce v. Gorden, L. R. 5 Ch. App. 32; Lea v. Hinton, 5 De G., M. & G. 823.
② Steel v. Dixon, L. R. 17 Ch. Div. 825; Brett's Lead. Cas. Mod. Eq. 259.
③ Steel v. Dixon, L. R. 17 Ch. Div. 825.
④ Steel v. Dixon, L. R. 17 Ch. Div. 825.
⑤ Charles Fisk Beach, Jr, *Commentaries on Modern Equity Jurisprudence as determined by the Courts and Statutes of England and the United States* (1982), New York: Baker, Voorhis and Company 1892, 892.
⑥ Morrison v. Taylor, 21 Ala. 779.
⑦ Johnson's Adm'rs v. Vaughn, 65 I11. 425.
⑧ Wolcott v. Hagerman, 50 N. J. L. 289; Titcomb v. McAllister, 81 Me. 399.
⑨ Gould v. Fuller, 18 Me. 364.

他保证人共同分享之。[1] 当然，其也可以选择分享即"入库"，以便就未获偿的余额向其他保证人主张追偿和分配。这正是分配"入库"规则的灵活性之所在。

例如，在美国缅因州最高法院审理的 Horace Gould v. William C. Fuller 一案中，法官在判决中陈述到："原告作为共同保证人清偿了债务余额，被告作为另一个共同保证人也应承担同等的清偿责任。据此，原告享有了就其清偿数额的一半向被告进行追偿的权利以及就剩余未受偿部分向债务人求偿的权利。而且，该项权利并不因其他共同保证人怠于偿付其应担份额而受到任何损害。当两个共同保证人应共担的债务被原告全部清偿时，原告针对其他共同保证人及债务人的偿付请求权的数额就已确定。事实上，这就是法律依据公平原则对当事人之间的利益进行的调整。"[2] 不仅如此，在 Bachelder v. Fiske[3]、Messer v. Swan[4] 以及 Low v. Smart[5] 等判例中，法官也都秉持这种观点。

（5）分配权的消灭

如果一个保证人为债务人造成的损失提供担保，并免除了债务人的赔偿责任，或者浪费了该项权利，或者出卖或以其他方式处分了它，或者未能及时行使该权利，将导致分配请求权的消灭，其不得向其他保证人主张分配。[6]

---

[1] Messer v. Swan, 4 N. H. 481.
[2] Gould v. Fuller, 18 Me. 364.
[3] Bachelder v. Fiske et al. 17 Mass. R. 464.
[4] Messer v. Swan, 4 N. H. R. 481.
[5] Low v. Smart, 5 N. H. R. 353.
[6] Frink v. Peabody, 26 Ill. App. 390; Ramsay v. Lewis, 30 Barb. 403; Taylor v. Morrison, 26 Ala. 728; Chilton v. Chapman, 13 Mo. 470; Goodloe v. Clay, 6 B. Mon. 236; Roberts v. Sayre, 6 Monr. 188; Teeter v. Pierce, 11 B. Mon. 399; Paulin v. Kaighn, 5 Dutch. (N. J.) 480.

第五章 担保人之间的责任分配

第二节 我国国情下担保人间责任分配的应然模式

担保人之间的责任分配与权利行使的原则与具体规则,是混合共同担保制度中最为核心的部分,因为规则的选择与设计将对混合共同担保各方当事人的利益产生直接而深远的影响。下文将以我国现有法律制度框架为基础,结合担保审判实践和理论研究,提出混合共同担保人之间责任分配与权利行使的原则与具体规则的应然模式。

一、责任分配原则

从各国和地区的立法例可以看出,担保人之间的责任分配原则,既包括前文对各担保人承担责任顺序的安排,也包括在既定责任顺序下责任在各担保人之间的分担的价值取向,甚为重要。

(一) 观点争鸣

关于担保责任分配的原则,大致有以下几种观点:

1. 债务人以自己财产提供物的担保责任绝对优先原则

根据债的原理和民法基本原则,债务人作为债权债务当事人,也是清偿债务人的第一责任人和终极责任人,以其自己财产清偿债务乃应有之义。因此,在债务人以其一般财产无法清偿债务时,绝大多数国家和地区立法例均将债务人以自己财产提供的物的担保责任放在绝对优先地位。

2. 债务人以外的其他担保人之间的责任分配原则

关于混合共同担保人之间责任分配的原则,理论和实务的争论由来已久。目前主要存在三种类型:

(1) 物保责任优先原则。我国台湾地区"民法"在物权编修订之前，在理论通说与实务上均采此种原则。① 根据该原则，在混合共同担保中，债务人无法清偿债务时，债权人应当先就担保物优先受偿实现债权，并且物上保证人在清偿债务后，仅能向债务人或其他物上保证人行使求偿权或代位追偿权，并无权向保证人行使代位追偿权。王轶教授认为，若采此说，便是将物上保证人与保证人作类型区分，区别对待，则是默认存在足够充分且正当的理由来支持弱势意义上的平等对待的适用。②

(2) 相对平等原则。日本民法就采纳了这种相对折中的原则。如前文所述，根据日本民法规定，在混合共同担保人之间进行责任分配时，首先是清偿责任在物保与人保之间进行平均分配；其次是保证人内部的均担与物上保证人内部根据各自提供的担保物价格按比例分担。应该说，此种担保人之间相对平等的原则，既照顾到了人保与物保平等对待的担保法发展趋势，也根据数个保证人或数个物上保证人内部关系的特点，并在其内部责任分担机制上予以充分体现。如此做法，可谓既兼顾到了大范围的形式公平，又兼顾到了小范围的实质公平。《欧洲示范民法典草案》和2010年修订后的我国台湾地区"民法"也基本采用了相对平等原则。

(3) 绝对平等原则。我国台湾地区"民法"2007年修订后便是贯彻了物保与保证的绝对平等原则。③ 根据该原则，在混合共同担保分配责任时，不论担保人人数多寡，也不论物上保证人提供的担保物价值高低，各担保人应承担的清偿责任一律按照担保人人数均担。笔者认为，这种在混合共同担保责任分配中的绝对平均主义，在实践中也可能造成一些实质的不公平，如提供不同价值和债权担保额度的物上保证人之间，法律强行一律均担责任，势必

---

① 我国台湾地区"最高法院"1991年度台上字第2508号民事判决，引自陈荣传：《物权与民事法新思维》，台湾地区元照出版有限公司2014年1月版，第263-265页。
② 王轶：《民法价值判断问题的实体性论证规则——以中国民法学的学术实践为背景》，载《中国社会科学》2004年第6期，第104-116页。
③ 见我国台湾地区"最高法院"2010年度台上字第1204号民事判决，载我国台湾地区"司法院公报"，第53卷第3期，2011年3月，第77-80页。

对提供担保物价值低、债权担保额度少的物上保证人有失公允。

(二)评析

从现代担保法整体发展趋势、混合共同担保责任内部各层次以及担保当事人之间实质公平等因素综合考量,笔者认为,在我国目前的担保制度框架下,采用相对平等原则,更加符合混合共同担保内部关系的复杂性和利益平衡机制的灵活性要求。理由为:

1.平等原则是担保法律关系的核心原则及设计动力

平等原则本就是商品经济的应有之义。高度发达的现代市场经济对平等的要求更高,更广,更实。平等原则也是民法的基础性原则,是私法自治原则的逻辑前提。离开民事主体之间普遍平等的假定,民法就丧失了存在的根基。[①]平等原则首先体现为一项民事立法和民事司法的准则,即立法者和裁判者对于民事主体应平等对待。这正是分配正义的要求,因为正义一词的核心语义是公平,即一视同仁,公平对待。[②]也正如哈贝马斯所说,"政治立法者所通过的规范、法官所承认的法律,是通过这样一个事实来证明其合理性的:法律的承受者是被当作一个法律主体共同体的自由和平等的成员来对待的,简言之:在保护权利主体人格完整性的同时,对他们加以平等对待"[③]。对于担保交易而言,平等原则不仅要求参与交易的所有民事主体地位平等,要求交易规则对每个交易者的适用平等,更加要求每个交易者权利受侵害后所受的法律保护平等。

2.平等原则的扩张也是现代担保制度发展的趋势所在

从现代担保制度发展趋势看,担保早已超越传统的债权担保和增信功能,

---

① 王利明:《民法总则研究》,中国人民大学出版社2003年版,第107-108页。
② 王轶:《民法价值判断问题的实体性论证规则——以中国民法学的学术实践为背景》,载《中国社会科学》2004年第6期,第107页。
③ 哈贝马斯:《在事实与规范之间》,童世骏译,北京:三联书店,2003年,第514页。转引自王轶:《民法价值判断问题的实体性论证规则——以中国民法学的学术实践为背景》,载《中国社会科学》2004年第6期,第107页。

其促进资金融通的功能越来越受到重视。加上近年来，专业担保机构的迅速发展和规模壮大，保证主体已经从传统的个人、普通企业逐步向专业担保机构发展转变。对于拥有相对更强资金、实力和专业团队的专业担保机构作为保证人为企业或个人提供保证担保，很难说就比物的担保人更需要倾斜保护，也很难说根据我国现行担保制度对于保证人的相对倾斜保护对于物上保证人在实质上看就是公平的。因此，不论从现代商品经济还是从担保制度发展趋势看，法律从在保证人内部之间、物上保证人内部之间实行平等对待扩张到在除债务人以外的所有第三人担保人之间的平等对待，也都是形势发展的迫切要求。

3. 分配正义语境下的"平等对待"

民法在分配正义与负担的语境中可有两种意义上的平等对待：一种是强势意义上的平等对待，它要求每个人都被视为"同样的人"，使每一个参与分配的人都能够在利益或负担方面分得同等的"份额"，因此，要尽可能避免对人群加以分类；另一种是弱势意义上的平等对待，它要求按照一定的标准对人群进行分类，被归入同一类别或范畴的人才能够得到平等的"份额"，因此，弱势意义上的平等对待既意味着平等对待，也意味着差别对待——同样情况同等对待，不同情况不同对待。[①]而比起近代民法重视强势意义上的平等对待，现代民法更加注重弱势意义上的平等对待，如劳动法、消费者法领域等等。[②]

从混合共同担保人内部各层次看，对于保证人与物上保证人的平等对待，绝不意味着就要对所有担保人的保护搞"一刀切"。从理念上看，作者很赞同日本民法的保护模式，即在担保法律关系中，将对担保人的责任分配分为两个层次：第一层次是对于保证人和物上保证人这两个担保人类型，适用平

[①] 郑成良：《法律之内的正义》，第40页。转引自王轶：《民法价值判断问题的实体性论证规则——以中国民法学的学术实践为背景》，载《中国社会科学》2004年第6期，第108页。

[②] 王轶：《民法价值判断问题的实体性论证规则——以中国民法学的学术实践为背景》，载《中国社会科学》2004年第6期，第108-109页。

等原则，予以平等保护。如责任承担次序、责任分担比例和权利救济等方面，均应适用平等原则。第二层次是对于各类型担保人内部关系而言，应当根据各类型担保人之间的法律关系特点，有针对性地设定相应规则，才能真正实现实质上的平等。首先，在数个保证人内部，基于保证一般是对债务人全部债务承担担保责任，特别是在连带保证人之间，其法律地位和承担的责任通常是相当的，同时，多数国家立法均规定保证人内部之间的责任分担适用连带债务人的相关规定。因此，设定保证人内部对于保证责任总额进行均担的规则，可以实现保证人之间的公平正义。其次，在数个物上保证人内部，基于物上保证人是以自己特定财产价值或者所担保的债权数额为限承担担保责任，故每个物上保证人所提供的担保物价值、担保物所担保的债权数额等经常存在差异，如机械适用内部责任均担规则，很可能会造成物上保证人之间实质的不公，势必严重挫伤物上保证人提供担保的积极性。因此，唯有根据各物上保证人提供的担保物价值或者其所担保债权数额在物保责任总额中按比例分配责任，方能体现实质的公平。

二、责任分配的具体规则

根据我国目前担保制度的总体框架，结合多年担保审判实践经验，并顺应担保法发展趋势，作者拟归纳出混合共同担保人责任分配与权利救济的几条具体规则，希冀对进一步完善我国担保立法及相关司法解释提供参考。

（一）债务人提供的物保数额先行扣除

纵观各国立法例，包括我国《物权法》第176条，均是将债务人提供的物的担保责任放在首当其冲的位置，根本原因就在于债务人是债务清偿的第一责任人和终极责任人。

值得注意的是，在确定债权人先就债务人提供的物保优先受偿时，应当直接按照债务人提供的担保物价值或者担保物担保的债权额来确定债务人应当承担的担保责任。该责任数额并不适用与其他担保人进行比例分担的规则。此外，债务人以其担保物承担了清偿责任后，因其本就为债务的第一责任人和终极责任人，故对于其他担保人并无求偿权或者代位追偿权可言。

（二）保证人与物上保证人（除债务人外）责任分配的实质平等规则

各国立法例基本都规定了当事人约定优先原则，即对于当事人之间有约定的，从约定；无约定或约定不明的，再适用法定规则。

1.保证人先诉抗辩权与平等原则的冲突与协调

对人保与物保的责任分配与权利行使适用平等规则，是大部分立法例的普遍做法。然而，在这样的笼统规则下，对于一般保证人与连带保证人是否均适用同样的规则，如果同等适用，是否会与一般保证人的先诉抗辩权产生法律适用上的冲突，理论上并非没有争议。

台湾陈荣传教授就从理论和制度安排冲突的角度对此提出了质疑。他认为如此规定，首先将导致保证人其原来仅属"备位"的权益被溯及既往地剥夺，订立保证契约时的信赖利益荡然无存，对原有规定的保证人既有利益撼动甚大。其次，此一规定"将清偿责任次序本来在后的普通保证人，加重其责任成为与抵押物相同，姑不论其未能配合普通保证人有先诉抗辩权的制度设计，藉由抵押权章的条文修正而改变普通保证人的法制，在立法技术上并非妥适，其与'民法'第751条[①]现行规定的冲突，也突显其规定设定的盲点及欠妥之处。"[②]

大陆担保法也明确规定了一般保证人的先诉抗辩权。就物权法和担保法相关条文看，在就人保与物保责任承担同等顺序问题上，确实亦未区分一般保证与连带保证。作者认为，从表面看，立法上和实践中的确会出现平等原

[①] 我国台湾地区"民法"第751条规定："债权人抛弃为其债权担保之物权者，保证人就债权人所抛弃权利之限度内，免其责任。" 黄荣坚、詹森林、许宗力、王文宇编纂：《月旦简明六法》，台湾地区元照出版有限公司2011年第21版，三-60。

[②] 陈荣传：《物权与民事法新思维》，台湾地区元照出版有限公司2014年1月版，第281-285页。

则与一般保证人先诉抗辩权适用上的冲突。但从法条适用与实务操作看,二者并非不可调和之矛盾。实践中,立法虽然规定了债权人在人保与物保之间享有自由选择权,两种类型的担保责任顺序相同。其实,即使债权人实际选择向保证人主张权利,也并不妨碍一般保证人通过行使先诉抗辩权进行抗辩。当然,当事人约定放弃先诉抗辩权的除外。若该一般保证人的先诉抗辩权消灭或丧失,债权人即可径行向该一般保证人主张并行使其担保权利。也即是说,立法在赋予债权人在物保与人保之间自由选择的同时,也允许一般保证人对债权人的选择行使权利主张先诉抗辩权,二者可并行不悖。对于连带保证人则不存在先诉抗辩权的问题。事实上,不仅是一般保证人,即使是连带保证人和物上保证人也都有行使相应抗辩权的可能。担保人行使法律赋予的抗辩权,并不影响其责任顺位的确定,这是两个不同层面的法律问题。

2. 责任分配的实质平等规则

混合共同担保人之间的责任分配最为核心的内容就是如何合理确定保证人与物上保证人之间、保证人内部之间以及物上保证人内部之间的责任分配标准。值得注意的是,下文将要讨论的混合共同担保人之间的责任分配,是在债权总额扣除了债务人以自己财产提供物的担保应当承担的责任数额之后的剩余数额前提下,来继续讨论其他各担保人之间的责任分配规则。

(1) 具体规则

关于担保人之间责任分配的具体计算规则,目前有几种方案的建议:第一,按照人数均分[①];第二,原则上按照人数分摊,但如物上保证人为复数,就所有保证人负担的担保责任之外的其他担保责任,则应按各物上保证人的担保物价值或约定的担保数额比例来分配[②];第三,直接根据保证人担保责任额与物上保证人担保物价值或约定的担保数额之比例分配,担保债权额少于

---

① 史尚宽:《债法总论》,中国政法大学出版社2000年版,第811页。林诚二:《民法债编各论》(下),中国人民大学出版社2007年版,第315页。
② [日]我妻荣著:《我妻荣民法讲义Ⅳ——新订债权总论》,王燚译,中国法制出版社2008年版,第232页。

担保物价值的，以该担保债权额为准。①

纵观前文列举的立法例，笔者认为日本民法的"两步走"计算方法，虽然兼顾了人保与物保的平等以及各类型担保人内部之间的特点，但事实表明，照此标准计算，实践中也难免会造成个别担保人所分担的责任偏轻或者偏重，而且该计算方法也相对比较复杂。笔者认为《欧洲示范民法典草案》和2010年修订后的我国台湾地区"民法"确定的比例原则，则更能体现担保人之间的实质公平，计算方式更为简单，更加值得借鉴。因此，保证人与物上保证人责任分配的最佳规则为：

1）保证人与物上保证人按照各自所担保的债权数额（或担保物价值）占所有担保人所担保的债权数额之比例来确定其所应分担的责任数额。这是贯彻平等原则最为集中的体现。与之前的"优先"与"兜底"关系不同，也与之前完全机械地按照"人头"均担不同，保证人的责任量化体现在，保证人订立保证合同时向债权人承诺担保的债权额即为保证人的担保责任额。物上保证人的责任量化则是担保物的价值或者在担保物价值超过债权额时担保物所担保的债权数额。

2）保证人以其向债权人承诺担保的债权数额为其参与计算的责任额。在保证制度中，若当事人对保证责任范围及其责任数额有约定，即应以约定额作为保证人参与计算的责任数额；若无约定或约定不明，则推定为全部债权额。

3）物上保证人以其担保物价值或担保物所担保的债权数额为其应承担的责任额。物上保证人以特定财产设立担保的，如果担保物的价值高于债权额的，以债权额为物上保证人参与计算的责任数额；如果担保物的价值等于或低于债权额的，以担保物价值为物上保证人参与计算的责任额。

4）像日本民法那样的"两步走"计算方式有可能出现当事人权利失衡的

---

① 我国台湾地区"民法"第879条第2款规定："债务人如有保证人时，保证人应分担之部分，依保证人应负之履行责任与抵押物之价值或限定之金额比例定之。抵押物之担保债权额少于抵押物之价值者，应以该债权额为准。"黄荣坚、詹森林、许宗力、王文宇编纂：《月旦简明六法》，台湾地区元照出版有限公司2011年第21版，三-92。

情形，下面将通过具体事例对此类计算方式予以剖析。在第一步计算所有保证人与所有物上保证人应当承担的责任数额时，是按照人头均担计算，还是按照担保责任额比例计算，值得探讨。下面试举一例予以说明：假设债务人有100万元债务，甲、乙分别对该债务承担连带保证责任，丙以其价值100万元的担保物、丁以其价值80万元的担保物、戊以其价值50万元的担保物分别提供担保。现债务人无法清偿债务，分别按照前述两种计算方法计算各担保人应实际承担的担保责任数额如下：

第一种方法：按人头计算。此种计算方法的核心在于物上保证人人数的确定问题。有认为应当按照物上保证人的实际人数计算；也有认为应将物上保证人作为一个整体的人计算，即所有物上保证人的人数以一人计。

A. 以物上保证人数计：

甲、乙分别承担：100÷（2+3）=20万元

丙应承担：（100-20-20）×［100÷（100+80+50）］≈26万元

丁应承担：（100-20-20）×［80÷（100+80+50）］≈21万元

戊应承担：（100-20-20）×［50÷（100+80+50）］≈13万元

由此可见，如果按照这种方法计算，在担保人丁仅以其价值低于债权额的担保物提供担保的情况下，其实际承担的担保责任数额比一个保证人（全额担保）实际承担的担保责任数额还要高，而且即使在物上保证人提供与债权额等值的担保物进行担保时，其所实际承担的责任额也明显高于单个保证人（全额担保），此种责任分配结果明显缺乏法律的正当性依据，也明显不合情理。因为此时，保证人甲或者乙承诺连带保证的是债权总额，明显高于物上保证人丁所提供的担保物价值，所以，丙、丁所实际承担的责任数额高于甲或者乙，明显超出了法律给予丙在设定物保时的合理预期，于理不符，易造成当事人利益失衡。

B. 以物上保证人一人计：

甲、乙分别承担：100÷（2+1）≈33万元

丙应承担：（100-33-33）×［100÷（100+80+50）］≈15万元

丁应承担：（100−33−33）×［80÷（100+80+50）］≈12万元

戊应承担：（100−33−33）×［50÷（100+80+50）］≈7万元

按此种方法计算，虽然能够有效避免个别物上保证人所实际承担的责任额畸高的情形出现，但是全额担保的单个保证人相比于全额担保的单个物上保证人所实际承担的责任额会普遍更高，故也会出现保证人与物上保证人利益失衡的问题。

第二种方法：按担保债权额比例计算

按照此种方法，无论是保证人还是物上保证人，其所实际承担的责任额应按照其担保债权额占所有担保人担保债权总额的比例计算。在无特别约定的情况下，保证人的担保责任额通常为全部债权额；物上保证人提供的担保物价值高于债权额时，担保责任额以债权额计，当担保物价值低于债权额时则以担保物价值计。具体计算如下：

甲、乙分别承担：100×［100÷（100+100+100+80+50）］≈23万元

丙应承担：100×［100÷（100+100+100+80+50）］≈23万元

丁应承担：100×［80÷（100+100+100+80+50）］≈19万元

戊应承担：100×［50÷（100+100+100+80+50）］≈12万元

此种计算方法，既有效避免了保证人或者物上保证人所实际承担的责任额畸高问题，也确保了提供担保物价值高于或等于债权额的物上保证人所实际承担的责任额与单个保证人相等的公平效果。因此，此种计算方式可谓最佳。

（2）几种具体情形下的责任份额计算公式

根据前文所拟规则，结合实践中较为常见的几种具体情形，试拟计算公式如下：

1）有债务人提供物保的情形

情形一：债务人提供的担保物价值高于或等于债权额时：

债务人提供的担保物所担保的债权额等于债权额。当债权人直接选择债务人提供的担保物优先受偿时，债权因得到清偿而消灭，因债务人无权向其

他担保人追偿，故其他担保人无需再承担担保责任。

情形二：债务人提供的担保物价值低于债权额时：

债务人的担保债权额等于担保物价值。

保证人应实际承担的责任额 =（债权额 – 债务人的担保债权额）×［保证债权额 ÷（保证债权总额 + 除债务人物保以外的物保债权总额）］；

物上保证人应实际承担的责任额 =（债权额 – 债务人的担保债权额）×［担保物价值 ÷（保证债权总额 + 除债务人物保以外的物保债权总额）］；

2）无债务人提供物保的情形：

情形一：担保物价值等于或低于债权额时：

保证人应实际承担的责任额 = 债权额 ×［保证债权额 ÷（保证债权总额 + 物保债权总额）］；

物上保证人应实际承担的责任额 = 债权额 ×［担保物价值 ÷（保证债权总额 + 物保债权总额）］。

情形二：担保物价值高于债权额时：

保证人应实际承担的责任额 = 债权额 ×［保证债权额 ÷（保证债权总额 + 物保债权总额）］；

物上保证人应承担的担保责任额 = 债权额 ×［担保的债权额 ÷（保证债权总额 + 物保债权总额）］。

三、几种特殊情形下的责任承担与权利行使

前文所述混合共同担保人之间的责任分配规则，系常态下的责任承担。司法实践中，往往会遇到债权人放弃部分担保，保证人与物上保证人身份混同等特殊情形。下文将着重就几种较为常见的特殊情形下，担保人之间的责任承担与权利行使问题进行详细阐述。

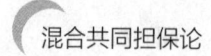

（一）债权人放弃部分担保

实践中，出于各种原因，债权人会作出放弃部分担保权利的意思表示，旨在免除部分担保人的责任。这是债权人对担保权的处分行为。大多数立法例均明文规定，债权人放弃部分担保的，必须作出明确的意思表示，并应履行相应的通知义务，因未履行通知义务给相关权利人造成损害的，应当承担相应的赔偿责任。在前述责任分担规则下，此种担保权的部分放弃和担保责任的部分免除行为，必然会对其他担保人的责任承担及其权利行使产生重大影响。

1. 债权人放弃人保

对于债权人放弃保证、免除部分保证人担保责任，物上保证人是否可在债权人放弃人保范围内免除其担保责任，理论和实务上存在较大争议。如在我国台湾地区理论界，对此问题就看法迥异。

（1）否定说。在我国台湾地区"民法"修订之前，史尚宽先生曾谈到，根据"民法"第751条规定，债权人抛弃物保的，保证人在其所抛弃范围内，免除保证责任；而对于物上保证人，则无此种保护，可见该项规定系对保证人的优遇。① 之前的学说和立法均是从物保责任优先原则出发，来看待债权人放弃人保对物上保证人责任的影响，故认为债权人放弃后次序的担保权利并不会对先次序的担保人责任份额产生任何影响。

（2）肯定说。随着人保与物保平等原则在各国和地区民事立法中的确立，不少立法例在处理债权人放弃人保对物上保证人担保责任产生的影响时，多从二者处于同一责任顺序考虑，认为无论是保证人还是物上保证人，均只应承担其应分担份额内的责任，对于超出其应承担范围外的责任额，在其代为清偿后有权向其他担保人行使代位追偿权，而在债权人放弃人保或物保时则无须代为承担或者为他人应承担之责任买单。如2007年修订后的"民法"第

---

① 史尚宽：《论清偿代位》，载郑玉波主编，《民法债编论文选辑》（中），台湾地区五南图书出版公司1984年版，939-940页。

879 条之 1 规定就是上述观点的集中体现。^① 其立法理由指出，物上保证人为清偿，或因抵押权人实行抵押权导致其丧失抵押物所有权后，其即依法享有了对其他担保人的代位追偿权。因而，在债权人免除保证人的保证责任时，该物上保证人原本对该保证人所享有的代位追偿权势必也会受到影响。因此，出于公平考虑，法律应当规定此时债权人对物上保证人的抵押权在免除保证人保证责任范围内消灭。^②

2. 债权人放弃物保

（1）放弃债务人提供的物保

按照前述债务人提供的物保责任绝对优先原则，债务人作为债务履行的直接和最终责任人，其以自己特定财产设定物的担保的，该物保责任顺序必然应在保证人与其他物上保证人之前。同时，在计算各担保人应当承担的责任份额时，也是用债权总额减去了债务人应当承担的物保责任额后剩余的责任额作为基数。按此法理，当债权人放弃债务人提供的物保时，其他担保人理应在放弃的责任范围内免除相应的担保责任。

（2）放弃其他物上保证人提供的物保

债权人放弃物上保证人提供的物保，对于其他担保人的利益将产生两方面的影响。

1）保证人在债权人所放弃担保物权范围内，其保证责任得以免除。如前所述，根据我国台湾地区"民法"第 751 条的规定^③，债权人抛弃物保的，保证人在所抛弃权利的范围内免除担保责任。其立法理由为，该条规定旨在保护保证人利益。若债权人抛弃的担保物权所担保的是全部债权，则保证人得

---

① 黄荣坚、詹森林、许宗力、王文宇编纂：《月旦简明六法》，台湾地区元照出版有限公司 2011 年第 21 版，三 -92。
② 陈荣传：《物权与民事法新思维》，台湾地区元照出版有限公司 2014 年 1 月版，第 286-287 页。
③ 我国台湾地区"民法"第 751 条规定："债权人抛弃为其债权担保之物权者，保证人就债权人所抛弃权利之限度内，免其责任。"黄荣坚、詹森林、许宗力、王文宇编纂：《月旦简明六法》，台湾地区元照出版有限公司 2011 年第 21 版，三 -60。

以免除全部责任；若债权人抛弃的担保物权所担保的是部分债权，保证人则得以免除相应的责任。① 其实，不论是在采物保责任优先原则的旧法，还是改采人保与物保平等原则的新法，许多国家和地区民法对于债权人放弃物保范围内保证人免除保证责任，始终持肯定态度。如根据我国台湾地区 2010 年修订后的"民法"第 870 条之 2 规定，调整可优先受偿分配额时，保证人在责任顺序在先的抵押权因调整所丧失的优先受偿利益范围内，免除保证责任。② 关于保证人在此情形下的责任免除的具体计算问题，作者认为，在责任分配平等规则下，债权人放弃的物保责任额也应当按照该规则予以计算。

2）其他物上保证人在债权人所抛弃担保物权范围内，其物保责任得以免除。在各担保人根据平等原则并按比例分配责任的规则下，每个物上保证人根据规则都有自己应当承担的责任份额，对于代为清偿的超出该份额的责任范围，则有权向其他担保人行使代位追偿权。同理，对于债权人放弃的物上保证人本应承担的责任，亦不应由该物上保证人予以承担，故大多数立法例均规定其他物上保证人在债权人放弃物保权范围内免责。如根据我国台湾地区 2010 年修订后的"民法"第 870 条之 1 的规定③，因调整优先受偿分配额，导致其他抵押人责任增加的，抵押权人对该抵押人的抵押物所享有的抵押权在增加范围内消灭。不仅如此，在我国台湾地区"最高法院"2010 年第 1366

---

① 陈荣传：《物权与民事法新思维》，台湾地区元照出版有限公司 2014 年 1 月版，第 280–281 页。
② 我国台湾地区"民法"（2010 年修订后）第 870 条之 2 规定："调整可优先受偿分配额时，其次序在先之抵押权所担保之债权有保证人者，于因调整后所失优先受偿之利益限度内，保证人免其责任。"黄荣坚、詹森林、许宗力、王文宇编纂：《月旦简明六法》，台湾地区元照出版有限公司 2011 年第 21 版，三 –90。
③ 我国台湾地区"民法"（2010 年修订后）第 870 条之 1 规定："调整优先受偿分配额时，其次序在先之抵押权所担保之债权，如有第三人之不动产为同一债权之担保者，在因调整后增加负担之限度内，以该不动产为标的物之抵押权消灭。"黄荣坚、詹森林、许宗力、王文宇编纂：《月旦简明六法》，台湾地区元照出版有限公司 2011 年第 21 版，三 –90。

号民事判决①中，涉及到共同抵押权人对于清偿责任次序相同的数抵押物，仅对其中之一抵押物抛弃抵押权，乃发生其他抵押物的抵押权，是否在该抛弃的数额限度内，或在该抵押物应分担的额度内，亦归于消灭的问题时，该判决指出："共同抵押权之各抵押物原各有其内部分担担保债权之金额，于抵押权人选择就一个或部分抵押物申请拍卖，就其卖得之价金受偿之债权额，超过该抵押物应分担之金额时，为谋物上保证人及后次序抵押权人之公平，乃采上揭调整主义，渠等有求偿权及承受权。"陈荣隆先生认为，根据此项原则，如抵押人均为第三人，共同抵押权应于债权人抛弃其抵押权的抵押物应分担额之限度内，归于消灭。②

在英美法系，当债权人在未经担保人同意的情况下丧失或放弃担保的，其他担保人在其丧失或放弃担保的范围内免除相应的担保责任。③

笔者认为，从人保与物保责任平等原则出发，债权人在第三人提供的人保与物保中可以自由选择，并且承担了清偿责任的担保人（保证人或者物上保证人），均有权就超出其应当承担的责任范围向其他担保人行使代位追偿权。因此，只要债权人免除部分担保人的担保责任，则意味着该部分债权或者担保权利消灭，其他担保人的在该权利消灭范围内当然应予免除相应的担保责任。此法理不论在债权人放弃人保或者物保场合，无论是对保证人还是除债务人以外的物上保证人，均得适用。

（二）保证人与物上保证人身份混同

在混合共同担保中，司法实践中常常出现某一担保人兼具保证人与物上保证人两种身份的情形。对于此种情形下该兼具双重身份的担保人的责任如何认定，理论和实务中存在很大争议。具我国台湾地区学者统计，相关见解有：（1）一人说，（2）视为物上保证人说，（3）保证一人说与责任竞合说之

---

① 陈重见：《共同抵押权之一部抛弃》，我国台湾地区"最高院"2010年台上第1366号民事判决，载《台湾法学杂志》，2010年12月1日第165期，第187-190页。
② 陈荣传：《物权与民事法新思维》，台湾地区元照出版有限公司2014年1月版，第279页。
③ Post, secs. 245 et seq.

折衷说,(4)二人说;在日本则有:(1)视为保证人说,(2)视为物上保证人说,(3)资格选择说,(4)责任竞合说,(5)二人说,(6)原则二人例外一人之折衷说。①

1. 观点争鸣及法院判例

从目前的研究和司法实践看,对于具有人保与物保双重身份的担保人的责任承担,主要有三种观点:

(1)一人责任说。我国台湾地区"最高法院"判决、日本最高法院判决以及谢在全先生,均认为鉴于同一担保人为担保主债权的同一目的而同时提供人保与物保,在债务人无力清偿债务时,该担保人仅应承担一人担保责任。又鉴于数类型担保中,以连带保证人责任负担最重,故应以连带保证责任来认定该双重身份担保人之责任。前文提到的湖北省利川市人民法院作出的(2015)鄂利川民初字第02116号判决,虽然隐晦地避开了法律适用上的尴尬,但实质上也是在判决结果上采用了"吸收"理论,即用其连带保证人身份吸收了其物上保证人身份,从而认定兼具双重身份者仅承担连带保证人的担保责任。②当然,我国台湾地区也有判决认为此种情况下,应视为一个物上保证人来认定其应当承担的责任。③

我国台湾地区"最高法院"2010年度台上字第1204号民事判决即采此种观点。该案中,债权人甲贷款1180万元给乙,由丙就A不动产设定最高限额1416万元的抵押权予以担保,并由丙及丁、戊、已、庚等五人担任连带保证人。乙未清偿债务,丙清偿债务931.6616万元后,向丁等求偿,发生丙具有物上保证人及连带保证人双重身份,就应如何定其应分担之比例发生争议。该院再审判决认为,丙应负五分之一的清偿责任,理由为:按民法第879

---

① 陈重见:《双重身份者在共同担保中之责任分担》,载《辅仁法学》2012年6月第43期,第227—233页。
② 湖北省利川市人民法院(2015)鄂利川民初字第02116号民事判决书。
③ 我国台湾地区"最高法院"1991年台上字第2508号民事判决。

条之 2 前段规定①，虽系采保证人、物上保证人共同、比例分担法，然该项并未明定于同一人兼为保证人与物上保证人时，应负担保证人与物上保证人双重责任，且该项于 2007 年增订时，系以不同之人为保证人、物上保证人而举例说明。既然债务之清偿应采"物上保证人保平等"原则，故抵押人和连带保证人之间彼此有清偿责任的分担额，乃发生同一人既提供物保又提供人保者，究应承担两份分担额，或只承担一份分担额的问题。该判决采取只承担一份分担额的观点。该判决是在我国台湾地区"民法"物权编修订后作出的，对于兼具物保及人保身份的丙，明确采"一人说"，即仅核计其担任连带保证人的身份，与谢在全先生认为"为公平及简明，以一人计算为宜"②的见解一致。③

不仅如此，日本最高裁判所最一判昭 9.11.24 以及最一判昭 61.11.27 的案例与我国台湾地区"最高法院"该案例类似，同样采纳了将兼具保证人与物上保证人双重身份者视为保证人的观点。该法院认为，此时其所担保者乃唯一之主债务人之债务而基于完全同一之目的承担连带保证责任，同时有物保，故对其他连带保证人，应认为其系在单一资格下依人数平均而代位债权人。鉴于此，在双重身份下，法院更倾向于将其作为一个保证人看待。④

（2）二人责任说。陈荣传教授在对我国台湾地区"最高法院"上述案例进行评析时指出，不同时间成立的担保权，其所担保的债权内容，应以该担保权成立时为准。在此种情形下，应依各担保权成立时间来确定清偿责任次序。在一人同时担任双重身份的情形，对于各身份的清偿责任次序的变动，

---

① 我国台湾地区"民法"第 879 条之 2 前段规定："债务人如有保证人时，保证人应分担之部分，依保证人应负之履行责任与抵押物之价值或限定之金额比例定之。"黄荣坚、詹森林、许宗力、王文宇编纂：《月旦简明六法》，台湾地区元照出版有限公司 2011 年第 21 版，三 –92。
② 谢在全：《民法物权论（中）》，台北：自版，2010 年 9 月修订 5 版，第 272–273 页。
③ 陈重见：《双重身份者在共同担保中之责任分担》，载《辅仁法学》2012 年 6 月第 43 期，第 227–233 页。
④ 陈重见：《双重身份者在共同担保中之责任分担》，载《辅仁法学》2012 年 6 月第 43 期，第 240 页。

将使分担额随之变动。他指出，在立法上仍应回归清偿责任次序的决定以及求偿权的问题根源，并依下列原则决定判断其分担额：财产相同时，清偿责任次序在后之身份不予计算；责任次序相同者，每一身份独立计算。因为从担保物权的本质观察，担保物权的设定，其实是以担保物的全部交易价值来担保债权的全部。因债权人得就担保物的卖得价金优先受清偿，其担保物其实已从其所有人的总财产中，被标示及特定，与其他财产有所区分。从债务清偿的角度看，担保物宜被视为独立财产，其卖得价金如清偿担保债权仍有剩余，必须优先清偿后顺序的担保债权，最后如有剩余，才归入所有人的总财产之中。故一人兼有抵押人及普通保证人双重身份，宜先依抵押权的规定负担清偿责任，如有不足，再依普通保证人的规定，代负债务履行之责；如一人兼有抵押人及连带保证人双重身份，在其清偿责任次序相同的前提下，应按比例负担双重责任，始属公平。[1]也有学者认为，不管物上保证人是否对保证人享有代位追偿权，在某一担保人兼具人保与物保双重身份时，都应将之视为两个担保人看待。[2]

（3）责任竞合说。采责任竞合说的观点认为，无论人保与物保系单一或为多数，其个别之应分担额均系每一人保之"履行责任"及每一物保之"价值"或"限定分担之金额"为比例计算所得，至于双重身份者，应以责任竞合结果，以其中较重责任者为其身份，但无论以何者为身份，均无先诉抗辩权之适用，且共同担保权人及其承受权人均得对双重身份者所供抵押物优先受偿。[3]

2. 笔者观点

从前述理论与实务中的三种主要观点来看，第一种与第三种观点在本质上是一致的，均采"吸收"的方法，即认为身兼双重身份者仅承担一份较重

---

[1] 陈荣传：《物权与民事法新思维》，台湾地区元照出版有限公司2014年1月版，第288–294页。
[2] 郑健才：《债法通则》[M]，三民出版社2001年，第349页。
[3] 陈重见：《双重身份者在共同担保中之责任分担》，载《辅仁法学》2012年6月第43期，第237–239页。

的担保责任即可。笔者认为，要解决此问题，可遵循以下思路：

（1）担保人设立双重担保之目的

顾名思义，担保就是以自己特定或者全部财产为债权的实现提供保障。既然如此，同一担保人同时设立了保证与物保两种担保，其最终目的也是为了担保债权实现。其所担保的债权，应当是指一份债权，而非双份债权。由此可推定，该身兼双重身份的担保人所应承担的担保责任，也理应以其所担保的债权额为限，不应超出债权的原有范围，否则，明显与其设立担保之目的不符，并超出当事人可合理预见的责任范围。

（2）具体分为两个步骤

1）步骤一：确定两种担保责任的顺序

实践中，同一担保人身兼双重身份的情形比较复杂，有身兼一般保证人与物上保证人的，有身兼连带保证人与物上保证人等情形。针对有学者提出在此情形下恢复物保责任优先原则的观点，笔者认为，既然立法和实务中已明确采纳了人保与物保责任平等原则，则即使在双重身份情形下，也应一以贯之，以避免引起法律适用上的冲突。

在审视兼具人保与物保双重身份的担保人责任时，仍应首先确定该担保人兼具的两种身份的担保责任是否属于同一顺序，如果同一顺序的不同责任，可直接采取"吸收"的方法；如果两种责任处于不同责任顺序，则应先按照当事人约定或者法律规定的顺序依次承担相应的担保责任，前一责任承担后仍有剩余债务未清偿的，后一身份的责任应当是承担相应的补充责任。

2）步骤二：处相同顺序的人保与物保责任进行"吸收"

对于身兼双重身份的担保人的责任承担问题，前文提到的我国台湾地区"最高法院"两个判决均采一人责任的观点，但在最终裁判结果上，两个判决却分别选择了一个连带保证人责任和一个物上保证人责任。同一法院针对同类情况所作出的不同选择，充分反映出实务中对于人保与物保责任孰轻孰重，究应如何相互"吸收"的不同认识与判断。笔者也认为，这是一个复杂的司法价值判断问题，机械地认为凡是保证人责任必然重于物上保证人责任，或者认为凡是物上保证人责任必然重于保证人责任的观点，均值得商榷。

笔者认为，在此情形下，应当采取"吸收+补偿"的方法来确定该兼具双重身份担保人的责任：

首先，当其中一种担保的责任额高于或等于债权额时，以债权额为限，担保责任额高者吸收担保责任额低者。从混合共同担保人的责任额看，各担保人所担保的责任额低于或等于债权额的，以该担保责任额为限；各担保人所担保的责任额高于债权额的，以债权额为准。再从设立担保的目的出发，应当认为同一担保人设立双重担保的目的就是尽最大可能地确保债权实现，因此，以债权额为限，责任额高者吸收责任额低者，既符合担保设立目的，又不会给担保人增加超出债权范围的额外负担。

其次，若两种担保的责任额相同，且均高于或等于债权额时，释明债权人择一行使。在双重身份的担保责任顺序相同的情形下，只要人保与物保所担保的责任额相同，在现行人保与物保责任顺序平等原则下，债权人任意选择行使一种担保权利，都能达到债权实现的目的。就具体担保方式的选择，立法和司法完全可以相信债权人能够根据个案具体情况作出最有利于自己的判断，故法院在审理此类案件过程中，应当向当事人尤其是债权人释明，同一担保人设立的双重担保存在竞合关系，其得择一选择行使。诚然，将择一选择的权利赋予债权人还是兼具双重身份的担保人，也存在价值选择问题。如将选择权赋予该担保人，则该担保人可能作出对其损害最小的担保方式，但也有可能为其逃避应当承担的担保责任提供机会，如在担保物存在明显权利瑕疵时恰恰选择物保方式，必然会导致债权人行使担保物权受阻；如将择一选择的权利赋予债权人，也有可能出现纵容债权人滥用担保权利的风险，如若债权人选择对保证人行使权利，导致保证人同时提供的担保物未被用于优先受偿，而致其其他重要财产（如房产）等被执行用于清偿债务，该担保人的利益因此受到损害。在两种价值保护中，笔者倾向于将选择权交给债权人，因为担保设立的目的在于确保债权的最终实现，况且，担保人在设立双重担保时应当预见到两种担保方式均有实现的可能性。

最后，如果所担保的债权额较高者仍低于债权额的，且二者所担保的债权总额等于或高于债权额的，在高者吸收低者后，就未受清偿的剩余债权额，所担保的债权额较低者仍且二者所担保的债权总额高于或等于债权额的，应承担补充的担保责任。假设同一担保人对同一债务既提供保证，又提供物的担保的，若其保证所担保的债权数额高于其提供的物的担保，但又低于债权总额的，那么，该兼具双重身份的担保人在承担了保证责任后，对于未能实现的剩余债权，其应以其提供的物的担保来清偿。但该补充的物的担保以其所担保的债权额或者剩余债权额为限，即当该物的担保所担保的债权额大于剩余债权额时，应以剩余债权额为限；当该物的担保所担保的债权额小于或等于剩余债权额时，应以该物的担保所担保的债权额为限。

（三）无清偿能力担保人应担份额之"二次分配"

混合共同担保人之间的责任分配是个复杂问题，尤其是在某个或部分担保人没有支付能力时，其本应承担的责任份额应如何处理，这就产生了该部分责任额在其他担保人中的"二次分配"问题。也有学者将之称为担保人"求偿权（代位追偿权）的扩张"[①]。

1. "二次分配"的正当性

部分担保人失去偿付能力，将导致已为清偿的担保人相对应范围内的代位追偿权无法得到实现，此种财产上的损失究应由谁来承担，是司法实践中无法回避的现实问题。此种损失如让已为清偿的担保人独自承担，将导致其实际承担了超出其本应承担的责任范围以外的责任，而其他共同担保人利益却不受任何影响，此种处理结果明显与混合共同担保人之间担保顺序的同等性、责任的共同连带性以及适用规则的平等性等法理相冲突，有违公平正义原则。

（1）缺失责任份额的本质归属

这种偿付不能的风险究应由谁承担？首先应当看到的是，该偿付不能的

---

① 刘宏渭，《连带债务法律制度研究》，山东大学2012年博士论文，第110页。

担保人所承担的清偿责任，是对债权作出的担保，权利人本为债权人，故对于其他担保人而言，其本质上是债权人债权的延伸或者扩张。只是当某一担保人通过清偿使该债权得到满足，从而取代原债权人享有并有权行使其债权及其相关所有权利。既然对于原债权人，在某各共同担保人失去偿付能力的情况下，其有权要求其他共同担保人承担债权的全部清偿责任，因为所有共同担保人之间存在责任的连带性，那么，对于承继其所有权利的担保人而言，该权利也同样存在并享有。因此，对于某个偿付不能的担保人本应承担的那份责任额，理应由其他共同担保人共同分担。

（2）公平正义的实质要求

基于混合共同担保人之间责任的共同性、连带性和平等性，共同分担某个偿付不能担保人所应担份额的其他担保人中，理应包括已为清偿并享有代位追偿权的担保人在内。因为，尽管该担保人因已为清偿取得了债权人地位与权利，但这并不能抹杀其仍然为共同担保人之一的事实，故唯有其与其他担保人就该份责任额进行共同分担，才符合公平正义的要求。

2. 平等规则的适用

（1）"二次分配"规则

关于该责任份额在其他担保人之间的"二次分配"，因原理与担保责任在共同担保人中的"首次分配"如出一撤，故仍然应当遵循与"首次分配"相同的规则，以彰显分配上的正义。故在出现某个担保人丧失偿付能力的情形下，已为清偿的担保人向其他担保人行使代位追偿权的具体步骤为：首先，确定除无偿付能力担保人以外的所有其他担保人应当承担的债权总额；其次，按照"首次分配"规则在剩余担保人中进行责任分配。其实，从另一角度看，某个担保人失去偿付能力，实质相当于减少了一个担保，故在计算方法上，可直接根据现有具有偿付能力的担保人按比例计算各自应当承担的责任额即可。

（2）具体说明

试举一例：债务人向债权人借款100万元，甲、乙为其提供连带责任保证，丙、丁分别以各自所有的 100 万元、50 万元的财产提供抵押担保。债务人到期未能清偿债务，债权人向甲主张承担连带保证责任。甲在清偿了全部债务后，向法院起诉，要求乙、丙、丁分别承担相应的偿付责任。经法院查明，丙已破产，丧失了偿付能力。

1）按照第一种计算方法：根据平等规则，甲、乙、丙、丁分别应承担的责任额为：28.5 万元、28.5 万元、28.5 万元和 14.5 万元。丙丧失偿付能力，则其所应担的 28.5 万元应由甲、乙、丁根据平等规则按比例分担，具体分担额为：11.4 万元、11.4 万元和 5.7 万元。如此，甲、乙、丁应最终承担的责任额变更为：40 万元、40 万元和 20 万元。甲有权要求乙偿付 40 万元以及丁偿付 20 万元。

2）按照第二种计算方法：直接将丙提供的担保从所有担保中去除，即变更为由甲、乙提供连带责任保证，丁以其 50 万元财产提供抵押担保。根据平等规则，各担保人按比例承担责任：甲为 40 万元，乙为 40 万元，丁为 20 万元。甲向乙、丁追偿的效果与前种方法相同。

可以看出，第二种计算方法明显更加简便，更具操作性。

3. "二次分配"与债权人剩余债权的关系协调

由于"二次分配"的责任额对于其他担保人而言，仍然是债权的延伸或扩张，在适用时可能会对债权人未能实现的剩余债权的主张或实现造成一定冲击，故法理上应当厘清二者的关系，尽量避免冲突。

从权利来源及效力而言，债权人的债权是本源性的权利，也是第一位的权利；担保人的代位追偿权是其代位行使的权利，该权利来源于债权人的债权，相对于原债权属于第二位的权利，具有从属性。[1] 故当两种权利行使发生或可能发生冲突时，后者应让位于前者。从众多立法例也可以看出，"不得有害于债权人的债权"是担保人乃至所有的代位清偿人、连带债务人行使代位追偿权所必须遵守的基本准则与法律规定。

---

[1] Henry N. Sheldon, The Law of Subrogation, University Press: John Wilson and Son, Cambridge 1882, 124.

小　结

在人保与物保责任顺序相对平等原则下，混合共同担保中担保人之间的责任分配乃是各担保人的代位追偿权从抽象权利真正转化为实际结果的重要步骤，故责任分配也是混合共同担保制度的核心内容。混合共同担保人之间的责任分配，必须在分配正义理念的指引下，遵循实质平等原则，并形成一套操作性强并行之有效的规则。本章从分配正义的理论基础入手，阐述了担保人之间责任分配应当遵循分配正义的基本理念。本章在对两大法系，如《欧洲示范民法典草案》、《日本民法典》、我国台湾地区"民法"以及英美国家对混合共同担保人之间的责任分配的法律规定与规则进行比较分析基础上，结合我国现实国情，提出了我国国情下混合共同担保人之间责任分配的应然模式。具体包括：1. 相对平等的责任分配原则。2. 责任分配的具体规则：（1）债务人提供的物保数额现行扣除；（2）保证人与物上保证人（除债务人外）责任分配的实质平等规则：1）保证人先诉抗辩权与责任分配的平等原则实际并不冲突；2）责任分配的最佳规则：保证人与物上保证人按照各自所担保的债权数额（或担保物价值）占所有担保人所担保的债权数额之比例来确定其所应分担的责任数额；保证人以其向债权人承诺担保的债权数额为其参与计算的责任额；物上保证人以其担保物价值或担保物所担保的债权数额为其应承担的责任额。除此之外，本章还就一些特殊情形下的担保人之间责任分配问题进行了探讨。如在债权人放弃部分担保的情形下，其他担保人在放弃担保范围内免除相应责任。又如，在保证人与物上保证人身份混同情形下，兼具人保与物保双重身份的担保人的责任认定，应当采取"吸收＋补充"的方法：首先，当其中一种担保的责任额高于或等于债权额时，以债权额为限，担保责任额高者吸收担保责任额低者；其次，若两种担保的责任额相同，且均高于或等于债权额时，释明债权人择一行使；最后，如果所担保的债权额较高者仍低于债权额的，且二者所担保的债权总额等于或高于债权额的，在高者吸收低者后，就为受清偿的剩余债权额，所担保的债权额较低者仍应承担补充的担保责任。再如,关于无清偿能力的担保人应担份额之"二次分配"问题,作者在论证了"二次分配"的正当性基础上,提出了平等规则在"二次分配"中的适用规则,即仍然应但遵循与担保人责任"首次分配"相同的规则,在其他有清偿能力的担保人中进行平等分配,以彰显分配上的正义。

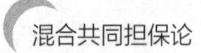

第六章 立法实务分析与建议

我国现行法律关于混合共同担保的相关规定确有不完善之处，尤其是在我国《民法典·物权编》正在起草审议过程中的良好契机下，确有必要根据新的发展形势，对相关制度规则设计作出相应的调整。

第一节 对我国混合共同担保相关立法与司法现状的分析

我国的担保立法，从时间维度看尚显年轻，与两大法系国家长达数百年的立法相比，不论是立法技术还是司法经验，都不够成熟，还有较大的完善空间。

一、立法分析

我国关于混合共同担保的立法主要存在两方面不足：一是民法中未确立代位清偿制度，从而导致担保人的代位追偿权缺乏基本的理论基础和法理依托；二是涉及到混合共同担保具体制度性规定的部门法及其司法解释之间，存在法律理念与法律适用上的冲突。

（一）民法中代位清偿制度的缺失

我国《民法通则》、《民法总则》均并未对代位清偿制度作出专门的系统性规定，仅在保险法、海商法上规定了保险人的代位权。这些规定散见于《保险法》第 45 条[①]、《海商法》第 252 条[②]、《海事诉讼特别程序法》第 93 条[③]等规定中。上述关于保险人代位权的规定，在基本属性上与代位清偿制度相同，都是属于法定的债权移转。但是，我国《民法通则》、《民法总则》、《物权法》、《合同法》以及《担保法》中，仅分别对合伙人、连带债务人与担保人等主体在承担责任后对（其他）债务人的求偿权作出了规定，并未涉及代位追偿。

民法中代位清偿制度的缺失，在很大程度上导致实践中与债的履行有利害关系第三人在代为清偿债务后，因缺乏理论和法律依据，无法行使理应享有的代位追偿权的问题。尤其是在混合共同担保场合，实践中已为清偿的担保人除仅能向债务人主张求偿外，无权向其他担保人进行代位追偿。而大陆法系的德国、法国、日本等国及我国台湾地区的民法均对代位清偿作出了专门规定，有效地将第三人代位清偿的概念、成立要件、法律效果等进行了系统性地规范，并以此作为共同债务人、保证人、物的担保人等与债的履行有利害关系第三人权利保护的法理基础与法律依据，很好的平衡了各方当事人利益。

(二)《物权法》、《担保法》与《担保法解释》的态度反复

众所周知，混合共同担保实务上的大多数争论主要缘自于立法上的模糊态度。2000 年实施的《担保法解释》第 38 条虽然规定了担保人承担担保责

[①] 《保险法》第 45 条规定："因第三者对保险标的的损害而造成保险事故的，保险人自向被保险人赔偿保险金之。在赔偿金额范围内代位行使被保险人对第三者请求赔偿的权利。"

[②] 《海商法》第 252 条第 1 款规定："保险标的发生保险责任范围内的损失是由第三人造成的，被保险人向第三人要求赔偿的权利，自保险人支付赔偿之日起，相应转移给保险人。"

[③] 《海事诉讼特别程序法》第 93 条规定："因第三人造成保险事故，保险人向被保险人支付保险赔偿后，在保险赔偿范围内可以代位行使被保险人对第三人请求赔偿的权利。"

任后相互之间享有追偿权,但若干年后颁布的《物权法》第176条却止步于"担保人有权向债务人追偿"。立法这种做"减法"的表达方式,给理论界和实务界留下了太多疑惑与想象空间。

1. 立法理念与技术上的冲突

（1）《担保法解释》第38条作出的有益尝试

虽然民法并未对代位清偿制度作出系统规定,但在我国担保法领域也有过有益的尝试。最高人民法院2000年《担保法司法解释》在第38条即首次作出了已为清偿的担保人有权向其他担保人行使追偿权的规定。

该规定虽然在其释义中并未就其中的理论和法律依据予以详细阐述,但从规定确立的规则看,其实质上就是大陆法系民法代位清偿制度在担保法律关系中的体现。虽然该解释条文中使用的措辞并未明确使用"代位"的表述方式,但对该措辞作进一步解释的话,完全可以得出承担了担保责任的担保人可以自己名义,代位行使原债权及其担保权,即要求其他担保人在其应当分担的份额内承担清偿责任。笔者揣测,该解释之所以未直接使用"代位权"的表述,与我国民法中尚未确立代位清偿制度和司法解释的制定权限及效力范围不无关系。此外,该条文也并未就在担保人之间如何进行责任分配确立明确规则,给实务操作留下了一定困惑。

（2）《物权法》第176条[①]的态度反复

我国《物权法》第176条在责任承担顺序上采取了人保与物保平等原则,也规定了担保人为清偿后对债务人的求偿权,但却未对混合共同担保人之间的代位追偿与责任分配作出规定。[②] 立法者认为,在当事人未明确约定共同承

---

① 《物权法》第176条规定:"被担保的债权既有物的担保又有人的担保的,债务人不履行到期债务或者发生当事人约定的实现担保物权的情形,债权人应当按照约定实现债权;没有约定或者约定不明确,债务人自己提供物的担保的,债权人应当先就该物的担保实现债权;第三人提供物的担保的,债权人可以就物的担保实现债权,也可以要求保证人承担保证责任。提供担保的第三人承担担保责任后,有权向债务人追偿。"

② 高圣平:《物权法担保物权编之评价》,引自中国民商法律网http://old.civillaw.com.cn/article/default.asp?id=32090。

担连带担保责任的情形下，规定担保人之间相互追偿缺乏正当性：1）缺乏理论依据。在当事人并无约定的情况下，各担保人之间并无任何法律关系，故相互追偿缺乏法理依据。2）程序繁琐，不经济。债务人作为债务的直接和最终责任人，任何担保人承担责任后最终都可向债务人追偿，如果担保人在承担清偿责任后向其他担保人追偿，随后再向债务人追偿，不仅程序繁琐，费时费力，从经济效益上讲不是最佳选择。3）禁止担保人相互追偿正是公平原则的体现。在债务人无法清偿债务时，承担担保责任，是每个担保人订立担保合同时能够也应当预见到的正常风险，当这种风险实际发生后，承担担保责任后的担保人只能向债务人追偿，方才是对每个担保人公平的体现。4）实际操作上有难度。鉴于人保与物保的担保方式不同，故如何确定担保人之间应当承担的责任存在较大难度，是一个复杂的计算题。① 曾任最高法院民二庭庭长的宋晓明法官认为，《物权法》176 条基本沿袭了《担保司法解释》第 38 条第 1 款的模式，并进而形成"私法自治原则＋保证人绝对优待主义＋平等主义"②的模式，拓展了《担保法解释》第 38 条原则的适用范围。这在"陕西高院判决信达公司西安办诉蓝潮集团公司等借款合同纠纷案"③ 中亦可见一斑。

对于《物权法》第 176 条规定对于担保人之间代位追偿的态度，理论与实务界主要形成了两种不同认识：

1）否定论。否定担保人之间追偿的观点认为，该条仅赋予了担保人为清偿后对债务人的求偿权，并未赋予其代位追偿权，《担保法解释》关于担保人

---

① 胡康生主编：《中华人民共和国物权法释义》，法律出版社 2007 年版，第 381-382 页。
② 宋晓明：《物权法担保物权编实施中的几个重要问题——在"物权法担保物权国际研讨会"上的讲话》。
③ 人民法院网［EB/OL］'http：//rm fyb..chinacourt.org/paper/html/2010.03/25/content 6372.htm，2010-03-25. 二审认为，500 万元借款所涉抵押是由第三人蓝潮房地产公司提供的，保证人汉江公司应在保证范围内对该笔借款承担连带清偿责任，即对上述借款中的 300 万元本金及利息等承担连带清偿责任。490 万元借款所涉抵押是由主债务人蓝潮公司提供的，故保证人汉江公司仅对抵押权实现后仍不能清偿的债务部分承担连带清偿责任。

相互间行使追偿权的规定因与《物权法》规定相抵触而无效。①

2）肯定论。肯定担保人之间追偿的观点认为，《物权法》第176条虽未作明文规定，但也未对担保人的代位追偿权作否定性评价或规定②；或者认为从解释论看，《物权法》对既有规则的"沉默"，并不必然意味着是对原有规则的否定，《担保法解释》第38条仍有适用空间③；还有学者认为，《物权法》与《担保法》担保物权各章并不是简单的新旧法的关系，《物权法》的施行并未废止《担保法》各章的规定，给法律的适用带来了困难"。④

事实上，此项规定出台后受到了不少质疑。有学者认为，从字面上看，《物权法》虽然只是规定了担保人的求偿权，但也未否认其代位追偿权。⑤还有学者认为，此种制度设计"颇值考量"。一方面，根据保证人与债务人之间的地位差异及追偿成本的观念来区分此两种情形并区别对待理由不充分；另一方面，既然已经采纳了人保与物保平等原则，在法律逻辑上就理应允许保证人与物上保证人之间相互进行追偿，并对各担保人之间的责任分配规则作出明确规定。⑥

作为担保物权实务专家的最高人民法院王闯法官早在《物权法》正式颁布时，即撰文指出：一方面，《担保法解释》第38条主要是考虑到了人保与物保所担保的债权与针对的债务人的同一性，以及保证人与物上保证人在责

---

① 杨明刚：《新物权法——担保物权适用解说与典型案例评析》，法律出版社2007年版，第41页。崔建远：《物权：规范与学说——以中国物权法的解释论为中心》，第753页。江海、石冠彬：《论共同担保人内部追偿规则的建构——简评《物权法》第176条》，载《法学评论》2013年第6期，第111–119页。
② 王利明：《物权法研究》（下卷）（第四版），中国人民大学出版社2016年版，第1114页。
③ 黄忠：《混合共同担保之内部追偿权的证立及展开——《物权法》第176条的解释论》，载《中外法学》2015年第4期，第1013页。
④ 高圣平：《物权法担保物权编之评价》，引自中国民商法律网 http://old.civillaw.com.cn/article/default.asp?id=32090。
⑤ 郭明瑞主编：《中华人民共和国物权法释义》，中国法制出版社2007年版，第317–318页。
⑥ 高圣平：《物权法担保物权编之评价》，引自中国民商法律网 http://old.civillaw.com.cn/article/default.asp?id=32090。

任与利益上的一致性，故认为应当允许债权人在人保与第三人提供的物保之间进行自由选择；另一方面，对于因《物权法》第176条规定产生的对于是否承认混合共同担保人之间相互代位追偿权的疑问，王闯法官认为，从保证人与物上保证人责任与利益的一致性出发，并基于公平原则，应当对混合共同担保人之间的代位追偿权作肯定性解释，并且对于各担保人之间的分担份额的计算与认定，有待将来司法解释作出更为详细的规则。①

2. 笔者观点

尽管《物权法》第176条对于担保人之间的代位追偿采保守态度，但并不该因此否认担保人代位追偿权的正当性。

（1）代位清偿理论及其制度体系是担保人之间责任分配与相互追偿的理论和法律依据。在前述立法例中，担保人就是代位清偿人当中最为典型的一种类型。担保人的代位追偿权虽因身处担保制度体系中而与生俱来带有担保制度的一定特点，但从代位清偿角度看，担保人代位追偿的权利基础仍然是代位清偿理论。从法国、日本和我国台湾地区"民法"中代位清偿制度与担保相关规定的体系安排和内在联系上，可见端倪。具体而言，按照债权的法定移转说，当担保人代为清偿债务后，即取得了以自己名义代位行使债权人的债权及其相关权利的权利，故其实际取代原债权人成为了其他相关义务人（尤其是债务人与其他担保人）的新债权人，他们之间当然建立了法律上债的关系。从另一角度看，可以说在平等原则下，混合共同担保中的每个担保人（债务人除外），在为清偿前都是其他担保人潜在的"债权人"，一旦发生代位清偿，这种潜在的债权人即转变为现实的"债权人"。

（2）程序繁琐和所谓的"不经济"不应成为实现当事人间实质公平的"绊脚石"。实践中，担保人承担担保责任通常是因为债务人已资不抵债，无力偿还债务，担保人为清偿后再向债务人追偿，实际已不太现实，成功几率也是微乎其微，因此，担保人对债务人的求偿权经常沦为"纸面上的权利"。从公平角度看，在债务人无力清偿债务时，债权人在众多担保人中选择其中

---

① 王闯：《规则冲突与制度创新（上）》，载《人民法院报》2007年6月20日第6版。

一个来清偿全部债务,该担保人即使享有对债务人的求偿权,也常常因债务人早已无力偿还债务,实践中多是无功而返。该担保人在向债务人求偿无果,其他担保人因其代为清偿而免责受益却不受追偿的情况下,只能独自承担全部债务清偿责任。不论从当事人之间利益平衡角度还是从现代担保法发展趋势看,均显失公平。而且,此种不公,对于每一个担保人都有可能发生,故此种制度安排必然大大挫伤所有担保人提供担保的积极性,乃至影响整个担保市场的健康可持续发展。

（3）可预见风险与公平原则并不冲突。西方法谚云,"平等即公平"。在人保与物保平等原则下,混合共同担保人既然是处于同一责任顺位,就应当平等地共享利益,平等地共担责任和风险。这也是公平原则在担保人利益平衡中的集中体现。在此原则下,担保人对未来风险的预见,应当是任何一个共同担保人均有清偿全部债务的义务与责任,但在共同担保人内部则应按照一定的规则对清偿的风险与责任进行平等分担。有学者也认为,担保人在作出担保行为时,就应当预见到承担责任的风险,该风险当然也包括其他担保人在清偿后向其进行追偿,而且被追偿的份额也是其按照比例本就应当承担的责任份额,故不仅不会影响公平,反正体现了实质上的公平。[①] 在担保这一实践性很强的制度中,对当事人而言,实质的公平比起形式上的公平要重要得多。此外,从担保人权利保护和经济角度看,相关立法例赋予担保人代位追偿权的目的就是为担保人挽回经济损失提供充分的救济途径,担保人作为权利享有者,完全可以根据自身实际,对行使或不行使何种权利作出最有利于自己的判断和选择。因此,法律应当赋予其该项权利。

（4）关于操作性问题。从实际操作层面看,应当说,任何制度和规则设计都无法达到绝对的公平,混合共同担保也不例外。我们只要做到,在众多可供选择的制度安排中,选择或打造出在现有制度框架下对各方当事人来说相对最为公平的规则设计即可;同时也必须承认,任何规则都会有缺陷,会有这样或那样操作上的难度,但这些困难都不应成为法律实现公平正义的绊

[①] 梅夏英、高圣平:《物权法教程》,中国人民大学出版社2007版,第347页。

脚石。所谓"操作上有难度",最大的问题恐怕还不是计算的复杂性,相信只要规则明确,任何法官都能根据该规则计算出正确的结论。然而,真正的实践难题却是个案中如何准确地查明和确定债权人所享有的全部担保情况,因为查明的担保情况直接关系到责任分配计算中"分子"、"分母"数据的真实性以及计算结果的准确性,否则将不断产生通过后续一次又一次的再审、改判来纠正事实查明及其责任分配的问题,恐造成诉累。然而,解决问题的关键在于债权人与债务人是否遵守诚信原则,故在将来的规则设计上应当不给当事人隐瞒实际担保情况留下任何空间,用诚信原则予以约束,并配以违反诚信原则的法律上的不利益以为惩戒,方能减少诉累,并有利于查明事实,实现实质公平的结果。

二、司法现状

正是由于立法上的模糊与态度反复,导致在司法实务中,各地法院在担保人是否享有代位追偿权方面裁判不一。

笔者通过"中国裁判文书网",以"民事案件"——"追偿"——"最高人民法院"为搜索关键词,对最高人民法院在 2016 年 1 月至 2018 年 8 月期间审结的 130 件追偿权纠纷案件进行了研究分析;同时,在该网站以以"民事案件"——"追偿"——"高级人民法院"为搜索关键词,对全国各高级法院在 2016 年 1 月至 2018 年 8 月期间审结的 551 件以及部分中院审结的追偿纠纷案件进行了研究分析。

通过对上述案件裁判文书的汇总分析,笔者发现,由于立法的不明确,导致两级法院法官在担保人对其他担保人主张代位追偿问题上,普遍持谨慎态度,绝大多数裁判均不支持向其他担保人进行追偿,观望态度明显。也因此导致了当事人在案件中提出向其他担保人进行追偿的诉讼请求的情形不多,追偿纠纷还是主要集中在《物权法》、《担保法》有明确规定的、包括担保人向债务人进行求偿及连带保证人向其他连带保证人追偿的案件上,而混合共同中担保人向其他担保人进行追偿的案件则少之又少。但是，或许正是立法的模糊性，也使少数法官在少数案件中得以继续适用《担保法解释》第 38 条来支持担保人向其他担保人进行追偿的主张。下文将列举部分典型案例进行具体阐述。

（一）法院裁判中的两种观点

面对已清偿债务的担保人向其他担保人主张代位追偿的主张，各法院裁判主要形成了两种观点。

1. 主流观点——担保人选定后的唯一责任论

当前大多数法院比较倾向性的观点是，法律虽然赋予了债权人在数个担保人之间进行自由选择的权利，但其一旦选定了某一担保人承担全部担保责任，该担保人为清偿后，其他担保人的责任即全部免除，该担保人仅有权向债务人求偿，无权向其他担保人进行代位追偿。其中，最高人民法院判决对此的态度也大多倾向于保守。如"北京大唐燃料有限公司与山东百福物流有限公司等买卖合同纠纷上诉案"①等。

不仅如此，福建高院民二庭在《担保物权纠纷案件若干问题研究》中也提到，相对于《担保法解释》第 38 条，《物权法》第 176 条否定了担保人之间的追偿权，前者第 1 款由于与《物权法》第 176 条规定不一致，因此不能再继续引用作为审判依据。②

2. 少数观点——仍然适用《担保法解释》第 38 条规定支持担保人相互追偿

然而，由于立法的模糊性，司法实务中也不乏有法院仍然根据《担保法》及《担保法解释》第 38 条的规定，判决支持了混合共同担保人之间相互的代位追偿。具体案例如下：

---

① 最高人民法院（2015）民一终字第 371 号民事判决。
② 福建省高级人民法院民二庭在《担保物权纠纷案件若干问题研究》，转引自高圣平：《混合共同担保的法律规制：裁判分歧与制度完善》，载《清华法学》2017 年第 5 期，第 150–152 页。

（1）最高人民法院在 2017 年审理的顾正康、十堰荣华东风汽车专营公司等与湖北汇城置业公司追偿权纠纷申请再审案中，作出（2017）最高法民再 137 号民事判决，明确表态认为在《物权法》(第 176 条）没有规定而《担保法解释》(第 38 条）有明确规定的情况下，原审两级法院适用《担保法解释》，认定抵押人承担担保责任后对保证人享有追偿权并无不当。同时指出，根据《担保法解释》第 38 条规定，抵押人承担抵押担保责任后，有权要求保证人清偿其"应当分担"的份额。即本案中保证人对抵押人应承担按份责任。从混合共同担保中担保人之间追偿制度设立的初衷来看，主要是为了平衡担保人之间的利益关系，防止担保责任完全由一方承担而有失公平，并以此为由纠正了本案二审判决①关于保证人应当对抵押人承担连带责任的认定。②

（2）在云南高院审理的"罗志华与云南众新交通物资有限公司追偿权纠纷案"中，一、二审法院均认为，该案中的物上保证人与连带保证人对债务人的债务形成了共同担保关系，在物上保证人清偿了全部债务后，其有权向债务人主张求偿，亦有权向连带保证人主张代位追偿。由于共同担保人并未对各自应承担的责任份额作出约定，事后也未能达成一致，故根据公平原则二者应当平均分担上述债务份额。据此，该案将债务人与连带保证人列为共同被告，并判决认为该抵押人有权就超出其应担责任份额部分向债务人进行

---

① 该二审判决认为，如果保证人与物上保证人未就承担担保责任后如何分担进行约定，则其权利义务的事后平衡应当适用公平原则。担保人为清偿后，其他担保人担保责任随之免除，因此获得了实际利益，如禁止该担保人代位追偿则会显失公平，也会变相纵容债权人滥用选择权，甚至与个别担保人恶意串通致使其他担保人承担偿付责任，并逃避自身应担责任。担保人承担担保责任后其取代原债权人的地位，享有原债权的效力，自可承受原债权的担保权。湖北省高级人民法院（2014）鄂民二终字第 00078 号民事判决。
② 最高人民法院（2017）最高法民再 137 号民事判决。

求偿,同时有权向连带保证人就其应担责任份额进行追偿。①

（3）在湖北省利川市人民法院审理的"孙文堂、张镕与利川市新艺钢化玻璃有限公司、李金平等合同纠纷案"②中,原告夫妇作为新设立公司的股东之一,与其他股东一起为公司向银行的贷款提供连带责任保证;同时,两原告又以其自有房屋作为抵押物向银行提供抵押担保。该公司资不抵债后,债权人起诉要求偿付贷款,两原告的抵押房屋被强制执行进入拍卖程序。在案涉房屋被拍卖并用于清偿债务已成必然后,原告向法院起诉,要求其他保证人按份承担各自担保责任。法院经审理认为,本案中所有保证人形成了共同担保,根据《担保法》第12条规定③,原告作为连带保证人在清偿了全部债务后,有权向其他保证人进行追偿。④但事实上,本案原告不仅是连带保证人,同时兼为物上保证人,具有双重身份,而且债权人是通过诉讼就原告的抵押物拍卖后优先受偿,故笔者以为,将当事人的行为理解为人保与物保的混合共同担保,并进一步理解为债权人就抵押物优先受偿后,抵押人就所支付的超出其所应担的份额向其他保证人进行追偿或许更为贴切。由于现行立法的

---

① 云南省高级人民法院（2014）云高民二终字第167号判决。该判决认为,"根据担保法解释第三十八条第一款的规定,针对腾建公司与浦发银行之间的债务,众新公司作为第三人提供物的担保、罗志华作为第三人提供连带保证担保,均系独立地为上述债务提供担保,众新公司与罗志华虽无直接的意思联系,但二者对上述债务形成共同担保关系。现众新公司已完全履行其抵押担保责任,有权要求作为保证人的罗志华承担其应当分担的债务份额。众新公司与罗志华在各自的担保合同中并未约定担保份额,事后也未达成一致,二者均是对全部债务提供担保,根据我国《担保法》及其相关司法解释的立法精神及公平合理的原则,二者应当平均分担上述债务份额,即罗志华应对代偿款及相应利息承担50%清偿责任。至于责任承担方式,腾建公司是上述债务最终的、本位上的承担者,为避免日后的追偿权诉累,罗志华对腾建公司不能清偿部分承担补偿清偿责任较为公平合理。"
② （2015）鄂利川民初字第02116号民事判决。
③ 《担保法》第12条规定:"同一债务有两个以上保证人的,保证人应当按照保证合同约定的保证份额,承担保证责任。没有约定保证份额的,保证人承担连带责任,债权人可以要求任何一个保证人承担全部保证责任,保证人都负有担保全部债权实现的义务。已经承担保证责任的保证人,有权向债务人追偿,或者要求承担连带责任的其他保证人清偿其应当承担的份额。"
④ 湖北省利川市人民法院（2015）鄂利川民初字第02116号民事判决。

模糊态度使得法官在适用法律与司法解释时左右为难，但为了实现当事人间实质的公平正义，不得不采用"曲线救国"的方式，用原告保证人身份吸收其物上保证人身份，从而得以勉强适用《担保法》第 12 条关于连带保证的规定来支持其向其他担保人之间的追偿权。

不仅如此，湖北省高级人民法院民二庭《当前商事审判疑难问题裁判指引》(2016 年 11 月) 也认为，同一债务人保与物保并存时，债权人享有选择权。当事人没有约定或者约定不明的，已为清偿的担保人有权向债务人求偿，也可以要求其他担保人清偿其应当分担的份额。[①]

（二）评析

笔者以为，之所以会产生上述问题，主要源于我国民法尚未建立代位清偿制度，从而导致担保人之间潜在的法律关系未被法律条文挖掘出来，给担保人之间的相互追偿造成了一定障碍。而司法实务中至今仍然存在不少判决支持担保人为清偿后对其他担保人的代位追偿，其实质也基本是出于在当事人之间实现实质公平的考虑，这也在一定程度上反映出《担保法解释》第 38 条所体现的当事人利益平衡与实质公平原则，在实践中仍有客观需求与顽强的生命力。同时，在最高人民法院已经有明确案例就混合共同担保人之间的追偿进行支持，且明确了《物权法》第 176 条与《担保法解释》第 38 条规定的法律适用协调后，相信这将对未来的类似判决及当事人诉求产生广泛影响。

第二节　立法建议

我国现行立法与司法，仅赋予了为清偿的担保人对债务人的求偿权，并

[①] 转引自高圣平：《混合共同担保的法律规制：裁判分歧与制度完善》，载《清华法学》2017 年第 5 期，第 153-154 页。

未赋予其对其他担保人的代位追偿权。鉴于赋予担保人代位追偿权早已是各国和地区立法通例,且从我国担保实践看,已经具备了赋予担保人代位追偿权并作出相应法律修改或制定司法解释的条件和必要性,下文将结合我国立法、司法和担保市场发展现状,提出立法建议。基本思路为:首先在民法典中确立代位清偿制度作为理论和制度基础;其次对《物权法》176条作扩大解释;最后在《民法典·物权编》、《物权法》或《担保法》及其解释中对担保人之间的代位追偿和责任分配的具体规则进行规定,最高人民法院再通过指导性案例统一法律适用和裁判尺度。

一、在民法典中确立代位清偿制度

鉴于代位清偿制度在保障与债的履行有利害关系第三人代为清偿后其求偿权实现方面的重要功能,系其他相关或类似制度所无法替代,加之该制度本身的完整体系性,很多国家和地区民法中都建立了代位清偿制度,我国众多民法学者也均呼吁在我国民法典中建立代位清偿制度。

(一)我国民法典草案相关建议稿的制度设计及评析

我国民法学界不少学者均呼吁在我国未来民法典中正式确立代位清偿制度,并在各自撰写的民法典草案专家建议稿中进行了各具特色的制度设计。其中具有代表性的有:

1. 王利明教授主持编写的中国民法学会《中国民法典草案建议稿》

根据该建议稿在其"债法总则编"第1247条、第1248条规定,就债的履行有利害关系的第三人代为清偿的,于其清偿限度内承受债权人的权利,但不得有害于债权人之利益。[①] 此规定属于在民法典中确立代位清偿制度的典型规定。同时,该建议稿还在"物权编"的第1011条、1012条、1051条和

---

① 王利明:《中国民法典草案建议稿及说明》,中国法制出版社2004年版,第170页。

1816条分别规定了第三取得人、物上保证人及保证人的代位追偿权①。此种制度安排，与现有的已经建立代位清偿制度的国家立法例大致相同。

2. 梁慧星教授主持的《中国民法典草案建议稿》

该稿在"债权总则"部分设立了代位清偿制度。其中第732条与第733条共同对代位清偿作出明确规定②，再加上该条的立法理由可以看出，此稿该规定的法理依据明显采"债权的法定转移说"③。该稿又在"物权编"与"合同编"分别就物上保证人和保证人的代位追偿等权利进行了规定。如"物权编"第561条规定了物上保证人代为清偿后对债务人的求偿权、对其他担保人的责任分配规则以及代位追偿权④。"合同编"第1559条规定了保证人的代位追偿权⑤。上述具体规定充分体现了法定代位清偿制度的要旨。

3. 徐国栋教授主持的《绿色民法典草案》

该草案在第七分编"债法总则"部分设第九章专门规定"代位履行"，从第292到299条系统规定了代位清偿制度。⑥这是目前国内学者起草的民法典

---

① 该草案建议稿第1011条规定："代债务人清偿债务的第三人，可对债务人代位行使债权人的权利，但未办理抵押权变更登记的，不得对抗其他人。"第1012条规定："为债务人设定抵押权的第三人，代为清偿债务或者因抵押权人实现抵押权而丧失抵押物的权利的，有权在其已为清偿的限度内向债务人追偿。"第1051条规定："为债务人设定质权的第三人，在代债务人清偿债务后或者因质权人实现质权而丧失质物的所有权的，有权向债务人追偿。""其他第三人代债务人清偿债务的，可以对债务人代位行使债权人的权利。"第1861条规定："保证人承担保证责任后，有权向债务人行使追偿权。此时保证人有权主张债权人对债务人享有的权利。"王利明：《中国民法典草案建议稿及说明》，中国法制出版社2004年版，第141页、第146页、第233页。
② 梁慧星：《中国民法典草案建议稿附理由（债权总则编）》，法律出版社2006年版，第96页。
③ 梁慧星：《中国民法典草案建议稿附理由（债权总则编）》，法律出版社2006年版，第96-97页。
④ 梁慧星：《中国民法典草案建议稿附理由（物权编）》，法律出版社2013年版，第561-564页。
⑤ 该草案建议稿第1559条规定："保证人向债权人承担保证责任后，在承担保证责任的限度内，承受债权人对于债务人的债权，但不得有害于债权人的利益。"梁慧星：《中国民法典草案建议稿附理由（合同编）》下册，法律出版社2013年版，第1234-1237页。
⑥ 徐国栋：《绿色民法典草案》，社会科学文献出版社2004年版，第495-496页。

建议稿中，对代位清偿制度所作的最全面、最系统和最具体的规定。

纵观上述草案建议稿，普遍在民法的债权编确立了代位清偿制度，并且分别在保证和担保物权章节分别就混合共同担保人之间的责任分配和代位追偿权进行了具体规定，二者相互辉映。

（二）立法建议

根据各国立法例和我国担保实践需要，建议在未来民法典合同编的总则性规定中增加以下规定：

具体条文："与债的履行有利害关系的第三人向债权人清偿债务的，在已为清偿的范围内享有债权人的权利，但不得损害债权人的利益。"

说明：该条文主要借鉴了《德国民法典》及我国台湾地区"民法"的做法，用一个高度概括和简单凝练的条文来对代位清偿制度加以确立。因为，代位清偿制度主要集中体现并融入到民法部门法关于保证人、物上保证人、后顺位抵押权人、无担保权的债权人、合伙人以及第三人取得人等代为清偿后的权利保护的具体规定中，故在民法典关于债的总则性规定中进行简单概括的规定即可。

二、在部门法及司法解释中进一步完善混合共同担保具体规则

在未来民法典关于债的总则性规定中确立了代位清偿制度后，应当在担保的具体部门法及其司法解释中，对混合共同担保人之间的责任承担及权利行使规则作出进一步具体规定。

（一）我国民法典草案建议稿相关制度设计及评析

1. 全国人大常委会法工委民法室草案稿相关规定

可喜的是，全国人大常委会法工委民法室主持起草的《民法·物权编（草案）》（2018年4月内部讨论稿）对此问题作出了明确回应。该草案第180

条规定:"债权有多个担保的,债权人应当按照约定实现债权;没有约定或者约定不明确,债务人自己提供物的担保的,债权人应当先就该物的担保实现债权;第三人提供担保的,债权人可以请求部分或者全部担保人承担担保责任。"第181条规定:"第三人承担担保责任后,有权向债务人追偿,也有权按照担保比例向其他担保人追偿。"①

笔者认为,该草案第180条基本上是对《物权法》第176条规定的确认性规定,立法精神与实质内容相一致。而第181条则是对现行规定的重大突破:一方面,用明确的法律条文赋予了为清偿的担保人对其他担保人的代位追偿权,肯定了《担保法解释》第38条的既有规定;另一方面,更是明确了担保人之间责任分配的规则,即"按照担保比例"分配,而担保人也是以此为据向其他担保人进行代位追偿。应当说,这是担保制度上实质性的立法突破和重大进展,是顺应担保发展趋势和经济发展需求的。

2. 全国人大常委会向社会发布的《民法典各分编(草案)》征求意见稿

全国人大常委会于2018年8月发布的《民法典各分编(草案)》征求意见稿,在混合共同担保的规定上,该《草案》第183条规定却又基本延续了《物权法》第176条的保守规定。该《草案》第183条规定:"被担保的债权既有物的担保又有人的担保的,债务人不履行到期债务或者发生当事人约定的实现担保物权的情形,债权人应当按照约定实现债权;没有约定或者约定不明确,债务人自己提供物的担保的,债权人应当先就该物的担保实现债权;第三人提供物的担保的,债权人可以就物的担保实现债权,也可以要求保证人承担保证责任。提供担保的第三人承担担保责任后,有权向债务人追偿。"②

3. 王利明教授主持的草案专家建议稿相关规定

王利明教授主持的草案专家建议稿在其"物权编"第1014条对"保证人

---

① 《中华人民共和国民法物权编(草案)》,全国人大常委会民法室室内稿。
② 《民法典各分编(草案)》征求意见稿,下载自全国人大常委会网站。

与物上保证人之间的债务分摊"作出了规定。① 从上述规定可以看出，建议稿充分贯彻了人保与物保平等的原则，具体体现为：一是二者在责任顺序上平等，给予债权人自由选择的权利；二是在混合担保人之间的责任分配上体现实质平等，即各担保人均按照各自所担保的债权金额与债权总额之比例进行分担。应该说，建议稿所秉持的实质正义理念与当今多国和地区的立法理念一致，完全符合现代担保法发展趋势和我国现阶段国情。

4. 梁慧星教授主持的草案专家建议稿相关规定

该草案稿"物权编"第561条②对物上保证人的权利作出了明确规定，一是肯定了物上保证人代为清偿后对债务人享有求偿权；二是明确了为清偿的物上保证人与其他混合共同担保人之间的责任分配规则，赋予了其对其他担保人的代位追偿权；三是就债权人免除保证人责任对物上保证人责任的影响

---

① 该草案建议稿在其"物权编"第1014条规定："同一债权既有物上保证人又有保证人时，债务履行期届满而债权未受清偿时，债权人可以选择实现抵押权或者要求保证人承担保证责任。""物上保证人与保证人应当分摊的债务的份额按照各自担保的范围占总的担保的比例加以确定；如果抵押物变价后的价金小于抵押权担保的范围，则物上保证人与保证人应当分摊的债务份额按照其担保的范围在该担保范围与抵押物变价价金总和中所占的比例确定。""如果债权人免除保证人的保证责任，则应当从抵押权所担保的债权范围内扣除保证人按照前款应当分摊的债务份额。""以上各款适用于质权。"王利明：《中国民法典草案建议稿及说明》，中国法制出版社2004年版，第141页。

② 该草案建议稿第561条规定："债债务人设定抵押权的第三人，代为清偿债务或者因抵押权人实行抵押权而丧失抵押物的所有权时，该第三人对于债务人有求偿权。""债务人有保证人的，保证人应当分担的债务部分，依照保证人应当承担的保证责任与其保证责任和抵押物拍卖时的价值之和的比例确定。但抵押物的担保债权额低于抵押物的价值的，保证人应当分担的债务部分，依照保证人应当承担的保证责任与其保证责任和抵押担保的债权额之和的比例确定。""第三人为债务人设定抵押权的，如债权人免除保证人的保证责任，在保证人依照前款规定而应当分担的债务的限度内，抵押权消灭。"梁慧星：《中国民法典草案建议稿附理由（物权编）》，法律出版社2013年版，第561页。

作出了规定。在"合同编"第 1544 条①也作出了基本相同的规定。

5. 李永军教授主持的草案专家建议稿相关规定

李永军教授担任组长的中国政法大学民商经济法院学院民法研究所"中国民法典研究小组"研究起草的《民法物权编草案（专家建议稿）》第 212 条、第 213 条第 2 款，也对混合共同担保中担保人之间的代位追偿进行了规定。②此稿的上述规定，肯定了《物权法》贯彻的债务人担保责任优先及人保、物保平等原则；同时还明确规定了担保人为清偿后对其他担保人的代位追偿权，更难能可贵的是还采纳了"债权的法定移转说"，明确了担保人为清偿后对于其他担保人取得的债权人"权利"应当包括了债权及其从属性权利在内的一切权利；并且更进一步规定了各担保人之间具体的责任分配规则。然而，

---

① 该草案建议稿第 1544 条规定："同一债权既有保证又有债务人提供的物设立担保物权的，保证人对债权人行使担保物权后不能清偿部分的主债务承担保证责任。""同一债权既有保证又有第三人提供的物设立担保物权的，债权人可以选择行使担保物权或者请求保证人承担保证责任。当事人对保证担保的范围或者物的担保范围没有约定或者约定不明确的，担保人承担保证责任后，可以向债务人追偿，也可以要求其他担保人清偿其应当分担的份额。""同一债权既有保证又有担保物权，担保物权因物的担保合同无效或者被撤销而丧失，或者担保物因不可抗力灭失且无代位物的，保证人应当按保证合同的约定承担保证责任。""债权人抛弃担保物权的，保证人在债权人抛弃权利的范围内免除保证责任。债权人在主合同履行期届满后怠于行使担保物权，致使担保物的价值减少或者损毁、灭失的，视为债权人抛弃部分或者全部担保物权。"梁慧星：《中国民法典草案建议稿附理由（合同编）》下册，法律出版社 2013 年版，第 1198-1205 页。

② 该草案第 212 条规定："同一债权既有担保物权又有保证担保的，各担保人与债权人就担保权的实现有约定的，按照约定实现担保权。""没有约定或者约定不明确，担保物是由第三人提供的，债权人既可以行使担保物权也可要求保证人承担保证责任。各担保人所承担的责任超出其所应负担的部分，对于其他担保人取得债权人之权利，但有害于债权人之利益的除外。""前款规定的保证人与提供担保物的第三人之间应当承担的责任比例有约定的依其约定，没有约定的各担保人平均分担，但是物上保证人承担的责任仅以标的物的实际价值为限。"第 213 条第 2 款规定："提供担保物的第三人代替债务人清偿债务，或者因债权人实现担保物权失去担保物的，在其清偿的范围内取得债权人对于债务人的债权。"中国政法大学民商经济法学院民法研究所"中国民法典研究小组"李永军等：《中华人民共和国民法物权编（专家建议稿）》，《比较法研究》2017 年第 4 期，第 194-195 页。

该稿确定了各混合共同担保人之间的责任分配规则为"平均分担",忽视了物上保证人提供的担保物价值及其所担保的债权范围的差异性,难免会造成当事人责任分担与订立担保合同时的预期之间的差异,且无法实现当事人之间的实质正义。

(二)立法建议

笔者提出的立法建议基本思路为:(1)修改《民法典·物权编(草案)》第 183 条的规定;(2)对《物权法》176 条作扩张解释;(3)修改担保法,对混合共同担保人之间责任顺序、代位追偿和责任分配的具体规则加以规定;(4)最高人民法院通过司法解释和指导性案例统一法律适用和裁判尺度。

1.修改《民法典·物权编(草案)》第 183 条的规定

将第 183 条规定修改为:被担保的债权既有物的担保又有人的担保的,债务人不履行到期债务或者发生当事人约定的实现担保物权的情形,债权人应当按照约定实现债权;没有约定或者约定不明确,债务人自己提供物的担保的,债权人应当先就该物的担保实现债权;第三人提供物的担保的,债权人可以就物的担保实现债权,也可以要求保证人承担保证责任。提供担保的第三人承担担保责任后,有权向债务人求偿,也可以请求其他担保人在各自应当承担的责任范围内进行偿付,但不得有害于债权人的债权。

2.对《物权法》第 176 条作扩张解释

笔者对《物权法》在立法当时的现实条件下采取相对保守的规定,表示充分理解。但从辩证角度看,该条虽未明确规定担保人之间的代位追偿权,但实际上也未对《担保法解释》第 38 条的规定予以明确否定或废止。在《民法总则》未规定代位清偿制度,《民法典》各编又尚未出台的情况下,统一法律适用的权宜之计在于,对《物权法》第 176 条规定作扩张性解释,即从立法角度出发,该条虽然仅规定了担保人对债务人的求偿权,但并未对《担保法解释》第 38 条关于担保人之间相互追偿的规定明确予以否定或废止,故可认为《担保法解释》38 条仍为有效规定,作为法律的有益补充,法院在处理混合共同担保纠纷案件时，仍可适用。

3. 修改《担保法》并细化具体规则

《担保法》自颁布实施，迄今已有二十余年，我国的社会主义市场经济和担保市场已经发生翻天覆地的变化，《担保法》的部分规定已经不能满足现阶段乃至今后一段时间经济发展的需要，因此有必要作出修改。现拟提出以下修改建议：

（1）第 28 条修改为：【担保责任顺序】

债权人应当按照约定实现债权。当事人无约定或约定不明确的，债权人应当先就债务人提供的物的担保实现债权；第三人提供担保的，债权人可以请求保证人承担保证责任或者请求物的担保人承担担保责任。

（2）增加条款：【担保人的求偿权与代位追偿权】

同一债权既有保证又有物的担保的，提供担保的第三人在已为清偿的范围内，有权向债务人求偿，也有权请求其他担保人在各自应当承担的责任范围内进行偿付，但不得有害于债权人的债权。

（3）增加条款：【担保责任分配】

同一债权既有保证又有物的担保的，提供担保的第三人按照约定的份额承担担保责任；无约定或约定不明确的，保证人按照各自所承担的保证责任额与全部担保责任总额的比例承担责任，物的担保人按照各自担保物价值或所担保的债权额与全部担保责任总额的比例承担责任。

（4）增加条款：【部分清偿的效力】

同一债权既有保证又有物的担保的，提供担保的第三人部分为清偿的，有权在其已为清偿范围内向债务人求偿，也可以在已为清偿范围内向其他担保人进行追偿，但不得妨碍债权人剩余债权的实现。

（5）增加条款：【放弃担保的免责】

同一债权既有保证又有物的担保的，债权人放弃部分担保，其他担保人在债权人放弃权利的范围内免除担保责任。

（6）增加条款：【部分无偿付能力担保人担保责任的分担】

同一债权既有保证又有物的担保的,部分提供担保的第三人无偿付能力的,其应担责任份额由其他担保人按照比例分担。

4. 最高人民法院通过司法解释和指导性案例统一法律适用和裁判尺度

即使将来《民法·物权编》和修改后的《担保法》对于混合共同担保的责任顺序、担保人权利救济以及责任分配规则作出了明确规定,但在司法实践中难免会存在一些法律条文没有规定或不适宜规定的法律适用问题,也难免会产生一些新的问题,因此,有必要由最高法院通过制定司法解释、发布指导性案例的方式,消除分歧,统一法律适用和裁判尺度。具体建议如下:

(1) 承认担保人部分清偿的效力

通过制定司法解释和发布指导性案例,承认担保人部分清偿的效力。即"清偿了部分债务的担保人,有权在为清偿的范围内取得债权人的债权,但不得有害于债权人的债权。"

(2) 通过发布指导性案例统一法律适用

在《民法典》、《物权法》、《担保法》、《担保法解释》等将来均对混合共同担保人之间的责任承担问题作出规定的情况下,最高人民法院仍有必要通过发布一系列指导性案例,明确上述新法与旧法在适用上的效力和关系协调问题,以便很好地指导各级法院,统一法律适用。

小 结

与两大法系多数国家不同,我国民法中尚未确立代位清偿制度。代位清偿一般性规定的缺失,导致了担保人的代位追偿权缺乏基本的理论与法律依据。不仅如此,我国《物权法》第176条、《担保法》第28条与《担保法解释》第38条等规定,突出反映出不同立法者、司法者在法律理念上存在的较大分歧,难免造成法律适用上的困惑。由此也导致了在审判实践中,一方面绝大多数当事人囿于法律的模糊规定,怯于在案件中提出关于担保人代位追偿权的诉讼主张与请求;另一方面,全国各地法院在裁判尺度上,对于是否支持担保人享有代位追偿权问题，又形成了两种截然相反的结论，进而加剧了法律适用与裁判尺度的不统一。

有鉴于此，国内多数权威学者纷纷在其所主持起草的民法典草案建议稿中提出了确立代位清偿制度，同时在未来《民法典》的物权编中作出赋予混合共同担保人代位追偿权并确立担保人之间责任分配规则的立法建议。对上述学者的观点与建议，笔者深为赞同，并在此基础上，提出了相关立法与司法建议：一是在未来《民法典·合同编》总则性规定中确立代位清偿制度。二是修改《民法典·物权编（草案）》第183条的规定；对《物权法》176条作扩张解释；修改担保法，对混合共同担保人之间责任顺序、代位追偿和责任分配的具体规则加以规定；最高人民法院通过司法解释和指导性案例统一法律适用和裁判尺度。

结　语

　　担保可谓是一项古老的制度，而混合共同担保则是当代社会市场经济高度发展背景下最为普遍的一种担保方式。严格说来，混合共同担保仅是担保的一种组合形式，是当事人选择的一种担保方案，并非一种担保类型。虽然仅是担保的一种组合形式，但混合共同担保中涉及到很多相较于单一类型的担保形式更为复杂的法律关系与问题，很有必要提炼出一系列相应的规则，以便满足实践对立法与司法提出的客观需求。因此，混合共同担保足以在立法与理论上被当作一种制度加以规定与研究。笔者撰写此书的目的，就是想通过对当代社会经济条件下混合共同担保制度进行较为系统的研究，厘清概念，探析法理，设计规则。

　　实质的公平与正义，是贯穿整个市场经济的主线，更是现代担保制度应当秉持与传承的基本理念和原则。实质的公平正义体现在何处？在混合共同担保制度中，体现在对担保法律关系当事人之间的利益平衡上，进一步具体体现在人保与物保的责任顺序上，体现在担保人为清偿后的损失补偿与权利救济上，更体现在担保人之间尤其是不同类型担保人之间的内部责任分配上。对这些问题的解决即构成了混合共同担保制度的核心内容，同时也构成了本书研究混合共同担保制度的主要框架。

　　关于混合共同担保中担保人的责任顺序。人保与物保哪个更可靠，哪个责任应当先行，直接关涉到担保各方当事人尤其是担保人的切身利益。在当今市场经济高度发展背景下，人保与物保各自的优势与弊端早已不相上下。在平等原则指导下，与其让立法者强顶着各方质疑作出预判，不如将判断与选择权交由债权人根据具体情形予以决定。这样对于保证人与物上保证人而言，实质上也更加地公平合理。

关于混合共同担保人为清偿后的权利救济。担保人因清偿而所受损失，债务人作为终极责任人当然应当予以偿付。但事实表明，仅有对债务人的偿付请求权即求偿权，远远不够。为确保担保人的损失救济权能够得到实现，两大法系多数国家均通过代位清偿制度的一般规定，赋予了担保人代位行使债权人对债务人的债权及从属性权利，来实现对其损失的救济。这些从属性权利中，最重要的就是债权人针对该项债务所享有的其他担保权利。于是，通过债权的法定移转，担保人获得补偿与救济的能力得到了大大增强。有学者甚至立法者曾对此提出过质疑，认为混合共同担保中的保证人与物上保证人之间根本不存在任何法律关系，故他们之间的相互追偿缺乏法理依据。不可否认，二者之间从表面上看确实没有直接的法律关系。但是，在平等原则下，混合共同担保中的所有保证人与物上保证人（债务人除外）已经在实质上构成了一个利益共同体，他们共同享有着因某一或部分担保人清偿带来的利益，出于公平正义原则，他们理应共同分担因清偿所带来的不利益（即损失）。此即是混合共同担保人之间得以进行追偿的正当性基础所在。同时，根据混合共同担保人之间责任的连带属性，其中每个担保人（债务人作为担保人的除外）在为清偿前都是其他担保人潜在的"债权人"，一旦发生代位清偿，这种潜在的债权人即转变为现实的"债权人"。从另一面看，若不允许为清偿的担保人向其他担保人追偿，其实际效果是，某个或部分担保人被债权人选中进行了清偿，使得剩余担保人的责任得以免除，在债务人无力进行偿付的情况下，只得独立承受因清偿带来的全部损失。一方面，为清偿的担保人损失惨重，救济无门；另一方面，其他担保人毫发未损，拂袖而去。这一结果的产生，并非为清偿的担保人所必须，而其他担保人就不该仅仅是因为债权人"随手一指"，即决定了每个担保人的悬殊命运。然而，谁能保证债权人这"随手一指"真的就是随机，而非出于与其他或某些担保人恶意串通，致其他担保人利益受损？如此规定，很难避免交易中诚信危机的产生。故此法必不是良法。因此，唯有赋予担保人对其他担保人的代位追偿权，才符合各担保人作出担保时之预见，亦才符合公平正义对担保制度的要求。

如果说赋予担保人向其他担保人的代位追偿权尚停留在权利概念阶段，那么惟有根据一定规则确定混合共同担保人之间各自的责任份额，并根据该内部责任分配的份额行使代位追偿权，担保人因清偿所受损失得到补偿才真正具有了现实性与可操作性。从这个角度讲，混合共同担保人之间的责任分配系担保人代位追偿权行使与实现的现实基础。混合共同担保中人保与物保的类型差异，导致了在保证人与物上保证人间确立责任分配平等规则的繁琐与困难。然而，再多的技术上的困难，都不应成为阻碍在担保人间实现实质公平正义的借口。在探索平等规则的过程中，不少国家和地区立法例作出了很多有益的尝试。相较于直接按照所有担保人人数平均分配的极简方法，以及根据人保与物保不同类型分别在不同类型担保人之间、同类型担保人内部进行两次分配的繁琐方法，笔者更倾向于采纳根据不同类型担保人所担保的债权额所占比例分配的方法。此种分配方法，既兼顾了人保与物保的不同属性，又通过统一以所担保的债权额为基本计算依据，实现了数额计算的相通性与方便性。

实践是推动立法发展的车轮，且永不停歇。随着市场与金融的高度融合，随着担保融资功能的日益强大，很多学者与司法实务人士越来越强烈地呼吁，对混合共同担保制度及其相关规则进行完善，以适应市场经济发展的现实需要。本书撰写正值我国民法典各编草案向社会征求意见与审议之际。在民法典各编制定过程中，是否应在合同编确立代位清偿制度并作出一般性规定，是否应当赋予混合共同担保人为清偿后的代位追偿权，是否应当支持担保人责任的"二次分配"等问题，也都是社会各界争论的焦点所在。笔者也想借此立法的良好契机，提出自己对于混合共同担保制度中上述问题的立法与司法建议，以供参考。

参考文献

(一) 中文著作（含译著）

1.［德］茨威格特、克茨:《比较法总论》,潘汉典等译,法律出版社2003年版;

2.曹士兵:《中国担保制度与担保方法——根据物权法修订》,中国法制出版社2008年版;

3.刘保玉、吕文江:《债权担保制度研究》,中国民主法制出版社2002年版;

4.王利明:《物权法研究》（第三版）下卷,中国人民大学出版社2013年版;

5.蔡永民:《比较担保法》,北京大学出版社2004年版;

6.郭明瑞:《担保法原理与实务》,中国方正出版社1995年版;

7.［日］近江幸治著:《担保物权法》,祝娅等译,法律出版社2000年版;

8.邹海林、常敏:《债权担保的理论与实务》,社会科学文献出版社2005年版;

9.中国银行业协会行业发展研究委员会编:《中国银行业发展报告（2016）》,中国金融出版社2016年版;

10.史建平主编:《中国中小微企业金融服务发展报告（2016）》,中国金融出版社2016年版;

11.［意大利］保罗莱昂（Paola Leone）、詹弗兰科 A. 托（Gianfranco A.Vento）编著：《信用担保机构与中小企业融资》，游春译，中国金融出版社2013年版；

12.［美］E·博登海默著：《法理学 法律哲学与法律方法》，邓正来译，中国政法大学出版社1999年版；

13. 佟柔：《中国民法学·民法总则》，中国人民公安大学出版社1990年版；

14. 郑玉波：《民法总则》，中国政法大学出版社2003年版；

15. 陈本寒：《担保法通论》，武汉大学出版社1998年版；

16. 郭明瑞主编：《中华人民共和国物权法释义》，中国法制出版社2007年版；

17. 高圣平译：《美国〈统一商法典〉及其正式评述》第三卷，中国人民大学出版社2006年版；

18. 高圣平：《物权法担保物权编》，中国人民大学出版社2007年版；

19. 王泽鉴：《民法物权》，台北：自版，2013年2月增订2版；

20.［日］棚濑孝雄：《纠纷的解决与审判制度》，王亚新译，中国人民大学出版社1994年版；

21. 郑冲、贾红梅：《德国民法典》，法律出版社1999年5月第1版；

22.［德］鲍尔/施蒂尔纳：《德国物权法》下册，申卫星、王洪亮译，法律出版社2006年版；

23. 欧洲民法典研究组、欧盟现行私法研究组编著：《欧洲示范民法典草案：欧洲私法的原则、定义和示范规则》，高圣平译，中国人民大学出版社2012年第1版；

24. 费安玲等译：《意大利民法典》，中国政法大学出版社2004年第1版；

25. 李国光、高圣平主编：《担保法及配套规定新释新解》，人民法院出版社2006年版；

26. 王利明：《物权法研究》(下卷)(第四版)，中国人民大学出版社2016

年版；

27. 崔建远：《物权：规范与学说——以中国物权法的解释论为中心》，清华大学出版社 2011 年版；

28. 孔祥俊主编：《担保法理解与适用》（新编本），人民法院出版社 2001 年版

29. 孙鹏、王勤劳、范雪飞：《担保物权法原理》，中国人民大学出版社 2009 年版；

30. 高圣平：《担保法论》，法律出版社 2009 年版；

31. 最高人民法院物权法研究小组编著：《〈中华人民共和国物权法〉条文理解与适用》，人民法院出版社 2007 年版；

32. 理查德·布隆克：《质疑自由市场经济》，江苏人民出版社 2001 年版；

33. ［苏］B.T. 斯米尔诺夫等著：《苏联民法》上卷，中国人民大学出版社 1987 年版；

34. 王泽鉴：《债法原理》，北京大学出版社 2013 年版；

35. 张新宝著：《〈中华人民共和国民法总则〉释义》，中国人民大学出版社 2017 年版；

36. 胡康生：《中华人民共和国物权法释义》，法律出版社 2007 年版；

37. 史尚宽：《物权法论》，中国政法大学出版社 2000 年版；

38. ［德］迪特尔·梅迪库斯：《德国债法总论》，杜景林、卢谌译，法律出版社 2004 年版；

39. 罗结珍译：《法国民法典》，北京大学出版社 2010 年版；

40. 黄麟伦：《代位清偿制度研究》，我国台湾地区司法院秘书处 1998 年出版；

41. 黄麟伦：《代位清偿制度之研究》，台湾司法研究年报第十八辑第五篇，1998 年出版；

42. ［意］彼德罗·彭梵得著：《罗马法教科书》，黄风译，中国政法大学出版社 1992 版；

223

43. ［日］我妻荣著：《我妻荣民法讲义Ⅳ——新订债权总论》，王燚译，中国法制出版社 2008 年版；

44. 史尚宽：《债法总论》，中国政法大学出版社 2000 年版；

45. 孙森焱：《民法债编总论（下）》，法律出版社 2006 年版；

46. 郑玉波：《民法债编各论》（下），台湾地区三民书局 1986 年版；

47. 王爱群译：《日本民法典》，法律出版社 2014 年版；

48. 黄荣坚、詹森林、许宗力、王文宇编纂：《月旦简明六法》，台湾地区元照出版有限公司 2011 年第 21 版；

49. 王泽鉴：《民法总则》，中国政法大学出版社 2001 年第 1 版；

50. 史尚宽："不完全给付之研究"，载郑玉波主编：《民法债编论文选辑》（中），台湾地区五南图书出版公司出版；

51. 王泽鉴：《民法概要》，北京大学出版社 2009 年 12 月第 1 版；

52. 王利明、崔建远：《合同法新论·总则》（修订版），中国政法大学出版社 2000 年版；

53. ［德］迪特尔·施瓦布：《民法导论》，郑冲译，法律出版社 2006 年版；

54. 王泽鉴：《民法学说与判例研究》（四），中国政法大学出版社 1998 年版；

55. ［美］E·博登海默著：《法理学、法律哲学与法律方法》，邓正来译，中国政法大学出版社 1999 年版；

56. 谢在全：《民法物权论》（中册），中国政法大学出版社 2007 年版；

57. 张文显：《二十世纪西方法哲学思潮研究》，法律出版社 2006 年版；

58. ［英］布莱恩·巴里：《正义诸理论》，孙晓春、曹海军译，吉林人民出版社 2004 年版；

59. ［法］《傅立叶选集（第 2 卷）》，赵俊欣、吴模信、徐知勉、汪文漪译，商务印书馆 1981 年版；

60. 《马克思恩格斯选集（第 3 卷）》，人民出版社 1995 年版；

61. 卓泽渊：《法的价值论（第 2 版）》，法律出版社 2006 年版；

62. ［美］罗尔斯著：《作为公平的正义——正义新论》，姚大志译，上海三联书店出版社 2002 年版；

63. ［美］保罗·A·萨缪尔森、威廉·D·诺德豪斯著：《经济学（第 12 版）》，高鸿业等译，中国发展出版社 1992 年版；

64. ［美］E·博登海默著：《法理学、法律哲学与法律方法》，邓正来译，中国政法大学出版社 2004 年版；

65. 陈荣传：《物权与民事法新思维》，台湾地区元照出版有限公司 2014 年 1 月版；

66. 陈自强：《民法讲义 II——契约之内容与消灭》，法律出版社 2004 年版；

67. 胡启忠：《契约正义论》，法律出版社 2007 年版；

68. 黄茂荣：《法学方法与现代民法》（第五版），法律出版社 2007 年版；

69. 林诚二：《民法债编各论》（下），中国人民大学出版社 2007 年版；

70. 邓曾甲：《中日担保法律制度比较》，法律出版社 1999 年版；

71. 徐国栋：《民法基本原则解释——成文法局限性的克服》，中国政法大学出版社 1992 年版；

72. 王利明：《民法总则研究》，中国人民大学出版社 2003 年版；

73. 哈贝马斯著：《在事实与规范之间》，童世骏译，三联书店 2003 年版；

74. 谢在全：《民法物权论（中）》，台北：自版，2010 年 9 月修订 5 版；

75. 郑健才：《债法通则》，三民出版社 2001 年；

76. 杨明刚：《新物权法——担保物权适用解说与典型案例评析》，法律出版社 2007 年版；

77. 梅夏英、高圣平：《物权法教程》，中国人民大学出版社 2007 版；

78. 王利明：《中国民法典草案建议稿及说明》，中国法制出版社 2004 年版；

79. 梁慧星：《中国民法典草案建议稿附理由（债权总则编）》，法律出版社 2006 年版；

80.梁慧星:《中国民法典草案建议稿附理由（物权编）》,法律出版社 2013 年版；

81.徐国栋:《绿色民法典草案》,社会科学文献出版社 2004 年版；

（二）外文著作

1.Radin, Guaranty and Suretyship, 18 CALIF. L. Rev. 21, 24 (1929);

2.Earl C. Arnold, Outlines of Suretyship and Guaranty, Chicago Callaghan and Company 1927;

3.Edward W. Spencer, The General Law of Suretyship (Including Commercial Non-commercial Guarantees and Compensated Corporate Suretyship), Chicago Callaghan and Company, 1913;

4.Henry N. Sheldon, The Law of Subrogation, University Press: John Wilson and Son, Cambridge 1882;

5.Charles Fisk Beach, Jr, Commentaries on Modern Equity Jurisprudence as determined by the Courts and Statutes of England and the United States (1982), New York: Baker, Voorhis and Company 1892.

（三）中文论文

1.田土城:《担保制度的成因及其发展趋势——兼论我国担保立法的健全与完善》,载郑州大学学报（哲学社会科学版）,2001 年 7 月第 4 期；

2.郭明瑞:《担保法律制度发展三十年》,载易继明主编:《私法》（总第 16 卷）,华中科技大学出版社 2010 年版；

3.蒋倩华:《我国中小企业融资难的原因及对策分析》,载《中国商贸》2011 年第 24 期；

4.彭峻、李志文:《混合共同担保浅析——以担保法第 28 条为基础》,载《广西政法管理干部学院学报》2002 年第 8 期；

5. 程啸：《论〈侵权责任法〉第八条中"共同实施"的涵义》，载《清华法学》2010 年第 2 期；

6. 程啸：《混合共同担保中担保人的追偿权与代位权——对《物权法》第 176 条的理解》，载《政治与法律》2014 年第 6 期；

7. 高圣平：《混合共同担保的法律规制：裁判分歧与制度完善》，载《清华法学》2017 年第 5 期；

8. 张尧：《论担保人的求偿权———担保人对主债务人的求偿权为中心》，载《岳麓法学评论》第七卷（2012 年）；

9. 柳经纬、尹腊梅：《民法上的抗辩与抗辩权》，载《厦门大学学报》（哲学社会科学版）2007 年第 2 期；

10. 陈永杰：《新公平/效率观——对公平与效率问题的重新审视》，载《经济理论与经济管理》，2006 年第 5 期；

11. 高尚全：《社会再分配是实现社会公平的重要环节》，载《新华文摘》2006 年第 4 期；

12. 魏振瀛：《债与民事责任的起源及其相互关系》，载《法学家》2013 年第 1 期；

13. ［意］桑德罗·斯奇巴尼著：《债之概念反思及其在体系中的地位》，陈汉译，载《北方法学》2005 年第 3 期；

14. 朱和平、李蕾：《不当得利价值功能和构成要件的再研究》，载《法学研究》2008 年第 12 期；

15. 史尚宽：《民法上不当得利之研究》，载郑玉波主编：《民法债编论文选辑（上）》，台湾地区五南图书出版公司 1984 年版；

16. 王轶：《作为债之独立类型的法定补偿义务》，载《法学研究》2014 年第 2 期；

17. 黄麟伦：《代位清偿制度之意义与机能》，载《民法研究（6）》，学林文化事业有限公司 2003 年；

18. 王轶：《代为清偿制度论纲》，载《法学评论》1995 年第 1 期；

19. 崔建远：《我国物权法应选取的结构原则》，载《法制与社会发展》1995 年第 3 期；

20. 江伟、段厚省：《请求权竞合与诉讼标的理论之关系重述》，载《法学家》2003 年第 4 期；

21. 朱春晖、罗建文：《法律意义上的分配正义范畴探析》，载《政治学研究》第 31 卷 2015 年第 1 期；

22. 李昌麒、范水兰：《正确处理收入分分配改革中的十大关系——基于经济和法律的视角》，载《现代法学》2011 年第 1 期；

23. 李昌麒、甘强：《我国改革发展成果公平分享的实现路径构想》，载《社会科学研究》2010 年第 5 期；

24. 章兴鸣：《论法律正义观念的演变》，载《唯实·法制建设》2008 年第 3 期；

25. 王轶：《民法价值判断问题的实体性论证规则——以中国民法学的学术实践为背景》，载《中国社会科学》2004 年第 6 期；

26. 史尚宽：《论清偿代位》，载郑玉波主编，《民法债编论文选辑》（中），台湾地区五南图书出版公司 1984 年版；

27. 陈重见：《共同抵押权之一部抛弃》，我国台湾地区"最高院"2010 年台上第 1366 号民事判决，台湾法学杂志；

28. 陈重见：《双重身份者在共同担保中之责任分担》，载《辅仁法学》2012 年 6 月第 43 期；

29. 高圣平：《物权法担保物权编之评价》，引自中国民商法律网，http：//old.civillaw.com.cn/article/default.asp?id=32090；

30. 江海、石冠彬：《论共同担保人内部追偿规则的建构——简评《物权法》第 176 条》，载《法学评论》2013 年第 6 期；

31. 黄忠：《混合共同担保之内部追偿权的证立及展开——《物权法》第 176 条的解释论》，载《中外法学》2015 年第 4 期；

32. 刘保玉：《第三人担保的共同规则梳理与立法规定的完善》，载《江西社会科学》2018 年第 10 期。

33. 刘保玉：《担保物权制度："理解适用与规则完善（上）"》，载《山东审判》2017 年第 3 期；

34. 中国政法大学民商经济法学院民法研究所"中国民法典研究小组"李永军等：《中华人民共和国民法物权编（专家建议稿）》，载《比较法研究》2017 年第 4 期；

35. 王闯：《规则冲突与制度创新（上）》，载《人民法院报》2007 年 6 月 20 日第 6 版。

（四）外文论文

1. Max Radin, Guarranty and Suretyship, California Law Review2017；

2. E. g. Right V. Simpson（1802）6 Ves. Jr. 714, 736, 31 Eng. Reprint 1272, 1283. Quated from Max Radin, Guarranty and Suretyship, California Law Review2017；

3. Maurice H. Merrill, "Contribution between Sureties and Guarantors", Idaho Law Journal, Vol. 2, Issue 1（January 1932）。

（五）硕博士论文

1. 钟淑健：《民事抗辩权及其基本规则研究》，山东大学博士论文；

2. 刘宏渭：《连带债务法律制度研究》，山东大学 2012 年博士论文；

3. 牛保忠：《经济法视野下的分配正义观》，吉林财经大学 2014 年硕士学位论文。

（六）其他

1. 薛波主编：《元照英美法词典》，法律出版社 2003 年版；

2. 高翔：《破局担保业死循环》，载《上海证券报》，2015 年 8 月 11 日第 4 版；

3. 最高人民法院信息中心:《全国法院(2013–2015年)合同纠纷专题分析报告》;

4. 最高人民法院信息中心:《2013–2015 年 经济类系列专题之二十一——金融借款合同纠纷专题分析报告》;

5. 王明华:《混合共同担保规则之研究——《物权法》第 176 条解释论》,在 2015 年 5 月中国民法学会第一届担保法理论与实践研讨会上的主题发言;

6. Mercantile Law Amendment Act;

7. 宋晓明:《物权法担保物权编实施中的几个重要问题——在"物权法担保物权国际研讨会"上的讲话》。

后 记

此书乃笔者的博士论文修改而成。因自觉惭愧，本无意出书，但在导师王利明教授的再三鼓励与支持下，方鼓起勇气，将论文修改成书。囿于域外一手资料与国内实务数据收集等方面的不足，本书对于混合共同担保的研究尚有不少欠缺与疑惑之处，有待在今后的理论研究和审判实务中继续研究探索。不妥之处，望大家批评指正。

我的博士论文以"混合共同担保论"为题，乃受王老师启发。与老师的一次交谈中，谈及当前金融与民间借贷市场形势严峻，诚信危机频发，担保在市场中的作用愈发重要。而混合共同担保凭借其多重保障的优势，已然成为现阶段金融与民间借贷领域担保的主要方式，但其中值得研究与实务中的难题颇多，现有研究又相对零散。于是，在进行初步研究与思考并经老师首肯后，我决定以此为题，撰写博士毕业论文。

在此，要特别感谢我的博士导师王利明教授在我博士生涯中给予我的指引、教导、启发和影响。在我看来，老师最难能可贵的是，尽管成就卓著、著作等身，哪怕誉满学界、桃李天下，但始终不改艰苦朴素、谦虚谨慎、勤奋治学的优良作风。数年来，每一次拜见老师，都是在他那间狭小、拥挤、书稿堆积成山的办公室，看着助理在一旁奋笔疾书，老师时不时向其口述观点，总不敢多谈，生怕耽误老师宝贵的创作时间。能够成为老师的弟子，乃吾此生之大幸！老师谦和真诚、宽厚待人的品格以及勤奋刻苦、严谨治学的作风，将启迪并影响我的一生。

在此，还要特别感谢我的硕士导师张新宝教授对我的教导，为我博士学习和从事审判工作打下了坚实的基础。特别感谢师兄王轶教授、高圣平教授在论文写作过程中对我的耐心指点，让我特别感动的是，王轶教授不远千里从台湾高校帮忙带回了复印资料，对论文的撰写帮助很大；感谢论文答辩委员会的叶林教授、刘保玉教授、管晓峰教授和谢增毅教授，感谢出席预答辩的林嘉教授和黎建飞教授，以及参与匿名评阅的各位专家教授。衷心感谢你们对我的博士论文提出的客观、中肯的意见和悉心的指点！感谢中国人民大学法学院教务处与学生处的李修棋老师、鲍红凌老师以及学校和法学院图书馆的老师们在攻读博士期间给予我的关心和帮助。还要感谢我的同门王叶刚副教授、朱晓东师兄、万挺法官、夏庆锋老师和潘重阳师弟等在学习上对我帮助与支持。

还要特别感谢最高人民法院的杨永清副庭长、周伦军法官和林海泉法官对我撰写博士论文在实务上的启发与帮助；感谢好友刘小飞法官不吝将私人珍藏的专著悉数借予我参考。感谢法院出版社相关领导、编审范春雪主任对本书出版给予的大力支持与辛勤付出。

最后，要感谢我的家人在我攻读博士期间给予我的无私付出与精神支持。年迈的父母不辞辛劳地帮忙照看两个孩子；工作忙碌的丈夫主动承担起接送与辅导孩子的重任；女儿乖巧懂事，刻苦学习，让我省下不少心；儿子在我论文开题后孕育、预答辩后出生，一岁之前，几乎每天都是在看着妈妈阅读、写作中度过，以至于还没学会走路，就已经爱上了书本和键盘，还会用笔涂鸦和摆弄鼠标。

感谢我亲爱的师长、同事、朋友和家人们，你们对我长期以来的关心、鼓励与支持，是我不断前行与努力奋斗的动力源泉。我定当学以致用，力争将理论与实践融会贯通，立志做一名有良知的法官，一名务实的学者，一个信仰坚定的法律人。

李光琴

2019年1月8日记于最高人民法院办公室